चमत्कारी हस्तरेखाएं

(हस्तरेखाओं की सम्पूर्ण गाइड)

विश्वप्रसिद्ध पुस्तक "आकल्ट लाइंस ऑन द हैंड'' का हिन्दी अनुवाद

पंडित वी. के. शर्मा
(ज्योतिष, अंक, हस्तरेखा एवं वास्तुशास्त्र विशेषज्ञ)

डायमंड बुक्स

ISBN : 978-81-288-2393-0

प्रकाशक	:	**डायमंड पॉकेट बुक्स (प्रा.) लि.** X-30, ओखला इंडस्ट्रियल एरिया, फेज-II नई दिल्ली-110020
फोन	:	011-41611861, 40712100
फैक्स	:	011-41611866
ई-मेल	:	sales@dpb.in
वेबसाइट	:	www.dpb.in
संस्करण	:	**2014**
मुद्रक	:	जी.एस. इंटरप्राइजिज

CHAMATKARI HASTREKHAYEN
by : Pt. V.K. Sharma

समर्पित

ब्रह्मलीन, पूज्यपाद श्री 108

ऋषि केशवानन्द जी महाराज, जिन्होंने अपने उपदेशों में ज्ञान रूपी सुगन्ध को फैलाकर आपसी भाइचारे एवं प्यार का सन्देश दिया।

गुरुजी महाराज हमेशा कहते थे

जय जय

(विजयी भव)

पंडित वी. के. शर्मा

लेखक परिचय

पंडित वी.के. शर्मा प्रसिद्ध अंक, हस्तरेखा, ज्योतिष एवं वास्तुशास्त्र विशेषज्ञ हैं इनकी पुस्तकें 'मैजिक ऑफ नम्बर', 'आक्लट लाइंस ऑन दी हैंड', 'शेप ऑफ दी हैंड', 'चमत्कारी ज्योतिष' 'हाथ की बनावट' आदि बहुत प्रचलित हैं। पंडित जी ने अपने 36 वर्षों के गहन अध्ययन से शोध का कार्य भी किया है जो इनकी पुस्तकों में देखने को मिलता है। अंक विद्या में इन्होंने 'ग्राफिक्स' नाम के साइकलिक कर्व की खोज कर अंक विद्या को नया साइंटिफिक आधार दिया है। इन्होंने इसी ग्राफिक्स कर्व द्वारा, अंकों के आधार पर बहुत-सी भविष्यवाणियाँ कीं जो एकदम सही निकलीं। जिनमें सबसे महत्त्वपूर्ण भविष्यवाणी प्रधानमंत्री स्वर्गीय इंदिरा गांधी की थी, जो उनकी मौत के लगभग साढ़े चार वर्ष पूर्व उत्तर भारत के अखबार के मुख्य पृष्ठ पर छपी थी।

वर्ष 1981 में दिल्ली में हुए विश्व ज्योतिष सम्मेलन में ज्योतिषियों की भविष्यवाणियों को इन्होंने चुनौती दी थी और इनकी लगभग सभी भविष्यवाणियाँ प्रसिद्ध अखबारों में छपी थीं, जो समय आने पर सही सिद्ध हुईं। इनकी भविष्यवाणियों की सबसे बड़ी विशेषता है कि वह पूर्ण रूप से अंकों पर आधारित हैं जो स्वयं में एक विज्ञान है और परिणाम सिद्ध करने में सक्षम है।

वर्ष 2001 अक्टूबर में उन्होंने उत्तर भारत के प्रसिद्ध अखबार में अंकों के आधार पर विश्व कुंडली दर्शाते हुए यह भविष्यवाणी की थी कि "अमेरिका पर शनि की साढ़ेसाती चल रही है जो 6 जनवरी 2000 से प्रारम्भ हुई है। अमेरिका के लिए नुकसानदायक है।" इसी अवधि में अमेरिका के ट्रेड सेंटर पर हमला हुआ आदि।

पंडित शर्मा ने यह भी लिखा था कि शुरू में तो अमेरिका के साथ सभी देश होंगे परंतु बाद में अमेरिका को अधिकतर देशों की मदद नहीं मिलेगी जो कि खाड़ी युद्ध से पूर्व में ही सिद्ध हो गई थी। अधिकतर देश अमेरिका की इस कार्यवाही के पक्ष में नहीं थे।

"खाड़ी युद्ध के दौरान संपादक के पास लोगों के हजारों पत्र प्राप्त हुए कि इस युद्ध के बारे में पंडित जी से कहें कि वह भविष्यवाणी करें।"

पंडित जी ने अंकों के आधार पर भविष्यवाणी कुछ इस प्रकार की, जो अखबार में पुनः छापी गई। उन्होंने लिखा कि अमेरिका के राष्ट्रपति जॉर्ज डब्ल्यू बुश की जन्म की दिनांक है, 6.7.1946, इंग्लैंड के प्रधानमंत्री टोनी ब्लेयर की 6.5.1953 और सद्दाम हुसैन की 28.4.1937, बुश एवं ब्लेयर का 'की' अंक है 6 एवं सद्दाम का है 1, जिनमें आपस में विषयोग है, दूसरा सद्दाम हुसैन की आयु है (2003-1937 = 66) (खाड़ी युद्ध के दौरान चल रही थी), 66 वर्ष में एक 6 है बुश और दूसरा 6 है ब्लेयर, यही इसकी मौत का कारण बनेंगे लेकिन यदि सद्दाम 28 अप्रैल पार कर गए तो आयु हो जाएगी 67, तब खतरा टल जाएगा। 28 अप्रैल के बाद युद्ध समाप्त हो गया, सद्दाम हुसैन बच निकले लेकिन वर्ष 2006 में पुनः 6 के अंक ने अपना असर दिखाया और सद्दाम की मौत का कारण बन गया। इसके अलावा बहुत-सी भविष्यवाणियाँ जो उन्होंने की थीं उनमें से कुछ इस पुस्तक के अंत में दर्शायी गई हैं।

पंडित वी. के. शर्मा
G-4059 (Pent House)
गौड़ ग्रीन सिटी, इंदिरापुरम,
गाजियाबाद (उ. प्र.)
फोन : 09313771879
0120-3206440

पुस्तक की विशेषता

पंडित वी.के. शर्मा द्वारा लिखी विश्व प्रसिद्ध पुस्तक 'आकल्ट लाइंस ऑन द हैंड' का प्रथम हिन्दी अनुवाद संस्करण है। इस पुस्तक की सबसे बड़ी विशेषता है कि इसमें लगभग 500 हस्तरेखाओं का कम्प्यूटराइज हस्त चित्रण करके उदाहरणों द्वारा सरल भाव में समझाने का पूर्ण प्रयास किया गया है। इस पुस्तक में जीवन से सम्बन्धित लगभग सभी घटनाओं एवं समस्याओं का विस्तार से वर्णन है। इस पुस्तक में पाठकों को समझाने के लिए हिन्दी के साथ-साथ अंग्रेजी के गद्यों का भी प्रयोग किया गया है।

हाथ का नक्शा

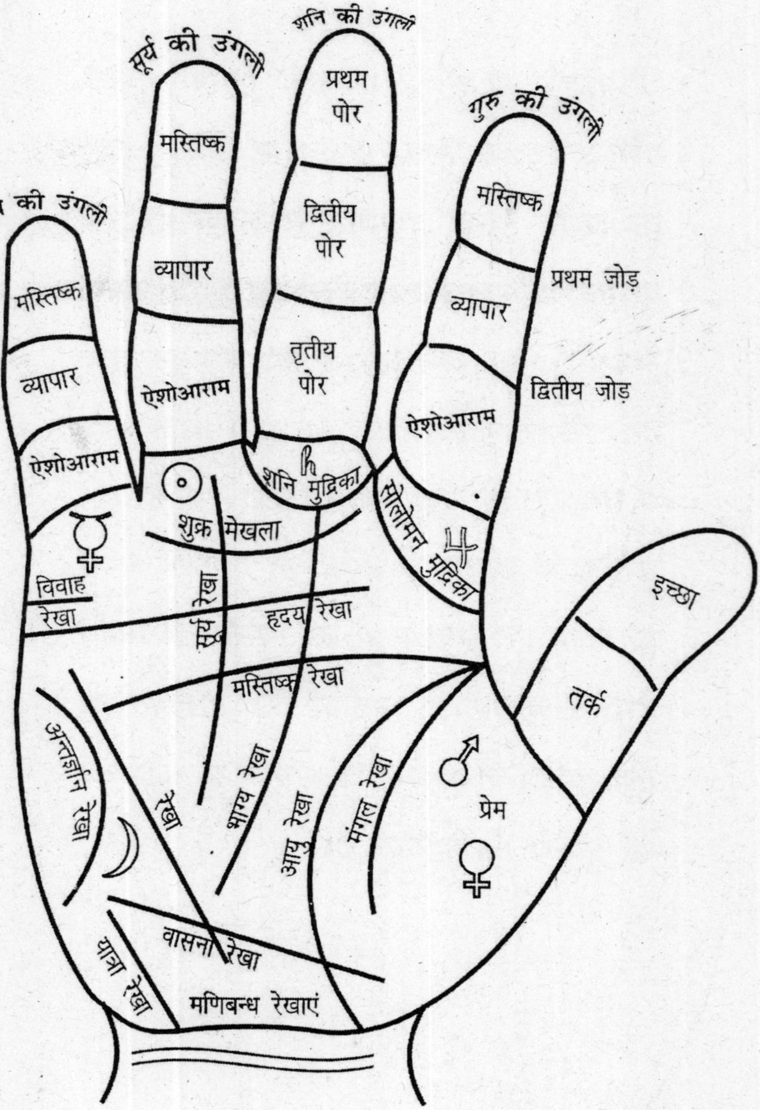

बुध की उंगली
सूर्य की उंगली
शनि की उंगली
गुरु की उंगली
प्रथम पोर
द्वितीय पोर
तृतीय पोर
मस्तिष्क
व्यापार
ऐशोआराम
मस्तिष्क
व्यापार
ऐशोआराम
मस्तिष्क
व्यापार
ऐशोआराम
प्रथम जोड़
द्वितीय जोड़
शनि मुद्रिका
सोलोमन मुद्रिका
शुक्र मेखला
विवाह रेखा
सूर्य रेखा
हृदय रेखा
मस्तिष्क रेखा
इच्छा
तर्क
अन्तर्ज्ञान रेखा
रेखा
भाग्य रेखा
आयु रेखा
मंगल रेखा
प्रेम
वासना रेखा
यात्रा रेखा
मणिबन्ध रेखाएं

हाथ पर आयु जानना

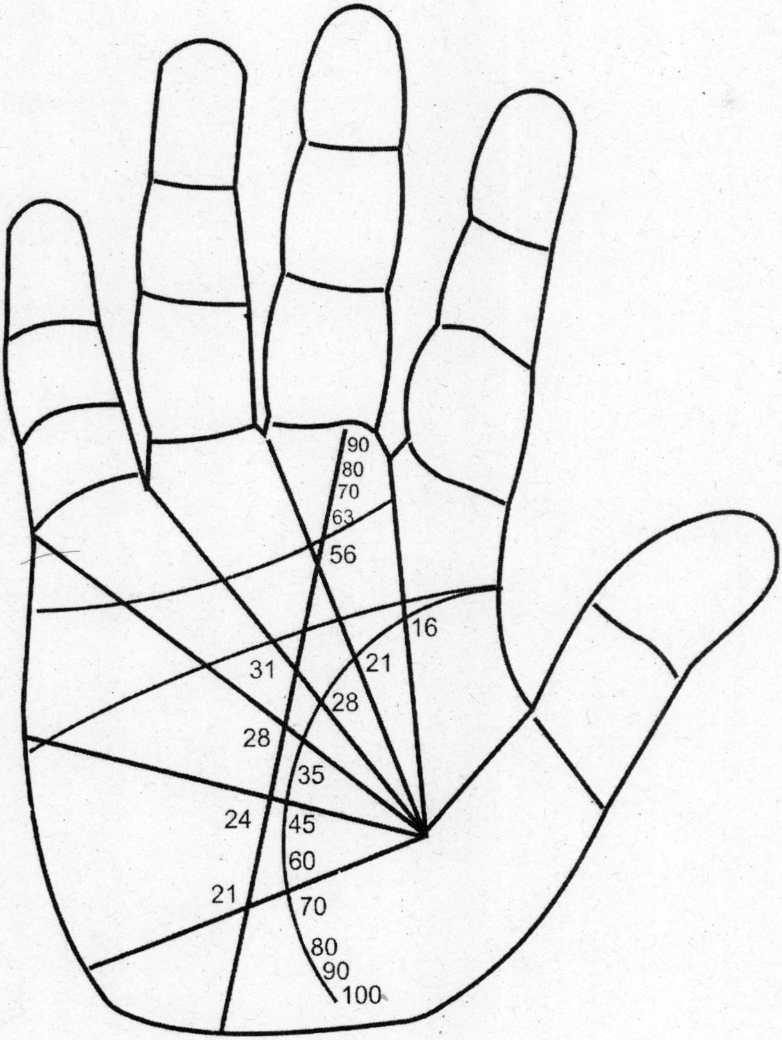

विषय-सूची

हस्तरेखाएं

हस्तरेखाओं के प्रथम भाग 'हाथ की बनावट' में हमने हाथों की बनावट, हाथों का आकार, उंगलियों की मोटाई-लम्बाई, नाखूनों की किस्म और हाथों पर बने क्रॉस, द्वीप, वर्ग, वृत्त, जाली, तारें, खड़ी एवं पड़ी रेखाएं इत्यादि की पूर्ण जानकारी प्राप्त की थी। हस्तरेखाओं का यह द्वितीय भाग 'चमत्कारी हस्तरेखाएं' हाथ पर बनी पूर्ण जानकारी देता है।

हाथ पर बनी प्रत्येक रेखा का कुछ मकसद और मतलब होता है। हस्तरेखाओं को पढ़ते समय हम किसी भी एक रेखा को स्वतन्त्र रूप से पढ़कर उसका पूर्ण फल नहीं जान सकते, अर्थात् हाथ पर बनी अन्य रेखाओं, पर्वतों को एवं अन्य चिह्नों को भी ध्यान में रखते हुए ही निष्कर्ष पर पहुंचना चाहिए।

मेडिकल साइंस का मानना है कि शरीर के अन्य भागों की अपेक्षा हाथ पर सबसे अधिक रक्त वाहिनियां (Nerves) होती हैं। इसके अलावा यह भी देखा गया है कि मस्तिष्क से हाथ पर आने वाली कोशिकाएं बहुत अधिक विकसित होती हैं। हाथ मस्तिष्क का नौकर होता है। वह मस्तिष्क के आदेशानुसार ही कार्य करता है। सबसे महत्त्वपूर्ण बात यह है कि प्रत्येक अकेली कोशिका की दो शाखाएं होती हैं, जिनमें से एक मस्तिष्क का संदेश हाथ तक व दूसरी हाथ का संदेश मस्तिष्क तक पहुँचाने का कार्य करती है, अर्थात् हाथ और मस्तिष्क में इनका आपसी ताल-मेल अर्थात् सम्बन्ध बनाए रखती है। जब हाथ पर चोट लगती है या शरीर के किसी भाग पर घाव या दर्द होता है तो कोशिकाओं का एक भाग व्यक्ति को होने वाले दर्द का संदेश मस्तिष्क तक पहुंचा देता है जिस कारण व्यक्ति को दर्द महसूस होता है। कहने का तात्पर्य है कि हाथ पर बनी रेखाएं अपने कार्य का संदेश मस्तिष्क तक पहुंचा देती है और मस्तिष्क उस कार्य को पूर्ण करने का आदेश हाथ को देता है और हाथ उस आदेश का पालन सुनिश्चित कर देता है। उदाहरण के तौर पर यदि व्यक्ति के हाथ में किसी का खून करने की रेखा बनी है, जो बताती है कि व्यक्ति 45 वर्ष की अवस्था में खून करेगा, तो 45 वर्ष की आयु में ही वह रेखा कोशिकाओं के माध्यम से मस्तिष्क को संदेश पहुंचा देगी और मस्तिष्क यह कार्य करने का आदेश हाथ को देगा और हाथ इस कार्य को कर देगा।

जब कोई व्यक्ति बेहोशी की हालत में होता है तो उस समय हाथ की कोशिकाओं द्वारा मस्तिष्क को भेजे गए संदेश व्यक्ति के मस्तिष्क तक नहीं पहुंच पाते, इसलिए ऑपरेशन से यदि व्यक्ति का कोई अंग काटा जाए तो व्यक्ति को पीड़ा नहीं होती।

'मइसनर' (Meissner) ने अपनी पुस्तक 'ऐनाटॉमी एंड साइकॉलोजी' में लिखा है, व्यक्ति के हाथों में कारप्यू सैल्स का बहुत महत्त्व है, क्योंकि यह कोशिकाओं के अंतिम सिरे से जुड़े होते हैं और इनके कम्पन से व्यक्ति की इन्द्रियां क्रियाशील होती हैं। हाथ की उंगलियों के पहले पोरे में 108 कारप्यू सैल्स पाए जाते हैं और लगभग 400 पपीलेक (जो हाथ में खून व ग्लो से मिलकर बनते हैं) पाए जाते हैं।

इसलिए उंगलियों के पोरों में किसी चीज को छूकर बता देने की क्षमता सबसे अधिक होती है। अंधे, गूंगे व बहरे व्यक्ति अपनी छूने की शक्ति की मदद से आज संसार से अपना संपर्क बनाए हुए हैं।

वैज्ञानिकों का ऐसा मानना है कि व्यक्ति के शरीर पर जो कुछ भी रेखाएं या चिह्न बने हैं, अवश्य ही इसका कोई मतलब है। बिना मतलब के शरीर पर कोई चीज नहीं बनती। उन्होंने अपने शोध कार्य में यह भी पाया कि व्यक्ति के अन्दर कुछ ऐसे गहरे रहस्य छुपे हुए हैं, जो व्यक्ति के मस्तिष्क एवं इन्द्रियों की सोच से परे हैं। 'न्यूटन' (Newton) अपनी सारी वैज्ञानिकताओं से यह कभी नहीं समझ पाया कि उसका हाथ किस प्रकार से घूमता है अर्थात् कौन-सी शक्ति उसे चलाती है।

आत्मा जो सर्व-शक्तिमान है मनुष्य के शरीर में प्रवेश करते ही उसे प्रकाशित कर देती है और शरीर के चारों तरफ एक ऊर्जा क्षेत्र अर्थात् 'आभा मंडल' बन जाता है जिसके अधीन व्यक्ति का शरीर कार्य करता है। इसी प्रकार ब्रह्माण्डीय संदेश, किरणों के रूप में व्यक्ति के आस्ट्रल शरीर की सहायता से व्यक्ति के मस्तिष्क तक पहुंचते हैं और वहां से होते हुए हथेली की रेखाओं तक पहुंच जाते हैं। रेखाएं पुनः उन संदेशों को व्यक्ति के जीवन में होने वाली घटनाओं के समय मस्तिष्क को संदेश भेज देती हैं और मस्तिष्क वह संदेश पुनः हाथ को भेज देता है और हाथ उस कार्य को कर डालता है।

वोलटायर (Voltaire) ने कहा है 'व्यक्ति के शरीर में एक ऐसी शक्ति कार्य करती है जो व्यक्ति से बिना परामर्श किए कार्य करती है।' अर्थात् यह शक्ति व्यक्ति के न चाहते हुए भी अच्छे-बुरे कार्यों को कर डालती है।

हस्तरेखा और ज्योतिष

जैसा कि आप जानते हैं कि संसार में, 1 मिनट में लगभग 1 करोड़ बच्चे पैदा होते हैं। इन सबकी कुण्डलियों में लगभग एक-सी समानता होती है। पर इन सबके हाथों की रेखाएं एवं चिह्न आपस में बिल्कुल भिन्न होते हैं जिस प्रकार इनके चेहरे आपस में भिन्न होते हैं। इसलिए इनके जीवन में होने वाली घटनाएं एक-सी नहीं होतीं। यहां तक कि जुड़वा बच्चे (Twins) जिनके जन्म में मात्र एक मिनट का अन्तर है, उनकी जन्म कुण्डली तो एक-सी बनती है पर उनके हाथों की रेखाएं अलग-अलग होने के कारण उनके जीवन में घटनाएं अलग-अलग होती हैं। यहां तक कि एक शादी के बाद विदेश में सुखी है और दूसरे का विवाह विच्छेद हो गया। इनमें से जिसकी मस्तिष्क रेखा अच्छी थी उसने ऊंचे दर्जे की विद्या पाई और जिसकी मस्तिष्क और भाग्य रेखा खराब थी वो पढ़ने में कमज़ोर रही।

आधुनिक विज्ञान - आज का युग आधुनिक युग है। साइंस ने बड़ी उन्नति कर ली है। टैस्ट ट्यूब द्वारा बच्चे तक उत्पन्न कराए जा रहे हैं। वैज्ञानिकों ने एक ही क्लोन (clon) उत्सर्जित अंडे से एक ही शक्ल के कई बच्चे पैदा कराने का दावा किया है। आजकल बच्चों का जन्म अधिकतर नर्सिंग होम या अस्पताल में होता है और अधिकतर बच्चे ऑपरेशन से ही पैदा होते हैं। डॉक्टर ऑपरेशन की तारीख व समय देते हैं जिसमें ऑपरेशन करवाकर स्त्री बच्चे को जन्म दे सकती है।

आज की मॉडर्न स्त्रियाँ बच्चे के जन्म के पूर्व ही पंडितों से पूछकर बच्चे की जन्म कुण्डली बनवा लेती हैं और डॉक्टर से कुण्डली में दिए समय अनुसार ही बच्चा पैदा होने की इच्छा जताती हैं। डॉक्टर भी जन्म कुण्डली के दिए दिन व समय अनुसार ऑपरेशन करके लगभग ठीक इसी समय में स्त्री को बच्चा पैदा करा देते हैं। बच्चे की कुण्डली पूर्व में ही बनी होती है जिसको पंडित जी ने ऐसा समय निकालकर बनाया होता है कि बच्चा परिवार के लिए बहुत शुभ होगा, बहुत धन कमाएगा एवं माँ-बाप का नाम रौशन करेगा इत्यादि। इसका मतलब हुआ कि प्रत्येक व्यक्ति अपनी इच्छानुसार संतान को जन्म देकर अपने पूर्व जन्म के कर्मों से प्राप्त होने वाले फलों को चुनौती दे रहा है अर्थात् सृष्टि के बनाए नियमों का उल्लंघन कर अपने पूर्व जन्मों के कर्मों से मुक्त हो जाएगा, ऐसा कभी संभव नहीं होगा। वह कुण्डली तो समय अनुसार बनवा सकता है लेकिन हाथ की रेखाएं नहीं बनवा सकता जो उसके कर्मों का वास्तविक लेखा-जोखा है।

भगवान ब्रह्मा सृष्टि के रचयिता को पूर्व में ही ज्ञात था कि पृथ्वी पर व्यक्ति साइंस के आधुनिक उपकरणों को खोजकर व्यक्ति के पूर्व जन्म के कर्मों के फलों की प्राप्ति में अपना हस्तक्षेप अवश्य करेगा इसलिए ब्रह्मा ने व्यक्ति के पूर्व जन्म के कर्मों के फलों को ब्रह्माण्डीय ऊर्जा विज्ञान के साथ जोड़ दिया था ताकि जब बच्चा पैदा हो तो उसके पूर्व जन्म के कर्मों के फल भाग्य के रूप में उसकी हथेली पर छप जाएँ जिससे कोई भी परिवर्तन न कर पाए।

यही कारण है कि एक ही समय में पैदा हुए दो जुड़वा बच्चों की कुण्डली तो एक होती है पर उनके हाथ की रेखाएं उनके पूर्व कर्म अलग-अलग होने के कारण एक-दूसरे से भिन्न होती हैं, जिस कारण उनके जीवन में होने वाली घटनाएं भी एक दूसरे से भिन्न होती हैं। यदि कोई ऑपरेशन से हथेली की चमड़ी उतरवा दे तो भी यह रेखाएं पुनः उसी रूप में ठीक उसी तरफ उभर आती हैं। अर्थात् भगवान ने व्यक्ति के हाथ में एक ऐसा सॉफ्टवेयर डाल दिया है जिसका डाटा कोई भी व्यक्ति उसकी इच्छा के बिना नहीं बदल सकता और जिसकी भाषा हस्तरेखा विशेषज्ञ ही पढ़ सकता है।

पृथ्वी एक कर्मभूमि है जहाँ व्यक्ति के अच्छे-बुरे कर्मों का भुगतान होता है। यदि वह धर्म-कर्म करता है, ईमानदारी से मेहनत करता है तो उसकी हथेली पर छोटी परिवर्तनीय रेखाओं में परिवर्तित होने लगता है। शुभ चिह्न हथेली पर बनने लगते हैं और जब वह नीच कर्म करता है तो नीच कर्मों के फल दिलाने के लिए अशुभ चिह्न हथेली में उभरने लगते हैं या यूं कहिए कि हाथ से किए गए अच्छे-बुरे कर्मों के फलों के भुगतान अनुसार हाथ पर अच्छे-बुरे चिह्न दिखाई देते हैं या फिर समाप्त हो जाते हैं। जिस समय बच्चा पैदा होता है उसकी मुट्ठी बंद होती है पर जब व्यक्ति की मौत होती है तो उसकी मुट्ठी खुली होती है, हाथ खुला होता है, शरीर पीला पड़ने लगता है और हाथ की रेखाएं हथेली से गायब हो जाती हैं।

सारांश - सबसे महत्त्वपूर्ण व्यक्ति का हाथ है जिसमें पूर्व जन्म के कर्मों का नक्शा हथेली पर रेखाओं व चिह्नों द्वारा चिह्नित होता है। शुभ एवं अशुभ रेखाओं एवं चिह्नों के फलों का भुगतान शुभ-अशुभ ग्रहों द्वारा अपनी दिशाओं में किया जाता है जो ज्योतिष द्वारा जाना जाता है, यदि आपके हाथ में शुभ रेखाएं नहीं हैं अर्थात् शुभ कर्मों का लेखा-जोखा (एकाउंट) नहीं है तो शुभ ग्रहों की दिशाओं में भी आपका शुभ फल प्राप्त नहीं होंगे और यदि हथेली पर बुरे चिह्न नहीं हैं तो बुरे ग्रहों की दिशाओं में भी आपका कुछ बुरा नहीं होता।

कुण्डली में ग्रह - ग्रह एक निश्चित समय अवधि अनुसार ही अपना फल प्रदान करते हैं जिनमें परिवर्तन की अधिक गुंजाइश नहीं होती, लेकिन हथेली पर बनी अशुभ रेखाओं और चिह्नों में व्यक्ति के धर्म-कर्म,दान-पुण्य एवं गुरुओं के आशीर्वाद से परिवर्तन होने लगता है और शुभ चिह्न उभरने लगते हैं जो उन्हें शुभ फल दिलाते हैं। इसके विपरीत यदि वह बुरे कर्म करता है तो बुरे चिह्न हथेली पर उभरकर उसको प्राप्त होने वाले शुभ फलों पर रोक लगा देते हैं।

रेखाओं में परिवर्तन का होना : मैंने अपने 35 वर्षों के हस्तरेखा अध्ययन में पाया कि व्यक्ति के हाथ की जो मुख्य सात रेखाएं हैं जिनमें मस्तिष्क, हृदय, भाग्य, आयु, विवाह, मंगल एवं सूर्य रेखाओं में कोई परिवर्तन नहीं होता बल्कि समय अनुसार व्यक्ति की इच्छा शक्ति, कड़ी मेहनत और शुभ कर्मों के कारण इनके हाथों की रेखाओं पर कुछ चिह्न या छोटी-सी शाखाएं निकल आती हैं जो इसकी होने वाली बुरी घटनाओं की तीव्रता को कम कर देती हैं और शुभ घटनाओं की तीव्रता को बढ़ा देती हैं। जिससे उसी अनुसार उस व्यक्ति को प्राप्त होने वाले फलों में कमी व अधिकता का एहसास होता है। जैसा कि मैंने आपको पूर्व में बताया कि हाथ पर बनी रेखाएं होने वाली घटनाओं के संकेत मस्तिष्क को भेजती हैं और मस्तिष्क फिर आदेश जारी करता है। लेकिन पूजा-पाठ, धर्म कर्म करने से मस्तिष्क शान्त हो जाता है जिस कारण या तो संदेश मस्तिष्क तक पहुंचते ही नहीं या फिर संदेश पहुंचने पर मस्तिष्क उन पर नर्म कार्यवाही करता है।

हाथ पर बनी रेखाओं का जाल : कई बार हाथों पर हल्की रेखाओं का जाल-सा बना होता है। यह रेखाएं हथेली पर चारों तरफ फैली हुई होती हैं। यह रेखाएं व्यक्ति की चिन्ता एवं घबरा जाने का स्वभाव बताती हैं। इन रेखाओं का मतलब सभी हाथों पर एक-सा नहीं होता। वर्गाकार हाथ पर बनी रेखाएं व्यक्ति की व्यावहारिक स्थिति को बताती है, कलात्मक हाथों पर कला के प्रति व दार्शनिक हाथों पर व्यक्ति के दार्शनिक विचारों को प्रभावित करती है। हाथ पर इन रेखाओं को मुख्य रेखाओं के साथ में पढ़कर देखा जाता है। कभी भी किसी एक रेखा को अलग से पढ़कर उसके परिणाम नहीं बताए जाने चाहिए अर्थात् हाथ पर बनी अन्य रेखाओं पर भी विचार भली-भांति कर लेना चाहिए।

बायां और दायां हाथ : व्यक्ति के बाएं व दाएं हाथ की रेखाएं देखने में भिन्न नजर आती है। व्यक्ति के बाएं हाथ पर बनी रेखाएं खाद्य सामग्री के रूप में होती हैं जबकि दाएं हाथ की रेखाएं खाद्य सामग्री से बनी वस्तु (finished product) को बताती है। जिन व्यक्तियों के बाएं एवं दाएं हाथ की

रेखाएं एक-सी नहीं होतीं उनका जीवन संघर्षपूर्ण होता है उन्हें कड़ी मेहनत करनी पड़ती है जबकि जिनके दोनों हाथों की रेखाओं में समानता होती है वह कम परिश्रम करके ही सफलता प्राप्त कर लेते हैं।

यदि किसी व्यक्ति के बाएं हाथ में गहरी एवं स्पष्ट रेखाएं हों और उसके दाएं हाथ में हल्की रेखाएं बनी हों तो व्यक्ति के जीवन में आए शुभ अवसरों को छोड़ देता है अर्थात् अच्छे कुल में पैदा होकर भी उसका लाभ नहीं उठा पाता। यदि व्यक्ति के हाथ में आयु रेखा टूटी हुई हो और दाएं हाथ में पूरी हो तो व्यक्ति के जीवन में आया मौत का खतरा टल जाता है, लेकिन यदि दोनों हाथों में टूटी हुई हो तो घटना अवश्य ही होती है।

नोट : हस्तरेखाएं देखते समय पुरुष के दाएं हाथ व स्त्री के बाएं हाथ पर बनी रेखाओं को अधिक महत्त्व दें। लेकिन बाएं हाथ से काम करने वाले पुरुष/स्त्री के लिए इसके विपरीत नियमों को अपनाएं अर्थात् पुरुष के बाएं हाथ की व स्त्री के दाएं हाथ की रेखाओं को अधिक महत्त्व दें।

हाथ का नक्शा

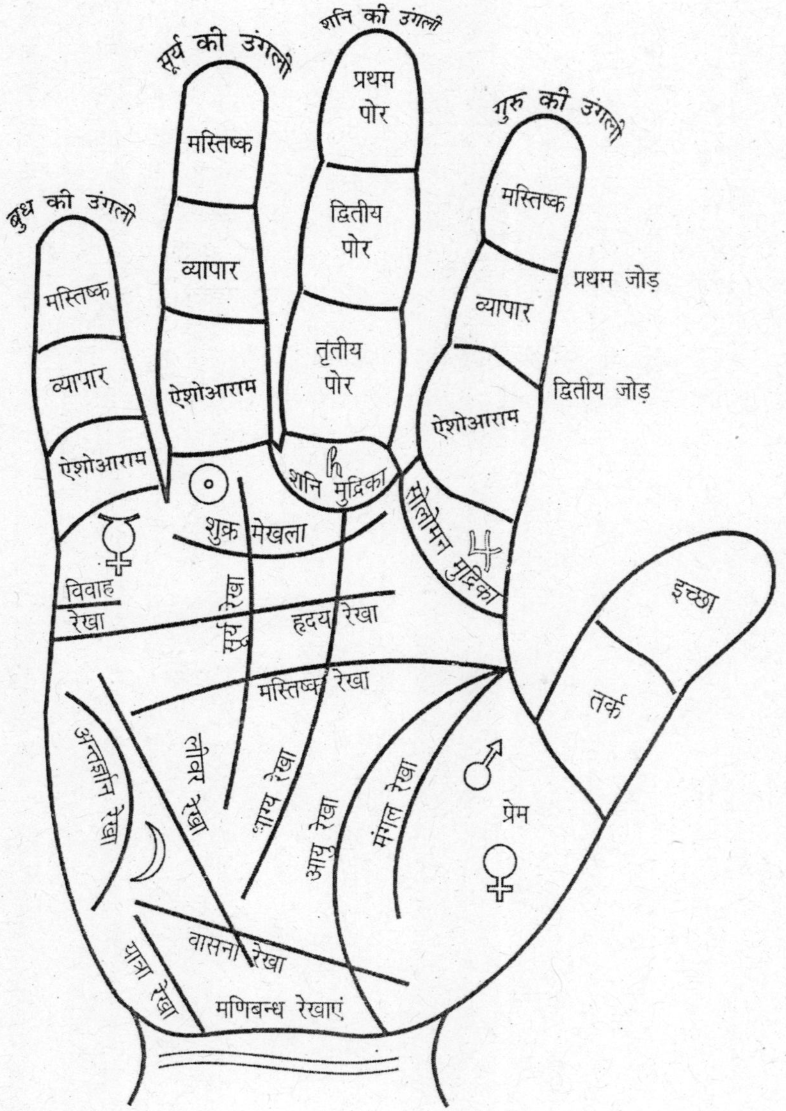

शनि की उंगली
सूर्य की उंगली
गुरु की उंगली
बुध की उंगली
प्रथम
पोर
मस्तिष्क
द्वितीय
पोर
मस्तिष्क
व्यापार
प्रथम जोड़
मस्तिष्क
तृतीय
पोर
व्यापार
व्यापार
ऐशोआराम
द्वितीय जोड़
ऐशोआराम
ऐशोआराम
शनि मुद्रिका
ऐशोआराम
सोलोमन मुद्रिका
शुक्र मेखला
विवाह
रेखा
सूर्य रेखा
हृदय रेखा
इच्छा
मस्तिष्क रेखा
तर्क
अन्तर्ज्ञान रेखा
लीवर रेखा
भाग्य रेखा
आयु रेखा
मंगल रेखा
प्रेम
यात्रा रेखा
वासना रेखा
मणिबन्ध रेखाएं

हाथ के अलग-अलग भाग

किसी भी वस्तु के बारे में पूर्ण जानकारी प्राप्त करनी हो तो पहले उस वस्तु के भिन्न-भिन्न भागों को जानें, फिर उसके भागों को अलग-अलग करके उनके कार्यकलाप को अच्छी प्रकार से समझ लें और फिर उन्हें पुनः जोड़कर वही वस्तु बना लें तो उसके बारे में आप ठीक प्रकार से जान सकते हैं। इसलिए हाथ के विभिन्न भागों को जानने के लिए उनके भागों अर्थात् पर्वतों को हाथ से पृथक करके उनके गुणों एवं विशेषताओं को जानकर फिर पर्वतों को पुनः जोड़कर हाथ बनाया गया है, जिससे आप हाथ के प्रत्येक भाग एवं कार्यकलाप की जानकारी पूर्ण रूप से प्राप्त कर सकें।

आइए, हाथ के विभिन्न भागों को पृथक कर प्रत्येक भाग की पूर्ण जानकारी प्राप्त कर, पुनः इन भागों को जोड़कर हाथ की संरचना करें।

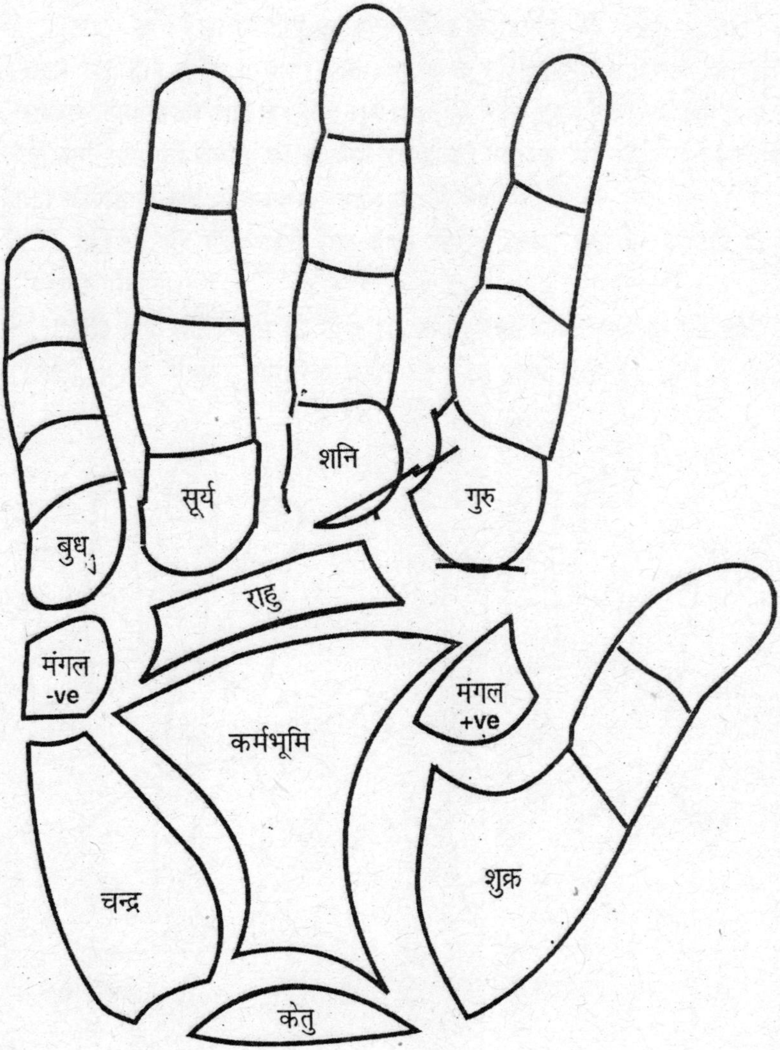
शनि
सूर्य
गुरु
बुध
राहु
मंगल
-ve
मंगल
+ve
कर्मभूमि
शुक्र
चन्द्र
केतु

गुरु पर्वत (Jupiter of Mount) : यह हाथ की पहली तर्जनी यानी कि गुरु की उंगली के नीचे होता है। जब यह ऊपर की तरफ उभरा हुआ हो तो व्यक्ति की महत्त्वाकांक्षा, स्वाभिमान और उसके घमंड को बताता है।

शनि पर्वत (Saturn of Mount): यह हाथ की मध्यमा यानी कि सबसे बड़ी वाली उंगली की जड़ में पाया जाता है। यह व्यक्ति की गंभीर प्रवृत्ति, शान्त स्वभाव, एकान्तप्रियता, कार्य के प्रति उत्साह, धर्म के प्रति आस्था और जीवन में उसकी स्थिरता (Stability) बताता है।

सूर्य पर्वत (Sun of Mount): यह हाथ की तीसरी उंगली यानी कि अनामिका की जड़ में होता है। यह व्यक्ति के अभिनय, लेखन, चित्रकारी, संगीत, खेल-कूद, काव्यपाठ, प्रसिद्धि व प्रशंसा से जुड़े कार्यों को बताता है।

बुध पर्वत (Mercury of Mount): यह हाथ की चौथी उंगली यानी कि कनिष्ठिका की जड़ में पाया जाता है। यह व्यक्ति के आदेश, त्वरित बुद्धि, यात्राओं के प्रति मोह, उत्तेजना, कार्य के बदलाव, नई-नई योजनाएं बनाना अर्थात् उसकी अस्थिरता बताता है।

मंगल पर्वत धनात्मक (Mars of Mount): यह गुरु पर्वत के नीचे आयु रेखा के नीचे अंगूठे की जड़ में होता है। यह व्यक्ति की युद्धप्रियता, बहादुरी, साहस और झगड़ालू आदतों को बताता है।

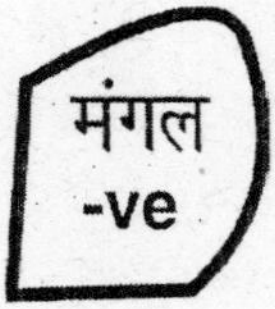

मंगल ऋणात्मक (Mars of Mount Negative): यह क्षेत्र बुध और चन्द्र पर्वत के बीच स्थित होता है। यह पहले पर्वत के विपरीत गुण रखता है। यह व्यक्ति के दिमागी नियन्त्रण, आत्मसंयम, प्रतिरोधक शक्ति व लड़ाई-झगड़े से दूर रहने की प्रवृत्ति को बताता है।

शुक्र पर्वत (Venus of Mount): यह पर्वत अंगूठे की जड़ के नीचे स्थित है, इसका क्षेत्रफल सभी पर्वतों से अधिक है। यह व्यक्ति की शारीरिक शक्ति, काम-वासना, विपरीत लिंग के प्रति आकर्षण, सेक्स, ऐशो-आराम आदि को बताता है। इस अकेले पर्वत का वजन सभी पर्वतों के इकट्ठे वजन के लगभग बराबर होता है। कहने का तात्पर्य है कि सभी पर्वतों के गुणों को प्राप्त करने के उपरान्त ही इस पर्वत के गुणों का भोग करने में आनन्द प्राप्त होता है।

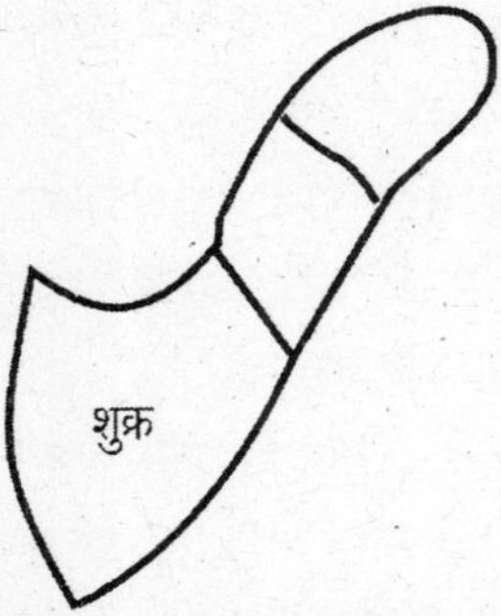

चन्द्र पर्वत (Mount of Moon) : इस पर्वत का स्थान शुक्र पर्वत के सामने व ऋणात्मक मंगल पर्वत के नीचे, हाथ के किनारे पर स्थित होता है। इस पर्वत में चन्द्र ग्रह के सभी गुण होते हैं। इसका सम्बन्ध व्यक्ति के मन के साथ होता है। जिस प्रकार चन्द्र अपना आकार यानी कि कलाएं बदलता रहता है ठीक उसी प्रकार व्यक्ति का मन अर्थात् हृदय परिवर्तन होता रहता है।

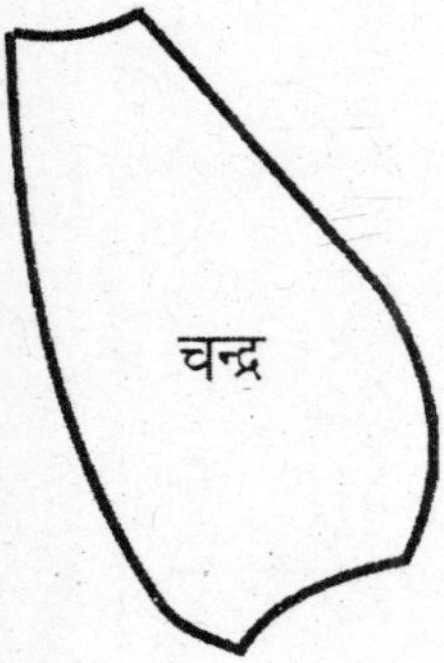

इससे व्यक्ति की काल्पनिक शक्ति, भावुकता, नैसर्गिक सुन्दरता और रोमांटिक विचारों का पता चलता है।

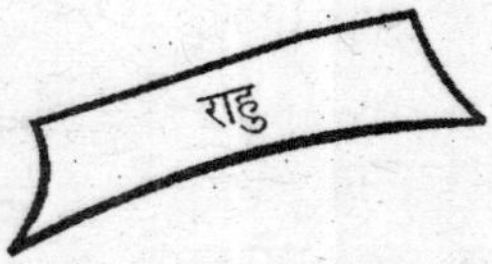

राहु पर्वत (Mount of Rahu) : हाथ में इसका स्थान मस्तिष्क रेखा और हृदय रेखा के बीच होता है। अंग्रेजी में इसे 'ड्रेगनस हैंड' कहते हैं। यह प्रत्येक व्यक्ति के हाथ में लगभग 31 वर्ष से 56 वर्ष तक की अवधि को दर्शाता है अर्थात् 31 वर्ष की अवस्था में व्यक्ति भाग्य रेखा पार कर राहु क्षेत्र में प्रवेश करता है और 56 वर्ष की आयु में हृदय रेखा पार कर इस क्षेत्र से मुक्त हो जाता है। इसका सम्बन्ध व्यक्ति के मानसिक सन्तुलन से होता है। यह व्यक्ति के आवेश, स्वार्थ, लालच और अच्छे-बुरे विचारों एवं कार्यों का कारक है।

केतु पर्वत (Mount of Ketu): यह हाथ में व्यक्ति की मणिबंन्ध रेखाओं के नीचे की तरफ स्थित होता है। इससे व्यक्ति की यात्राओं और अंदरूनी रोगों का पता चलता है। इससे किडनी, गाल ब्लेडर, पेट में पथरी, बवासीर के रोग व औरतों के मासिक धर्म व सेक्स सम्बन्धी रोगों का पता चलता है।

कर्मभूमि (Plane of Mars) : यह हथेली के बीचों-बीच का स्थान होता है, जहाँ से व्यक्ति के भाग्य की रेखा होकर गुजरती है। यह क्षेत्र चारों तरफ से सभी पर्वतों के प्रभाव के अधीन होता है। यदि हाथ के बीच गड्ढा हो तो सभी ग्रहों के अशुभ प्रभाव के कारण जीवन भी गड्ढे में गिर जाता है। यह स्थान जितना ऊपर की तरफ उभरा होता है व्यक्ति उतना ही भाग्यशाली होता है।

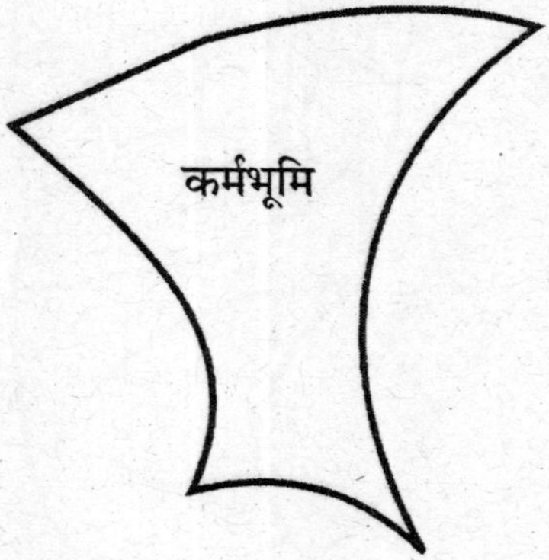

भाग्य रेखा के नीचे गड्ढा : यह उन्नति व व्यापार, नौकरी, सम्पत्ति, धन और सांसारिक कार्यकलापों की प्राप्ति के लिए अभाग्यशाली सूचक है।

आयु रेखा के नीचे : यहाँ पर गड्ढा स्वास्थ्य में खराबी, नाजुक स्वास्थ्य, चिड़चिड़ापन व घरेलू कार्यों में निराशा को दर्शाता है। गड्ढा जितना बड़ा होगा समस्या उतनी ही अधिक होगी।

हृदय रेखा के नीचे : दिल से सम्बन्धित घटनाओं एवं रोगों की जानकारी देता है। यहाँ पर गड्ढे वाले व्यक्ति बहुत भावुक होते हैं जिस कारण अक्सर प्यार, मोहब्बत, इश्क, शादी आदि कार्यों में असफल रहते हैं। इनके दोस्त-यार, सगे-सम्बन्धी, रिश्तेदार या जिन पर इनको विश्वास है या फिर इनका बॉस जिसके अधीन यह कार्य करते हैं इनसे विश्वासघात करते हैं अर्थात् इनका दिल तोड़ देते हैं।

हाथ पढ़ने के नियम और अपवाद

हाथ पर रेखाएं पढ़ते समय आपको बहुत से ऐसे चिह्न दिखाई देंगे जो रेखाओं के प्रभाव को कम या अधिक कर देंगे, अर्थात् उनसे प्राप्त होने वाले परिणामों को कम या अधिक करेंगे। इसलिए इन चिह्नों के बारे में जानकारी प्राप्त करना अति आवश्यक है। यहाँ पर कुछ चिह्नों की जानकारी आपको दी जा रही है अतः हाथ की रेखाएं पढ़ने से पूर्व इन चिह्नों के महत्त्व को अच्छी प्रकार से समझ लें। इन चिह्नों की विस्तार में पूरी जानकारी इस पुस्तक के प्रथम भाग 'हाथों की बनावट' में दी गई है। यह चिह्न हाथ के अलग-अलग स्थानों पर अलग-अलग जानकारी प्रदान करते हैं। उदाहरण के तौर पर क्रॉस (Cross) यदि गुरु पर्वत पर है तो इसके शुभ परिणाम निकलते हैं लेकिन यदि हाथ के किसी अन्य पर्वत पर है तो इसके बुरे परिणाम निकलते हैं। इसी प्रकार से अन्य चिह्न हाथ के पर्वतों, उंगलियों के पोरों, नाखूनों, हाथ की रेखाओं आदि पर अपने शुभ-अशुभ प्रभाव को दर्शाते हैं। यह चिह्न निम्न प्रकार से हैं:

वृत्त (Circle)	○	धब्बा (Spot)	●
जाली (Grile)	#	वर्ग (Square)	□
तारा (Star)	★	नाखूनों पर चन्द्र का छल्ला	
द्वीप (Ice-land)	—⬭—	क्रॉस (Cross)	X
समानान्तर रेखाएं	=	खड़ी रेखाएं	||
एक खड़ी रेखा	|	त्रिभुज (Triangle)	Δ

वृत्त (Circle) : यह हाथ पर अशुभ चिह्न माना जाता है, केवल सूर्य रेखा या सूर्य पर्वत पर इसके शुभ फल प्राप्त होते हैं।

धब्बा (Spot) : जहाँ पर भी पाया जाता है उस स्थान या रेखा गे जुड़े बुरे परिणामों की ओर संकेत देता है।

जाली (Grile) : यह जहाँ पर भी बनी होती है उस स्थान के शुभ प्रभावों को अपने अन्दर कैद कर लेती है। सफलता में अवरोध उत्पन्न करती है।

वर्ग (Square) : यह व्यक्ति को चारों तरफ से सुरक्षा प्रदान करता है। हाथ के किसी भी पर्वत या रेखाओं से प्राप्त होने वाले अशुभ परिणामों से रक्षा

करता है। इसे भाग्यशाली चिह्न कहते हैं। यदि आयु रेखा, भाग्य रेखा या अन्य कोई रेखा टूटी हुई हो और उस स्थान पर यह वर्ग दिखाई दे तो यह उस रेखा से होने वाले भयंकर अनर्थ से बचा लेता है अर्थात् आयु रेखा टूटी हो उस पर यह बना हो तो जीवनदान देता है। भाग्य रेखा टूटी हो तो किसी बड़ी हानि से रक्षा करता है इसी प्रकार अन्य रेखाओं व पर्वतों पर इसके शुभ प्रभाव को समझ सकते हैं।

तारा (Star) : यह बहुत ही भाग्यशाली चिह्न है। यह हाथ में सफलता का प्रतीक है, यह जहाँ कहीं भी होते हैं उस स्थान से जुड़ी रेखा यहाँ पर्वतों के शुभ गुणों में कई गुणा वृद्धि कर देता है। यह समाज में सम्मान, प्रसिद्धि, सफलता आदि दिलाता है। सूर्य रेखा पर बना हो तो विश्वभर में प्रसिद्ध कर देता है। प्रसिद्धि में चार चांद लगा देता है।

द्वीप (Ice-land) : यह बहुत ही दुर्भाग्यशाली चिह्न है, यह हाथ में जहाँ कहीं भी पर्वत या रेखा पर हो उसके सभी शुभ गुणों को नष्ट करके भयंकर परिणाम देता है। आयु रेखा पर हो तो अस्पताल पहुंचा देता है, हृदय रेखा पर हो तो गहरा शॉक, भाग्य रेखा पर हो तो आर्थिक हानि, मस्तिष्क रेखा पर हो तो दिमागी परेशानी, सूर्य रेखा पर हो तो बदनामी, विवाह रेखा पर हो तो विवाह विच्छेद, यात्रा रेखा पर; यात्रा दुर्भाग्यपूर्ण या यात्रा पर रोक। इसी प्रकार जिस पर्वत पर होता है उसके गुणों को समाप्त कर देता है।

क्रॉस (Cross) : यह भी दुर्भाग्यपूर्ण चिह्न है केवल गुरु पर्वत पर शुभ होता है। यह जिस भी रेखा या पर्वत पर होता है इससे सम्बन्धित होने वाली हानि की चेतावनी देता है।

समानान्तर रेखाएं (Horizontal lines) : ये जिस भी पर्वत या रेखाओं को काटती हैं उनसे सम्बन्धित कार्यों में अवरोध उत्पन्न करती हैं। ये रेखाएं भाग्य रेखा, आयु रेखा व सूर्य रेखा को काटती हैं।

खड़ी रेखाएं (Vertical lines) : ये खड़ी रेखाएं नीचे से ऊपर की ओर जाती हैं। ये मस्तिष्क रेखा, हृदय रेखा, विवाह रेखा आदि को काटती हैं। जिस रेखा को काटती हैं उस रेखा से सम्बन्धी कार्यों में विरोध उत्पन्न करती हैं। यदि विवाह रेखा को काटती हैं तो विवाह में समस्या आती है यदि मस्तिष्क रेखा को काटती हैं तो अवरोध उत्पन्न होता है। यदि ये रेखाएं पर्वतों पर बनी हों तो यह उनके शुभ फल में वृद्धि कर देती हैं अर्थात् पर्वतों पर इन रेखाओं को शुभ माना जाता है।

त्रिभुज (Triangle) : यह हाथ में एक शुभ चिह्न माना जाता है लेकिन यह क्रॉस रेखाओं के साथ पृथक और साफ बना होना चाहिए। यह जिस भी रेखा के साथ या पर्वत पर बना होता है उसके टेक्निकल गुणों को बताता है। शनि पर्वत पर धर्मिक प्रवृत्ति, सूर्य पर्वत पर किसी विशेष कार्य में निपुण होने से लाभ बताता है।

नाखूनों पर चन्द्र के छल्ले (Moon's ring on the nails) : यह हाथ के नाखूनों के आधार पर पाए जाते हैं, यह सफेद रंग का चन्द्र की शक्ल का होता है। यह नाखूनों पर इस तरह दिखता है जैसे चन्द्र उदय होते समय दिखाई पड़ता है। इसका नाखूनों पर होना अच्छे रक्तचाप (good circulation of blood) की जानकारी देता है अर्थात् व्यक्ति स्वस्थ रहता है। जिनके नाखूनों पर यह नहीं होते उनका रक्तचाप खराब होता है। यदि हाथ ठंडा महसूस हो तो कम रक्तदाब (Low B.P.), यदि हाथ गर्म हो तो उच्च रक्त दाब (High B.P.) का रोग व्यक्ति को अवश्य ही होता है, जो स्वास्थ्य के प्रति सचेत रहने के संकेत देता है।

हाथ देखने के नियम

1. हाथ को देखते समय केवल हाथ दिखाने वाले व्यक्ति को छोड़कर अन्य कोई व्यक्ति आपके आस-पास नहीं होना चाहिए।

2. हाथ दिखाने वाले व्यक्ति का हाथ अपने बाएं हाथ के ऊपर रखें, आँखें बंद करें, हाथ को हल्का-सा दबाएं और लगभग 3 मिनट तक अपने ध्यान में जाकर उस व्यक्ति के 'आभा मंडल' अर्थात् बाहरी ऊर्जा क्षेत्र के प्रभाव को महसूस करें।

3. इस तीन मिनट के समय हाथ का तापमान महसूस करें कि हाथ ठंडा है या गर्म।

4. हाथ को थोड़ा दबाएं और महसूस करें हाथ कड़ा है या नर्म!

5. हाथ की उंगलियों को पीछे की ओर मोड़ने का प्रयास करें; यदि मुड़ जाती है तो हाथ लचकदार (Flexible) यदि नहीं मुड़ती तो हाथ सुदृढ़ (Hard) होता है।

6. हाथ के नाखूनों पर चन्द्र के छल्ले देखें। इनसे आपको व्यक्ति के रक्तचाप के बारे में जानकारी प्राप्त होगी। फिर हाथ की बनावट देखें, उंगलियों के पोरों की बनावट, हाथ व उंगलियों का आकार, उंगलियों में तुलनात्मक लंबाई, टेढ़ी-मेढ़ी या सीधी उंगलियाँ, नाखूनों का आकार, उंगलियों के पोरों पर

जोड़, पोरों का आकार, अंगूठे का आकार, छोटा है या बड़ा है, लचकदार है या सुदृढ़, जब व्यक्ति का हाथ आपके हाथ में हो तो यह भी जान लें कहीं हाथ कंपन अर्थात् झटके या फिर वह हाथ हिलाकर आगे-पीछे तो नहीं करता। यह सभी आवश्यक जानकारी प्राप्त कर अब उसकी रेखाओं पर ध्यान देकर उसके बारे में होने वाली घटनाओं को बताएं।

चेतावनी

1. किसी भी व्यक्ति का हाथ अपने हाथ में अधिक समय तक न रखें, नहीं तो ऊर्जा का स्थानान्तरण एक शरीर से दूसरे शरीर में होने से आपको परेशानी हो सकती है, इसलिए हाथ देखते समय किसी पेन या पेंसिल का प्रयोग करें।

2. बीमार या कमजोर व्यक्तियों का हाथ अपने हाथ में पकड़ने से पहले अपने ऊर्जा क्षेत्र को बन्द कर लें वरना सामने बैठा व्यक्ति आपकी ऊर्जा खींच लेगा और आप अस्वस्थ होने लगेंगे। इसलिए अपने पांव क्रॉस करके बैठें।

3. हाथ में हाथ अधिक समय तक रखकर उसके भविष्य के बारे में जानना चाहेंगे तो...? आप सेल्फहिप्नोटाइज हो सकते हैं जो शरीर के लिए बहुत हानिकारक है।

मस्तिष्क रेखा

(Line of Head)

यह एक बहुत ही महत्त्वपूर्ण रेखा है, इससे व्यक्ति की बौद्धिक शक्ति, काल्पनिक शक्ति, यादगार, एकाग्रता एवं मस्तिष्क की कमजोरी का पता चलता है। जिन्दगी की गाड़ी को चलाने के लिए यह गाड़ी के स्टेयरिंग की तरह काम करती है। यदि गाड़ी सही दिशा में चलती रहे, एकाग्रता बनी रहे तो व्यक्ति अपनी इच्छा शक्ति की देखरेख में अपने लक्ष्य को प्राप्त कर लेता है। यदि वह अपने लक्ष्य से हटकर इधर-उधर दौड़ता है तो चाहे कितनी भी अच्छी मस्तिष्क रेखा क्यों न हो वह कभी सफल नहीं होता। गाड़ी चलाते समय यदि 'एकाग्रता हटी दुर्घटना घटी', इसी प्रकार यदि व्यक्ति ने अपनी सोच गलत दिशा की ओर मोड़ दी तो जिन्दगी का परेशानियों और मुसीबतों से सामना स्वाभाविक है।

व्यक्ति अपने हाथ में भाग्य की सड़क (रेखा) पर अपने मस्तिष्क रूपी स्टेयरिंग की मदद से आगे की ओर बढ़ता है, यह अपना-अपना भाग्य है कि उनको किस प्रकार की भाग्य रूपी सड़क से गुजरना पड़ रहा है। एक अच्छा वाहन चालक अर्थात् अच्छी मस्तिष्क रेखा वाला व्यक्ति विषम परिस्थितियों में भी अपनी सूझबूझ से अवरोधों को पार कर लेता है और एक खराब वाहन चालक अर्थात् कमजोर मस्तिष्क रेखा वाला व्यक्ति अच्छी सड़क (भाग्य रेखा) होने पर भी अर्थात् अच्छे परिवार में पैदा होकर जहाँ सुख-सुविधा एवं उन्नति के शुभ अवसर प्राप्त होने पर भी विफल हो जाता है। साधारणतया जिनके हाथ में मस्तिष्क रेखा टूटी-फूटी, धुंधली, ऊंची-नीची या एकदम किसी दिशा में मुड़ी हुई (Steep turn) होती है, उन व्यक्तियों की जिन्दगी संघर्षपूर्ण होती है उन्हें विषम परिस्थितियों से होकर गुजरना पड़ता है।

व्यक्ति की सोच मस्तिष्क रेखा के साथ-साथ उसके हाथ की बनावट पर बहुत निर्भर करती है अर्थात् उसके हाथ की सोच के साथ जुड़ जाती है। एक ही तरह की मस्तिष्क रेखा, अलग-अलग बनावट वाले हाथों पर होन पर भी व्यक्ति की सोच उसके हाथ की बनावट के अनुरूप परिवर्तित हो जाती है।

एक वर्गाकार हाथ (Square Hand) पर मस्तिष्क रेखा व्यक्ति की

टैक्निकल सोच बताती है, वह विज्ञान से जुड़ी बातों से सम्बन्ध रखता है। जिनमें वास्तविकता दिखाई देती है। एक दार्शनिक हाथ (Philosophic Hand) पर उसकी सोच वास्तविकता से परे हो जाती है। एक कलात्मक हाथ (Artistic Hand) पर उसकी सोच कला और खूबसूरती के साथ जुड़ जाती है। एक चमचाकार हाथ पर उसकी सोच आविष्कार या फिर आलोचना के साथ जुड़ जाती है। इसी प्रकार अन्य हाथों की बनावट के अनुसार उन पर एक-सी मस्तिष्क रेखा दिखने पर भी उनकी सोच में भिन्नता आ जाती है।

आइए उदाहरण द्वारा समझें : एक फ्रिज (Refreigeretor) की दुकान पर अलग-अलग बनावट वाले हाथ के व्यक्ति फ्रिज खरीदने पहुंचे। पहले वर्गाकार हाथ वाले व्यक्ति ने दुकानदार से फ्रिज के विषय में कुछ इस तरह से पूछा,,," फ्रिज में कितने वाट (walt) की मोटर है। प्रतिदिन कितने यूनिट बिजली का खर्चा आता है, इसकी बॉडी की चादर स्टील की है या एल्युमीनियम की, इसकी मोटाई (Gaze) क्या है अर्थात् टैक्निकल जानकारी प्राप्त करेगा क्योंकि उसका हाथ टैक्निकल विज्ञान से जुड़ा है।

दूसरा व्यक्ति, जिसका हाथ कलात्मक है वह कुछ इस तरह पूछेगा..." भइया जरा अलग-अलग मॉडल के फ्रिज दिखाओ, इनमें और कौन-कौन से रंग वाले फ्रिज हैं, स्टील हैण्डल वाला फ्रिज है, अन्दर से प्लास्टिक वाली ट्रे होनी चाहिए" अर्थात् वह फ्रिज की खूबसूरती से जुड़े ही प्रश्न पूछेगा!

तीसरा : चमचाकार हाथ वाला व्यक्ति पूछेगा..."इसकी कीमत बहुत अधिक है, इसमें ऐसी क्या खासियत है जो औरों में नहीं, साथ वाली दुकान पर तो सस्ता है तुम महंगा क्यों दे रहे हो।" अर्थात् वह आलोचना सम्बन्धी प्रश्न करता है इसी प्रकार अन्य हाथों की बनावट वाले हाथों पर मस्तिष्क रेखा, हाथ की बनावट के अनुरूप अपनी सोच परिवर्तित कर लेती है।

हाथ की बनावट के अलावा हृदय रेखा के साथ भी इसका गहरा सम्बन्ध है क्योंकि इच्छाएं हृदय से उत्पन्न होती हैं और उनको पूरा मस्तिष्क करता है इसलिए हाथ देखते समय इन दोनों रेखाओं को ध्यान से देखें। यदि हाथ में हृदय रेखा, मस्तिष्क रेखा से अधिक मजबूत है तो ऐसी रेखाओं वाला व्यक्ति हमेशा परेशान ही रहता है। उसकी हृदय रेखा आए दिन नई-नई इच्छाएं उत्पन्न करती रहती हैं। मस्तिष्क छोटी-मोटी इच्छाएं तो पूरी करता रहता है पर जब कभी इच्छा बड़ी हो तो मस्तिष्क उसको पूरा नहीं कर पाता और व्यक्ति उस इच्छा की चाह में परेशान रहता है। उदाहरण के तौर पर लैला-मजनू, इनके हाथ में हृदय रेखा प्रबल थी और मस्तिष्क रेखा कमजोर जिस कारण वह परेशानियों में ही घिरे रहे।

मस्तिष्क रेखा यदि हृदय रेखा से अधिक मजबूत है तो व्यक्ति हृदय से उत्पन्न इच्छा को नकार देता है। किसी समारोह या बाजार में जब किसी सुन्दर स्त्री को देखता है तो उसका मन चाहता है उससे बात करे, पर मस्तिष्क उसके इस प्रस्ताव को निकाल कर कहता है चारों ओर भीड़ व पुलिस देखी है। जब व्यक्ति वाहन, घर या अन्य सामान खरीदने की चाह रखता हो तो मस्तिष्क रेखा उस प्रस्ताव पर अच्छे से विचार कर अगला निर्णय लेती है। इस प्रकार के व्यक्ति जीवन में आने वाली परेशानियों से बच निकलते हैं और कमजोर मस्तिष्क रेखा वाले व्यक्ति दिल की बात मानकर मुसीबतें मोल लेते रहते हैं।

प्रिय पाठकों, मैं यहाँ पर आपको समझाने के लिए मस्तिष्क रेखा से जुड़े बहुत से उदाहरण चित्रों सहित दे रहा हूँ ताकि इस विषय को समझने में आपको परेशानी न हो।

आइए एक-एक करके उदाहरण द्वारा समझें:

1. मस्तिष्क रेखा जो गुरु पर्वत के बीच से प्रारम्भ होती हुई, मंगल ऋणात्मक (-ve) पर सीधी पहुंचती है और आयु रेखा को a बिन्दु पर छूती है। यह व्यक्ति की बौद्धिक शक्ति और पक्के इरादे को दर्शाती है।

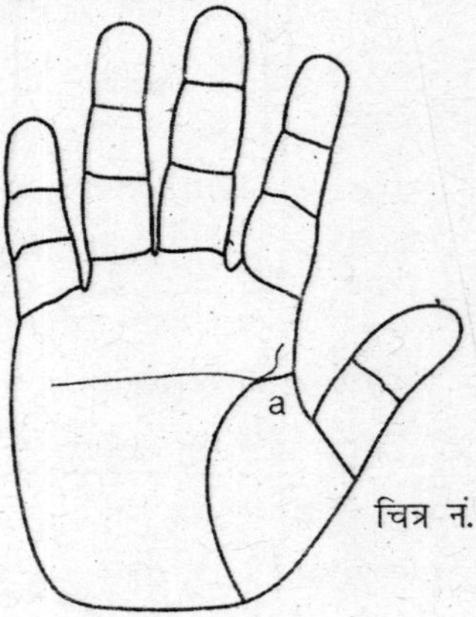

चित्र नं. 1

2. मस्तिष्क रेखा, आयु रेखा से छूती हुई न हो, गुरु पर्वत से प्रारम्भ होकर मंगल (-ve) के नीचे से चन्द्र पर्वत की ओर झुकाव लिए हो : ऐसे व्यक्ति में बौद्धिक शक्ति (Intelligency) तो होती है परन्तु उनमें सहनशीलता (self control) कम होती है अर्थात् दिमाग पर नियन्त्रण कम होता है। ऐसे व्यक्ति बिना सोचे समझे शीघ्र ही निर्णय ले लेते हैं।

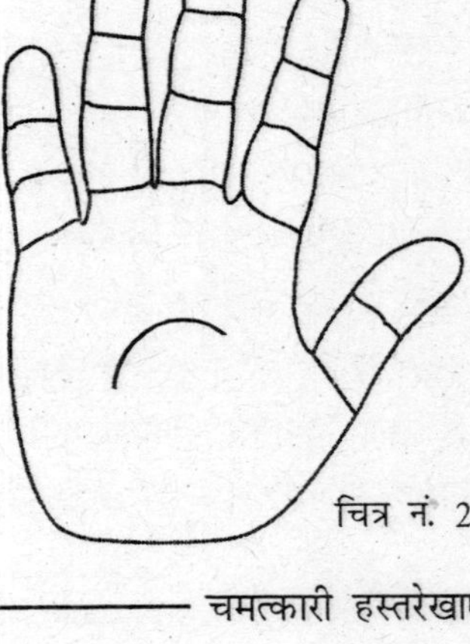
चित्र नं. 2

3. मस्तिष्क रेखा जब आयु रेखा से छूती हुई सीधी मंगल (-ve) से नीचे की तरफ कुछ दूरी पर चन्द्र पर्वत के ऊपरी भाग तक जाती हो : इस प्रकार की रेखा वाले व्यक्ति बहुत जल्दी उत्तेजित हो जाते हैं और घबरा जाते हैं। इनको सावधानी बरतने की आवश्यकता है।

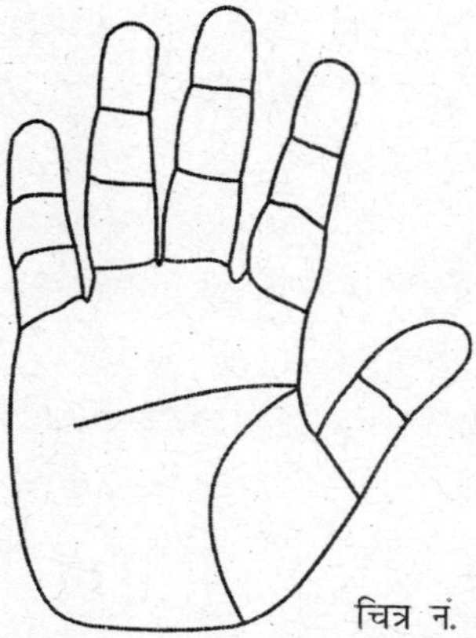

चित्र नं. 3

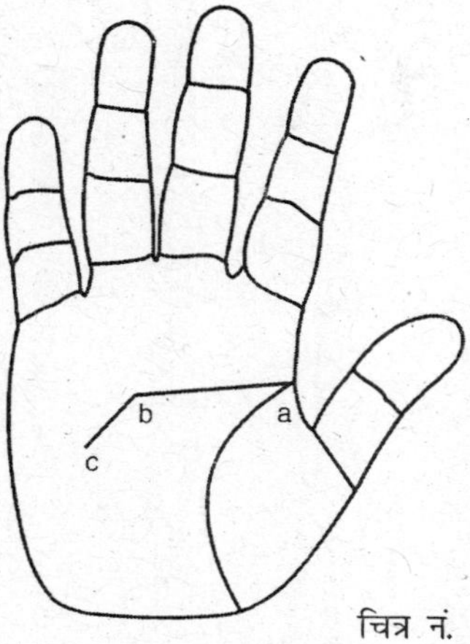

चित्र नं. 4

4. मस्तिष्क रेखा आयु रेखा को a पर छूती हुई पहले सीधी b तक जाती है फिर नीचे की तरफ मुड़ते हुए c तक जाती है; यहाँ पर ab भाग व्यावहारिक और bc भाग काल्पनिकता से जुड़ा है। ऐसे व्यक्तियों में दोनों गुण लगभग एक समान होने के कारण वह विवेक से कार्य करते हैं।

5. मस्तिष्क रेखा आयु रेखा को छूती हुई नीचे की तरफ गहरा मोड़ लेते हुए जब चन्द्र पर्वत के बीच तक पहुंच जाती है, ऐसे व्यक्ति बहुत काल्पनिक होते हैं उनकी काल्पनिक शक्ति उनके हाथ की बनावट पर अधिक निर्भर करती है अर्थात् जैसा हाथ वैसी सोच। मस्तिष्क रेखा शुक्र पर्वत के अधिक पास होने के कारण यह शुक्र के प्रभाव में आ जाते हैं जिस कारण इनकी रुचि प्यार-मोहब्बत, सेक्स, संगीत, आर्ट एवं भौतिक आनन्द से जुड़े साधनों के साथ होती है। ऐसे व्यक्तियों का अपने पर कम नियन्त्रण होता है। यह बहुत ही

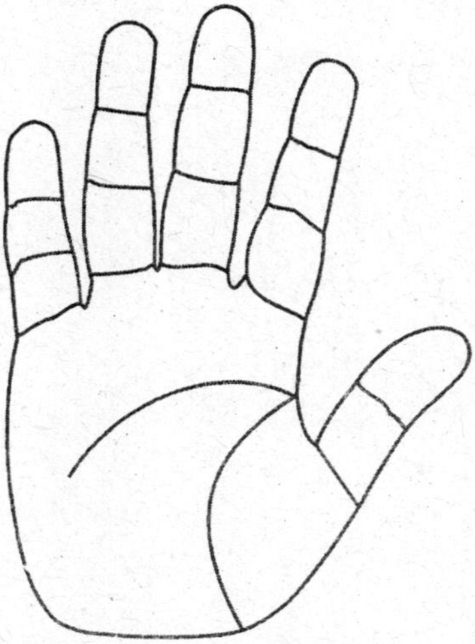

चित्र नं. 5

जल्दी आवेश में आ जाते हैं यदि हाथ थोड़ा मोटा, दबाने पर गद्देदार हो और उंगलियों के तीसरे पोर मोटे हों तो यह लोग खाने के बहुत शौकीन और बहुत सेक्सी होते हैं।

6. मस्तिष्क रेखा आयु रेखा को छूती हुई धनुष बाण की तरह मुड़ी हुई अर्थात् नीचे की तरफ चन्द्र पर्वत के निचले भाग तक पहुँच जाए : ऐसे व्यक्तियों का मस्तिष्क, नियन्त्रण कक्ष (Control room) अर्थात् मंगल (-ve) से दूर होने के कारण यह बहुत जल्दी आवेश में आने वाले, बहुत अधिक काल्पनिक एवं सेक्सी होते हैं। ऐसे व्यक्ति अधिकतर अपने पर नियन्त्रण न होने के कारण गलत कार्य कर बैठते हैं। इनको आत्म संयम रखने की बहुत आवश्यकता है।

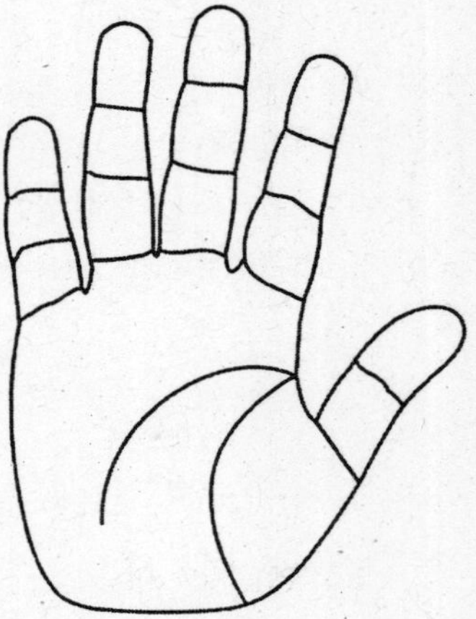

चित्र नं. 6

7. जब मस्तिष्क रेखा आयु रेखा को छूती हुई सीधी बुध पर्वत के नीचे तक पहुंचती हो और एकदम थोड़ी-सी नीचे को मुड़ी हो तो ऐसी रेखा वाले व्यक्तियों का हाथ यदि नर्म हो तो वह बहुत जल्द ही अपना संतुलन खो बैठते हैं, आवेश में आ जाते हैं और फिर शीघ्र ही सामान्य हो जाते हैं।

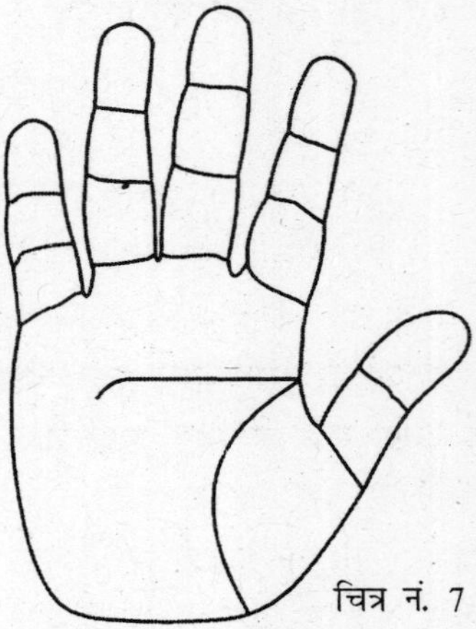

चित्र नं. 7

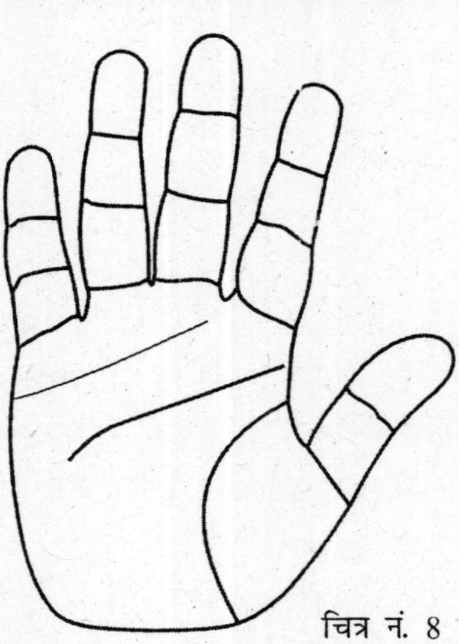

चित्र नं. 8

8. मस्तिष्क रेखा और आयु रेखा के बीच दूरी हो, मस्तिष्क रेखा हृदय रेखा से अधिक गहरी एवं स्पष्ट हो और धीरे-धीरे मुड़ती हुई अर्थात् कम ढलान लिए हुए हृदय रेखा के समानान्तर जाती हुई हो तो ऐसे व्यक्ति बहुत जिद्दी किस्म के होते हैं खास तौर पर तब जब उनके अंगूठे का पहला अर्थात् मस्तिष्क वाला पोर अधिक मोटा होता है।

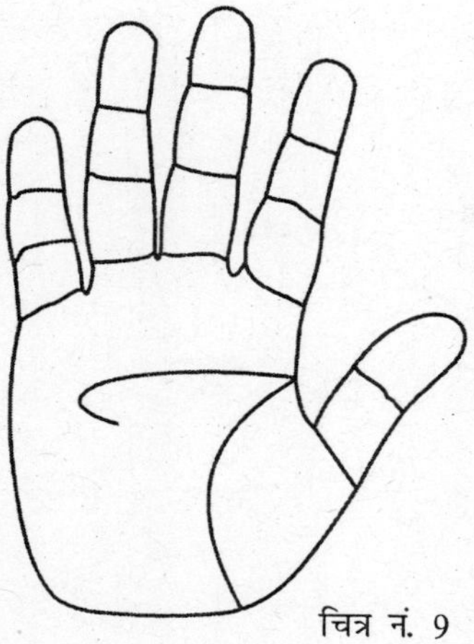

चित्र नं. 9

9. मस्तिष्क रेखा, आयु रेखा को छूती हो और सीधी मंगल (-ve) पर्वत पर जाकर पीछे की तरफ थोड़ी गोलाई में मुड़ी हो तो ऐसे व्यक्ति बहुत अधिक आत्मविश्वास के साथ घमंडी हो जाते हैं और बहुत बड़ी मुसीबत में फंस जाते हैं। ऐसे व्यक्तियों को अपने भविष्य में होने वाली घटना की जानकारी होती है। उदाहरण के तौर पर यदि किसी व्यक्ति को फांसी की सजा हो तो उसको अपनी मौत की जानकारी होती है।

यदि यही रेखा अधिक गोलाई लिए हुए पीछे की तरफ शुक्र पर्वत की ओर पहुंची हो तो ऐसे व्यक्तियों में सेक्स के प्रति अधिक रुचि होने के कारण ऊर्जा एवं विश्वास की कमी होती है।

10. लम्बी मस्तिष्क रेखा आयु रेखा को बिना छुए हुए मंगल (-ve) तक जाती हो तो बहुत अधिक आत्मसंयम दर्शाती है। ऐसें व्यक्ति प्रत्येक कार्य बहुत समझ–बूझ के साथ करते हैं।

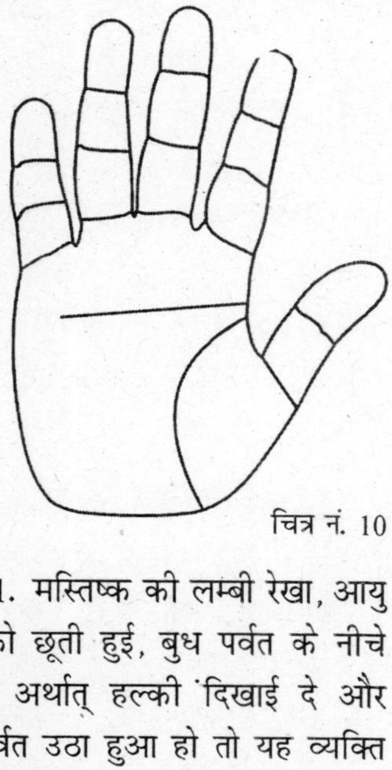

चित्र नं. 10

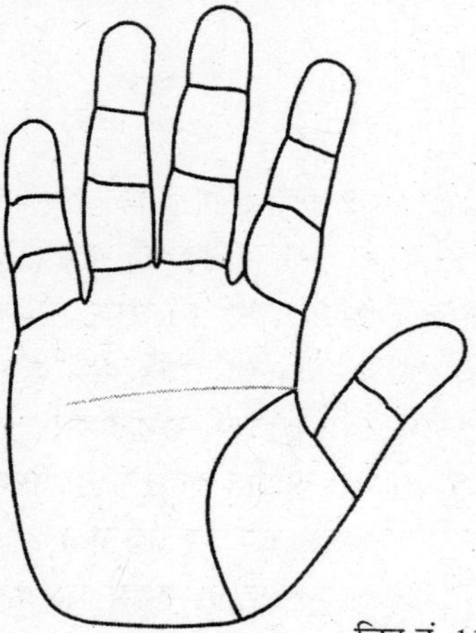

चित्र नं. 11

11. मस्तिष्क की लम्बी रेखा, आयु रेखा को छूती हुई, बुध पर्वत के नीचे धुंधली अर्थात् हल्की दिखाई दे और बुध पर्वत उठा हुआ हो तो यह व्यक्ति के विश्वासघात, धोखे या छिपे हुए भयानक खतरे की ओर संकेत देती है।

12. एक बहुत लम्बी मस्तिष्क रेखा जो आयु रेखा को छूती हुई सीधी बुध पर्वत के नीचे आखिर तक जाती हुई दिखाई दे तो ऐसी रेखा वाले व्यक्ति समाज में श्रेष्ठ नहीं माने जाते क्योंकि यह भौतिक सुखों को अधिक चाहने वाले स्वार्थी लोग होते हैं।

यदि यह रेखा पर्वत के मध्य से प्रारम्भ होकर आखिर तक जाती दिखाई दे : तो ऐसे व्यक्ति घमंडी एवं खर्चीले होते हैं।

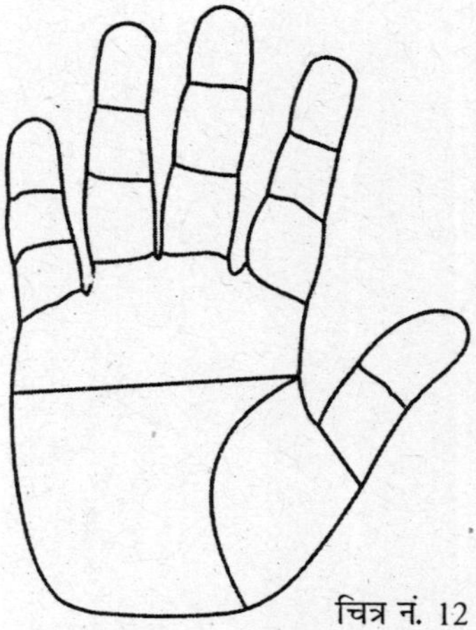

चित्र नं. 12

13. मस्तिष्क रेखा, आयु रेखा को छूती हुई सीधी मंगल (-ve) तक पहुंचे और फिर तीन भागों a, b, c में बंट जाए तो भाग a – व्यक्ति की काल्पनिक सोच दर्शाता है, भाग b – दिमागी शक्ति व भाग c – उसकी व्यापार के प्रति रुचि।

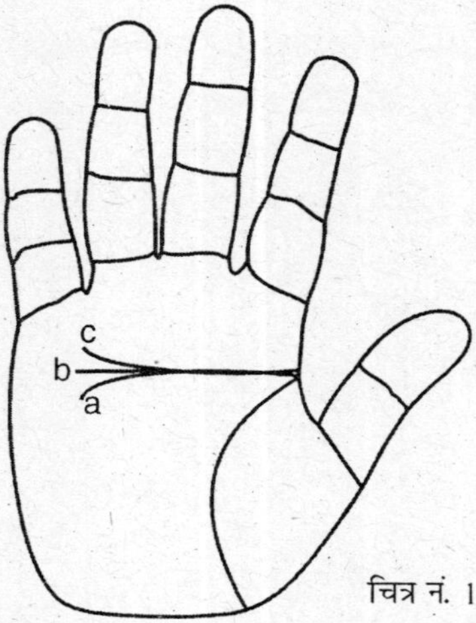

चित्र नं. 13

14. यदि मस्तिष्क रेखा, आयु रेखा को छूती हो और सामान्य ढलान से ऊपर की ओर आती दिखाई दे तो ऐसे व्यक्ति अपनी बात बताने में हिचकिचाते हैं, शर्मीले होते हैं और उनमें आत्मविश्वास की कमी होती है।

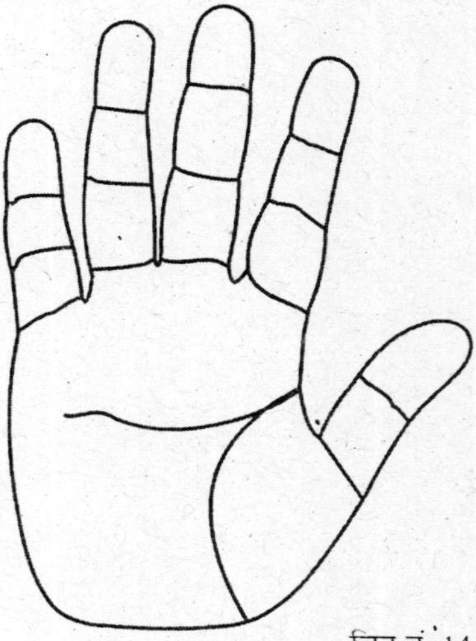

चित्र नं. 14

15.(a) मस्तिष्क रेखा आयु रेखा से प्रारम्भ होकर ऊपर की तरह ढलान लिए हुए जब हृदय रेखा में सूर्य व बुध पर्वत के नीचे बीच में आकर मिल जाती है तो व्यक्ति को किसी से अकस्मात् खुशी और प्यार मिलता है।

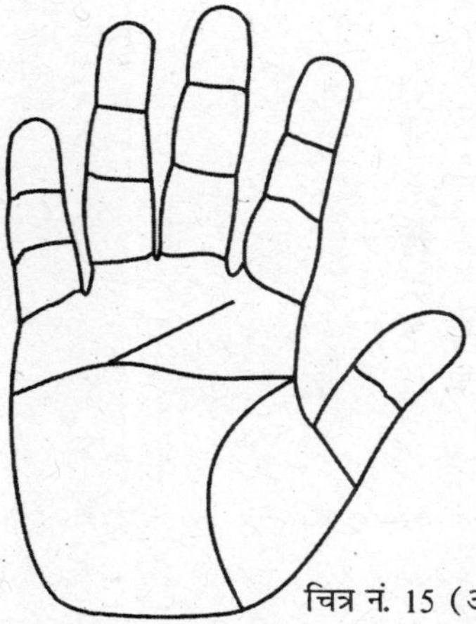

चित्र नं. 15 (अ)

(b) यदि हाथ पर बुरे चिह्न दिखाई दें अर्थात् भाग्य रेखा और आयु रेखा पर द्वीप लटकता दिखाई दे, तो व्यक्ति किसी से बहुत नफरत करता है। वह नफरत की भावना से उसका खून तक करने से नहीं हिचकिचाता, भाग्य रेखा पर बना द्वीप उसके दुर्भाग्य को बताता है और आयु रेखा पर लटकता द्वीप उसको कारावास करवा देता है या भयानक रोग देता है।

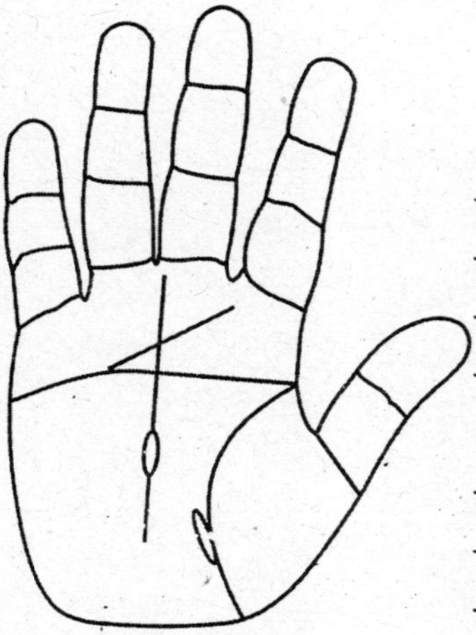

चित्र नं. 15 (ब)

16. मस्तिष्क रेखा यदि स्प्रिंग जैसी, लोहे की जंजीर जैसी हो : ऐसे व्यक्तियों के मस्तिष्क पर खून सवार रहता है, यदि अंगूठा चमचाकार (clubed) अर्थात् मोटा हो तो ऐसा व्यक्ति खून तक कर डालता है। यदि हाथ पीला दिखाई दे तो घटना हो चुकी है और यदि हाथ लाल हो और मस्तिष्क रेखा भी लाल रंग की हो तो घटना होने वाली है।

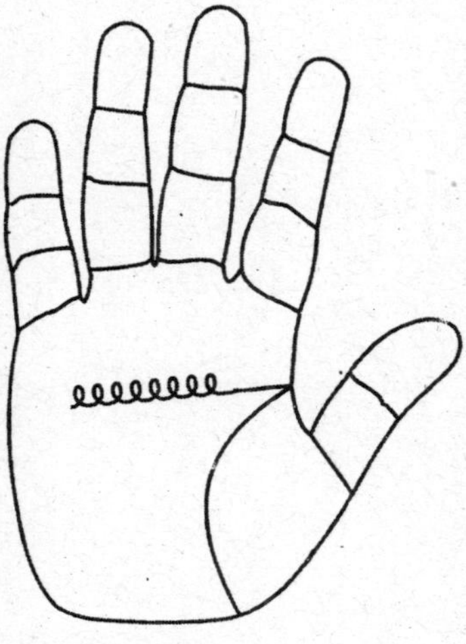

चित्र नं. 16

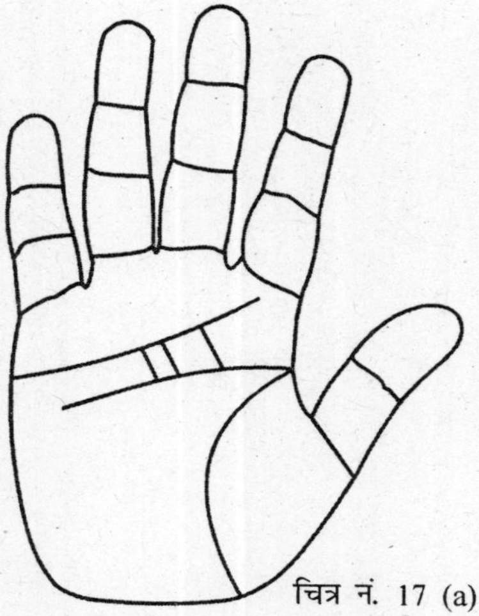

चित्र नं. 17 (a)

17.(a) रेखाएं जो मस्तिष्क और हृदय रेखा बीच में दोनों को आपस में जोड़ती हो अर्थात् छूती हो : इस प्रकार की छोटी रेखाएं हृदय का मस्तिष्क के कार्यों में हस्तक्षेप करती है। ऐसी रेखाओं वाले व्यक्ति का जीवन विपरीत लिंग वाले (Opposite sex) मित्रों से प्रभावित होता है।

(b) एक गाढ़ी रेखा मस्तिष्क रेखा से निकलकर हृदय रेखा पर टकराती हो तो ऐसी रेखा वाले व्यक्ति किसी की चाह में अंधे हो जाते हैं। उनकी सोचने की शक्ति समाप्त हो जाती है और वह कोई बड़ा खतरा मोल ले लेते हैं। यदि यह रेखा सूर्य पर्वत के नीचे टकराए तो उस घटना के समय व्यक्ति की आयु लगभग 45 वर्ष होगी।

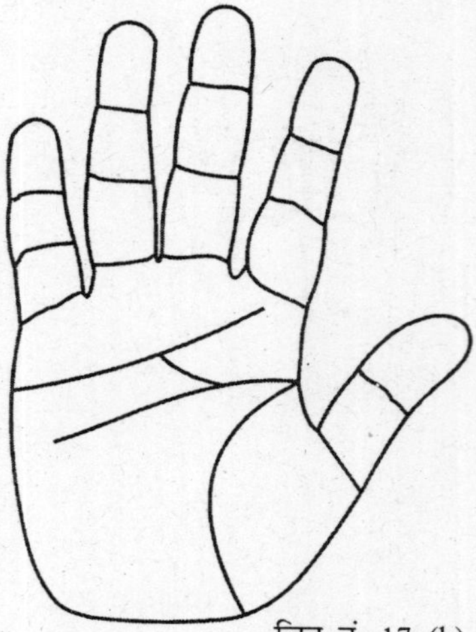

चित्र नं. 17 (b)

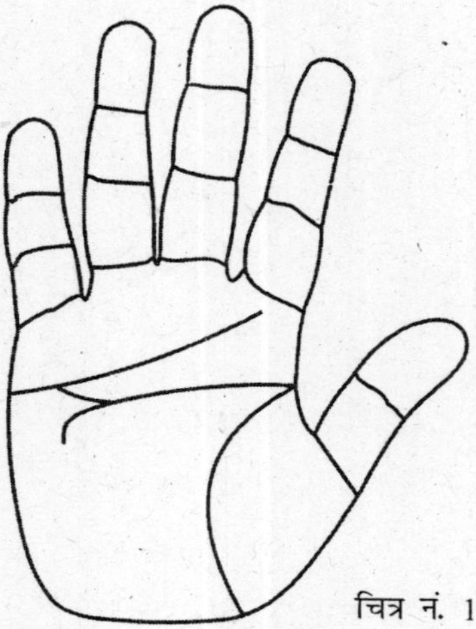

चित्र नं. 17 (c)

(c) यदि मस्तिष्क रेखा अंत में दो ब्रान्चों (Fork) में बंट जाए, इनमें से एक रेखा हृदय रेखा को स्पर्श करे और दूसरी नीचे की तरफ मुड़ जाए, तो ऐसा व्यक्ति किसी पर अपना सब कुछ न्योछावर कर देगा।

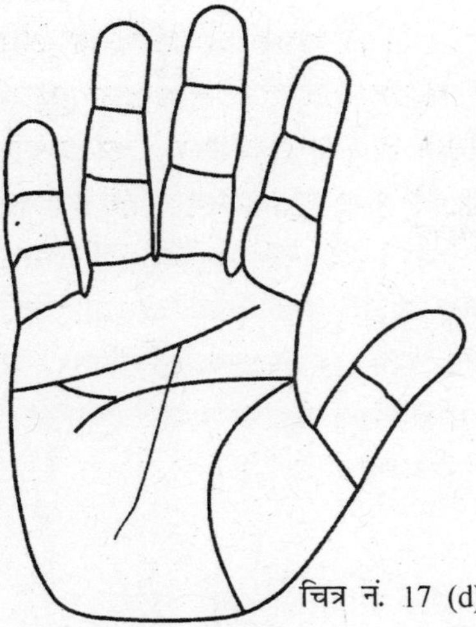

चित्र नं. 17 (d)

(d) यदि मस्तिष्क रेखा मंगल (-ve) पर पहुंचती हो और एक शाखा इसमें से निकलकर हृदय रेखा को छूती हो अर्थात् उससे सम्बन्ध बना ले और भाग्य रेखा हृदय रेखा पर आकर रुक जाए तो ऐसा व्यक्ति प्यार, मोह या चाह में बर्बाद हो जाता है।

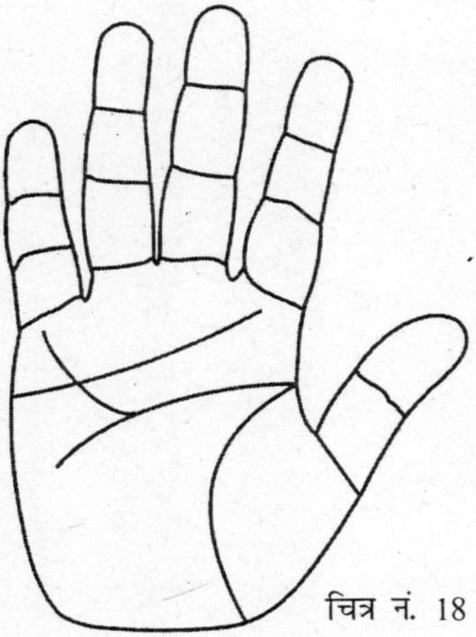

चित्र नं. 18

18. मस्तिष्क रेखा सीधी हो और इसमें से एक शाखा सीधी ऊपर की ओर हृदय रेखा को काटती हुई बुध पर्वत पर पहुंचती हो और दूसरी शाखा नीचे की तरफ चन्द्र पर्वत तक पहुंचती हो तो ऐसे व्यक्ति में सम्मोहन शक्ति होती है। इनको पैसों की बड़ी भूख होती है, यह दौलत के लिए अंधे हो जाते हैं और उसे पाने के लिए किसी भी सीमा तक जा सकते हैं।

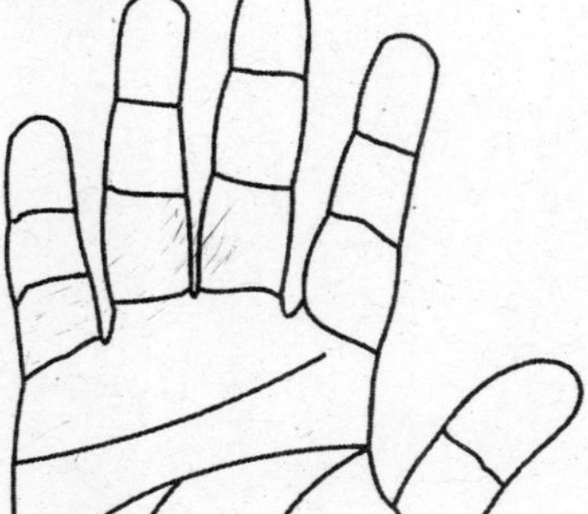

चित्र नं. 19

19. मस्तिष्क रेखा मंगल (-ve) तक जाती हो और एक गाढ़ी मजबूत रेखा इसमें से निकलकर चन्द्र पर्वत तक जाती हो तो इसको हम इस प्रकार से भी पढ़ सकते हैं कि भाग्य रेखा चन्द्र पर्वत से प्रारम्भ होकर मस्तिष्क रेखा पर टकराकर समाप्त हो जाती है, ऐसे व्यक्ति अपने आप को ही धोखा देते हैं।

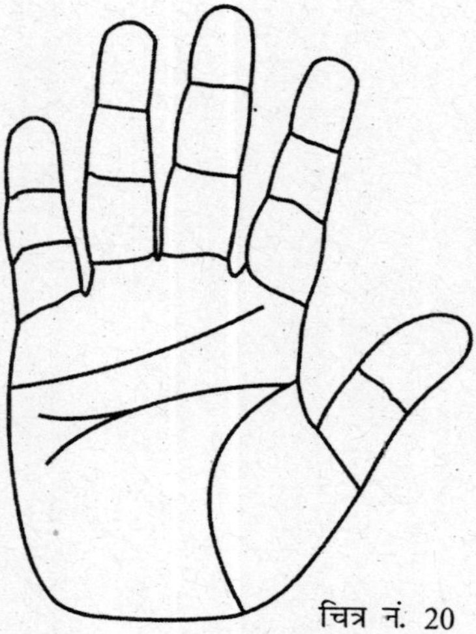

20. मस्तिष्क की लम्बी रेखा अंत में सर्प की जीभ की तरह दो शाखाओं में बंट जाए तो इस प्रकार की रेखा वाले व्यक्ति वास्तविकता एवं अवास्तविकता के बीच ही सोचते रहते हैं, सीधी ब्रांच-वास्तविकता बताती है और नीचे की तरफ वाली-अवास्तविकता। ऐसे व्यक्ति बहुत सूझ व समझ उपरान्त ही निर्णय लेते हैं।

चित्र नं. 20

21. यदि मस्तिष्क रेखा में से एक रेखा निकल कर शनि पर्वत के ऊपर पहुंच जाए, सिर पर चोट लगने से मृत्यु या फिर किसी गंभीर समस्या से होकर गुजरना।

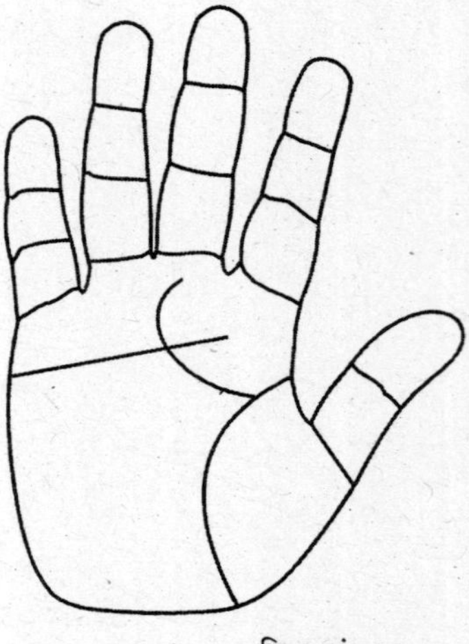

चित्र नं. 21

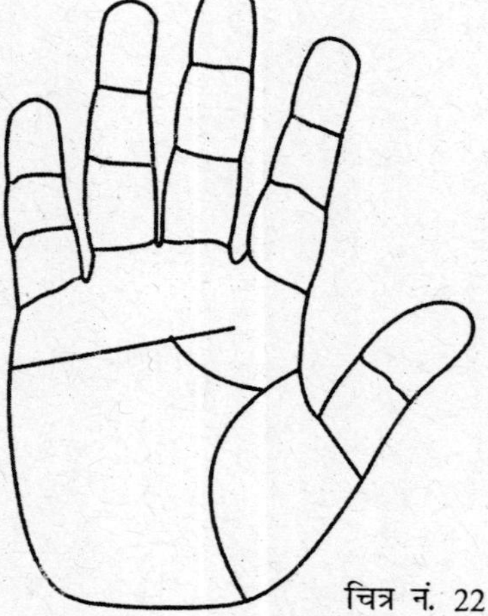

22. यदि मस्तिष्क रेखा, आयु रेखा से प्रारम्भ होकर ऊपर की तरफ आकर हृदय रेखा में शनि पर्वत के नीचे आकर टकराती हो : तो सर पर घाव या फिर कोई समस्या तो आएगी परन्तु वह गम्भीर प्रवृत्ति की नहीं होगी।

चित्र नं. 22

23. यदि मस्तिष्क रेखा आयु रेखा से प्रारम्भ होकर ऊपर की तरफ सूर्य पर्वत तक जाती हो तो ऐसी रेखा वाले व्यक्तियों को कला, साहित्य एवं प्रसिद्धि की बड़ी इच्छा होती है।

24. यदि मस्तिष्क रेखा आयु रेखा से प्रारम्भ होकर हृदय रेखा के नीचे सूर्य पर्वत पर थोड़ा ऊपर की तरफ मुड़ी हो तो ऐसे व्यक्ति को कला एवं साहित्य के क्षेत्र में सफलता मिलने के सुनहरे अवसर प्राप्त होते हैं।

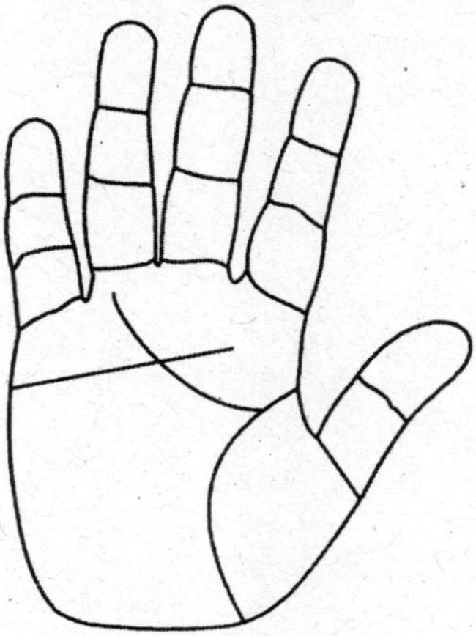

चित्र नं. 23

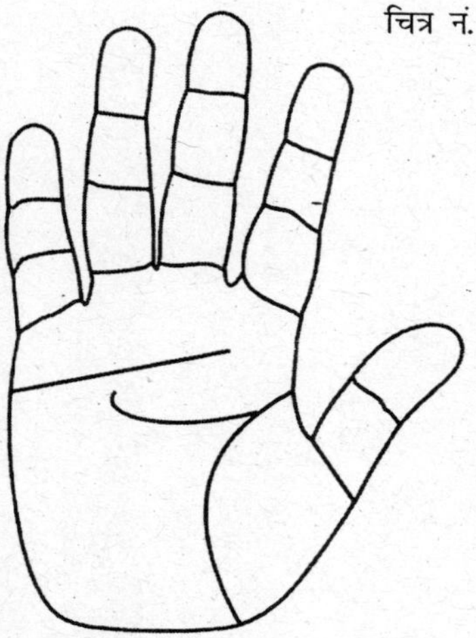

चित्र नं. 24

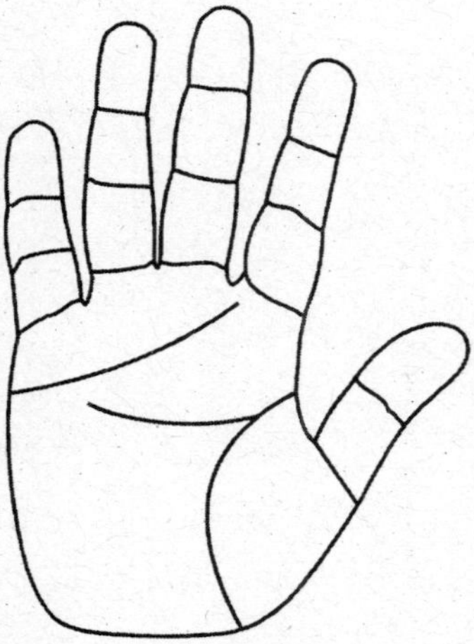

चित्र नं. 25

25. यदि मस्तिष्क रेखा आयु रेखा से प्रारम्भ होकर सूर्य व बुध पर्वत के नीचे की तरफ दोनों पर्वतों के बीच पहुंचती हो तो व्यक्ति को विज्ञान एवं राजनीति के क्षेत्र में सफलता प्राप्त होती है।

26. यदि मस्तिष्क रेखा आयु रेखा से प्रारम्भ होकर बुध पर्वत तक पहुँचती हो तो व्यक्ति अपनी चालाकी व राजनैतिक बुद्धि से अपने कार्यों में सफलता प्राप्त करता है परन्तु हाथ की बनावट भी ध्यान में रखे।

चित्र नं. 26

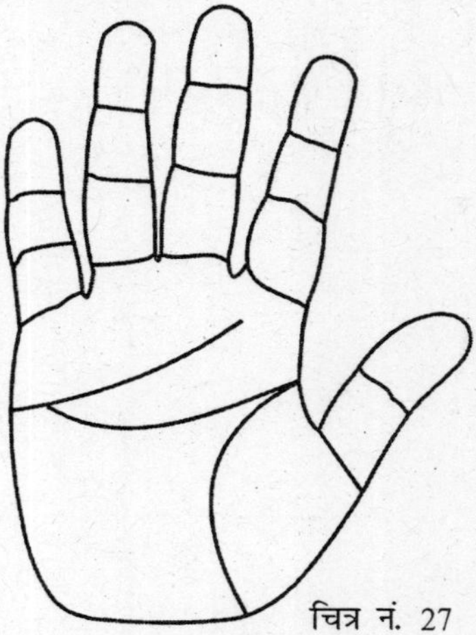

चित्र नं. 27

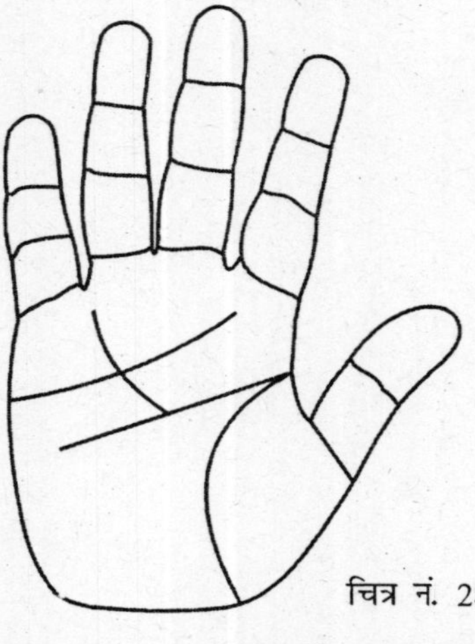

चित्र नं. 28

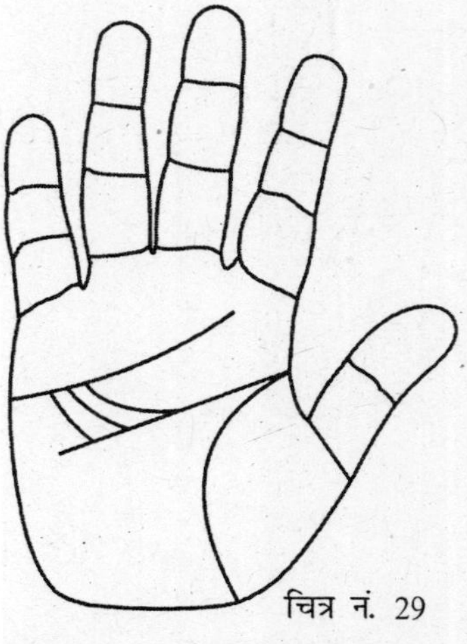

चित्र नं. 29

27. यदि मस्तिष्क रेखा बुध पर्वत के नीचे हृदय रेखा पर छूती हो तो व्यक्ति का रक्तचाप (Circulation of blood) ठीक नहीं होता। यदि उसके हाथों के नाखूनों पर चन्द्र के छल्ले दिखाई न पड़ते हों तो ऐसे में स्थिति और भी गंभीर हो जाती है। व्यक्ति को दौरे (Fits) पड़ने लगते हैं।

28. यदि मस्तिष्क रेखा सीधी मंगल (-ve) तक पहुंचती हो और उसमें से एक गाढ़ी शाखा निकलकर हृदय रेखा को पार करती हुई सूर्य और बुध पर्वत के बीच तक पहुंचती हो तो व्यक्ति धन कमाने की नई-नई योजनाएं खोजता रहता है।

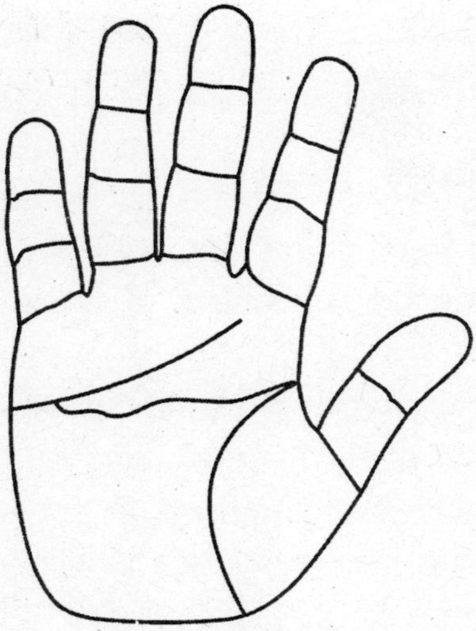

चित्र नं. 30

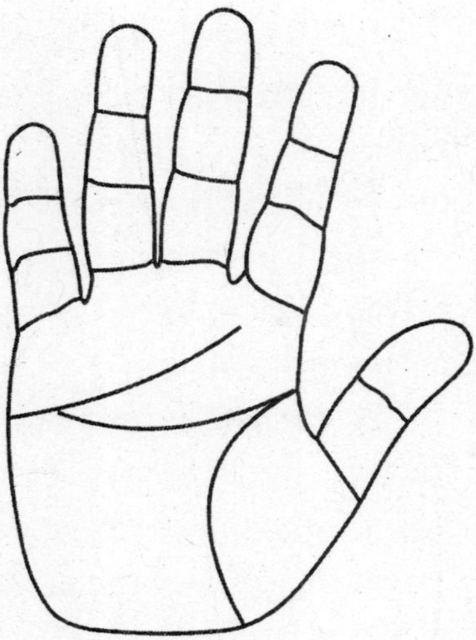

चित्र नं. 31

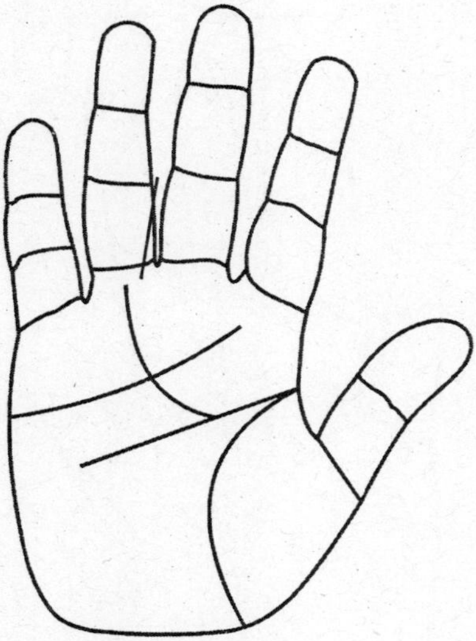

चित्र नं. 32

चित्र नं. 33

29. यदि मस्तिष्क रेखा सीधी मंगल (-ve) तक पहुंचती हो और उसमें से एक या अधिक रेखाएं निकलकर बुध पर्वत के नीचे हृदय रेखा से मिलती हों तो व्यक्ति व्यापारिक क्षेत्र में मन से प्रगति करने पर सफल होता है।

30. जब लहराती हुई मस्तिष्क रेखा हृदय रेखा को बुध पर्वत के नीचे मिलती है तो ऐसे व्यक्तियों में आत्मसंयम की बहुत कमी होती है। यह मूर्खता वाला व्यवहार करते हैं।

31. यदि मस्तिष्क रेखा ढलान लिए हुए हृदय रेखा को बुध पर्वत के नीचे छूती हो तो ऐसे व्यक्ति दूसरे की नकल करते हैं, उनका मजाक उड़ाते हैं अर्थात् डुप्लीकेट एक्टिंग करते हैं।

32. यदि मस्तिष्क रेखा सीधी मंगल (-ve) तक पहुंचती हो और एक गाढ़ी रेखा इसमें से निकलकर हृदय रेखा को काटती हुई सूर्य पर्वत तक पहुंचती है और भाग्य रेखा भी हाथ पर अच्छी दिखाई दे तो ऐसे व्यक्तियों को बहुत बड़ी सफलता मिलती है।

33. यदि मस्तिष्क रेखा, हृदय रेखा के समानान्तर हो और मस्तिष्क रेखा से एक शाखा अर्द्धवृत्त की शक्ल में शनि पर्वत के नीचे से निकलकर शनि पर्वत की ओर जाती हो तो ऐसे व्यक्ति धार्मिक आस्था में अंधविश्वासी होते हैं।

34. यदि मस्तिष्क रेखा से कोई शाखा निकलकर गुरु पर्वत पर जाती हो तो हाथ में किसी बड़ी सफलता का संकेत देती है।

35. यदि मस्तिष्क रेखा से एक शाखा निकलकर बृहस्पति पर्वत पर और हृदय रेखा से शाखा निकलकर शनि पर्वत पर जाती हो तो उज्ज्वल भाग्य की निशानी।

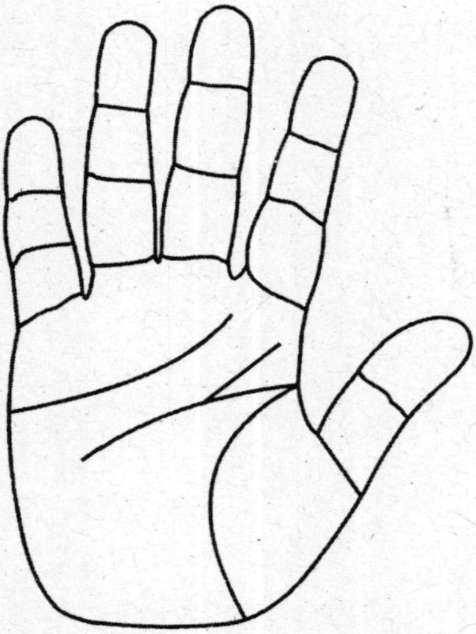

चित्र नं. 34

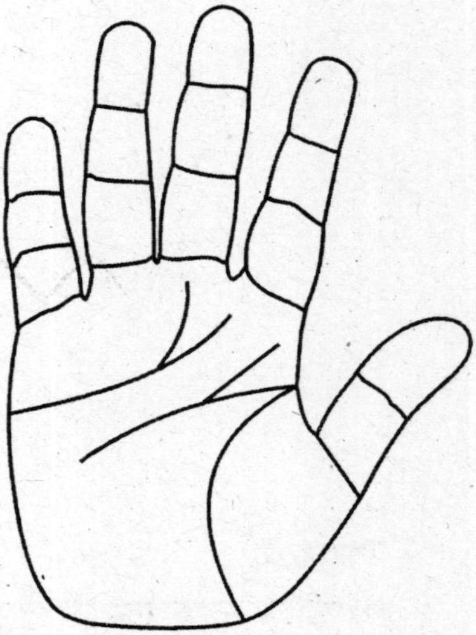

चित्र नं. 35

36. यदि मस्तिष्क रेखा से शाखा निकलकर बृहस्पति पर्वत पर बने तारे पर समाप्त होती है तो जिस भी कार्य में व्यक्ति प्रयास करता है उसमें बड़ी सफलता हाथ लगती है।

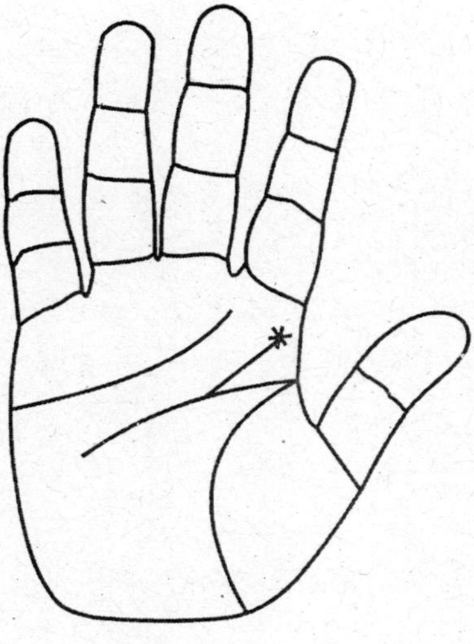

चित्र नं. 36

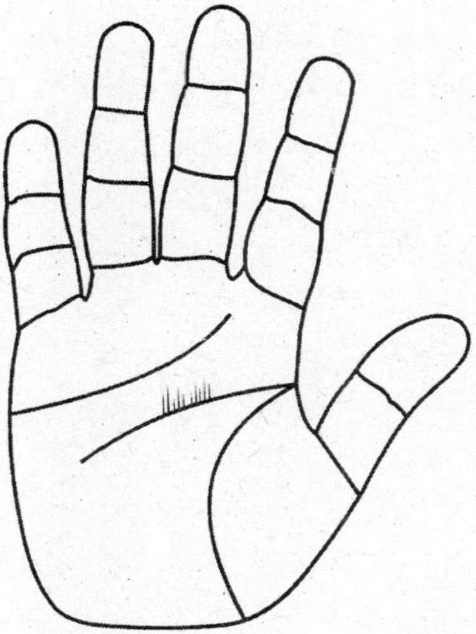

चित्र नं. 37

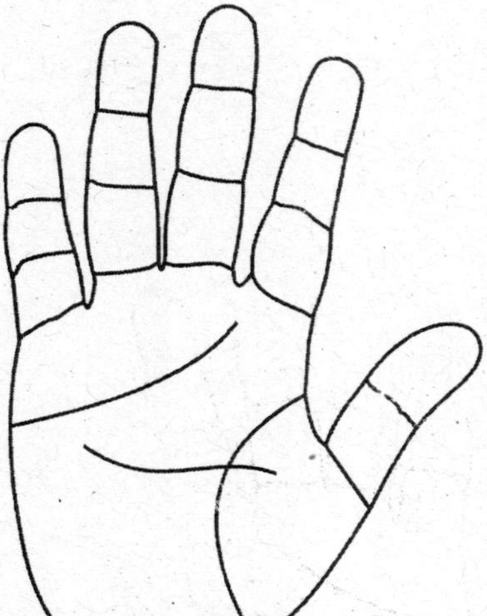

चित्र नं. 38

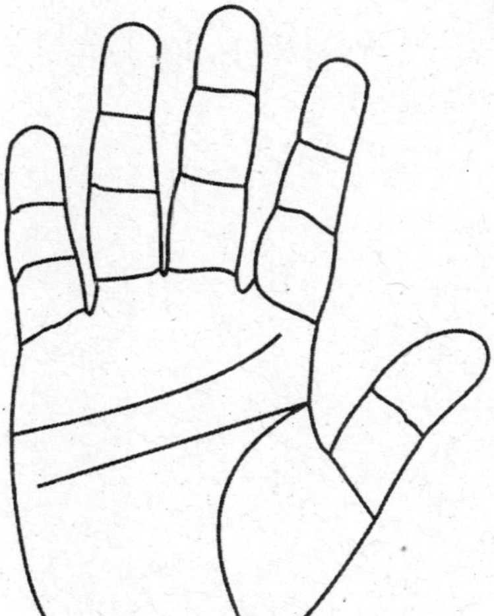

चित्र नं. 39

37. यदि मस्तिष्क रेखा से छोटी-छोटी शाखाएं निकलकर ऊपर हृदय रेखा की आर जाती दिखाई दे तो ऐसे व्यक्ति प्यार जताते हैं, पर वास्तव में वह वास्तविक प्यार नहीं होता, मात्र दिखावा होता है।

38. यदि मस्तिष्क रेखा, आयु रेखा के बीच मंगल (+ve) से प्रारम्भ होती हो तो ऐसे व्यक्ति बेचैन, चिन्ता करने वाले, संवेदनशील व स्थिर विचारों वाले होते हैं। इनकी सोच भी ऋणात्मक होती है।

39. यदि मस्तिष्क रेखा सीधी व लम्बी हो तो ऐसे व्यक्ति सामान्य व्यक्तियों से अधिक बुद्धिमान होते हैं। इनकी यादगार बुढ़ापे तक रहती है।

40. यदि मस्तिष्क रेखा सीधी जाकर फिर कर्व की तरह मुड़कर बुध पर्वत की तरफ हो तो ऐसे व्यक्ति कम खर्चीले, कंजूस अर्थात् रुपयों की कीमत जानते हैं।

41. यदि मस्तिष्क रेखा सीधी पर छोटी हो तो ऐसे व्यक्ति भौतिकवादी होते हैं। इनमें दूरदर्शिता की कमी होती है।

42. यदि मस्तिष्क रेखा बहुत छोटी हो तो व्यक्ति की छोटी आयु में ही मौत हो जाती है।

43. यदि मस्तिष्क रेखा लम्बी हो पर शनि पर्वत के नीचे टूटी हो तो दुर्भाग्य से अकस्मात मृत्यु, धन की बहुत बड़ी हानि या सिर पर चोट लगने से याददाश्त का चला जाना।

यदि दोनों हाथों में ऐसी रेखा हो तो किसी दुर्घटना से सिर पर गहरी चोट लगने से मृत्यु।

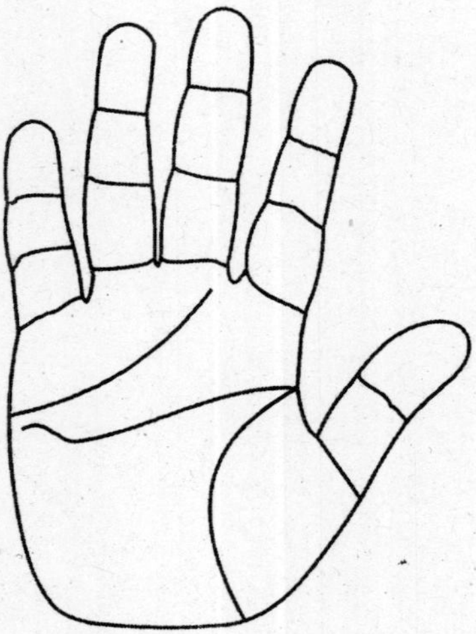

चित्र नं. 40

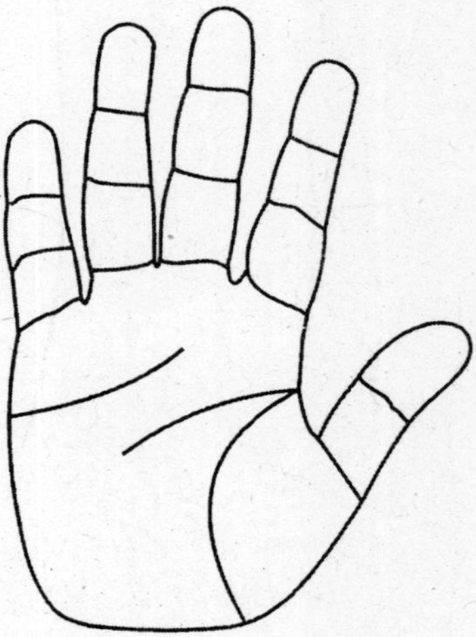

चित्र नं. 41

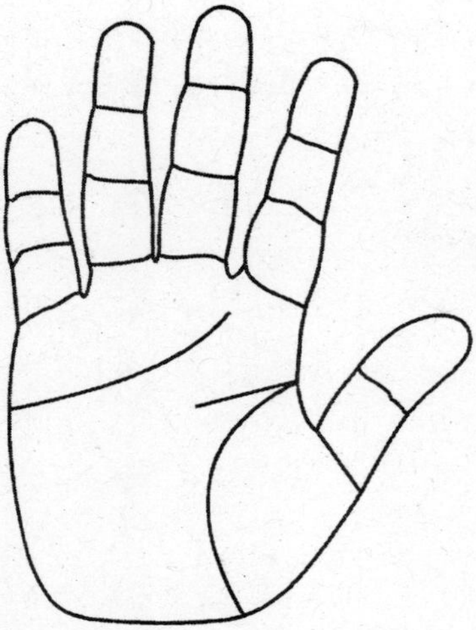

चित्र नं. 42

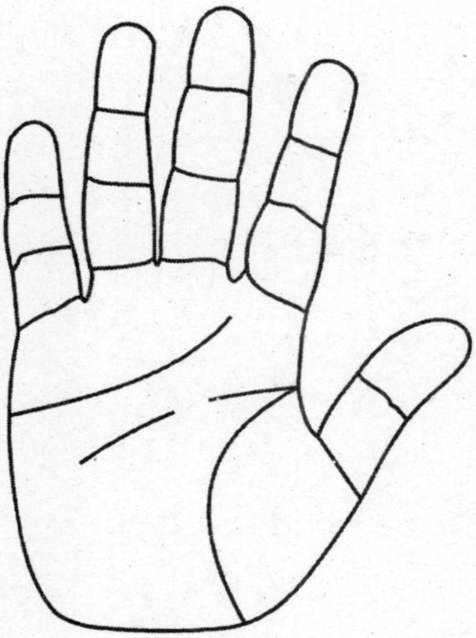

चित्र नं. 43

44. यदि मस्तिष्क रेखा सूर्य पर्वत के नीचे टूटी हो तो आंखों की रोशनी को खतरा।

45. यदि मस्तिष्क रेखा ऊपर हृदय रेखा की तरफ झुकी हुई हो और दिल व दिमाग की रेखा के बीच की दूरी कम करती हो यदि मस्तिष्क रेखा अधिक मजबूत है तो यह दिल के कार्यों में हस्तक्षेप करेगा और यदि हृदय रेखा अधिक मजबूत है तो वह दिमाग के कार्यों में हस्तक्षेप करेगी।

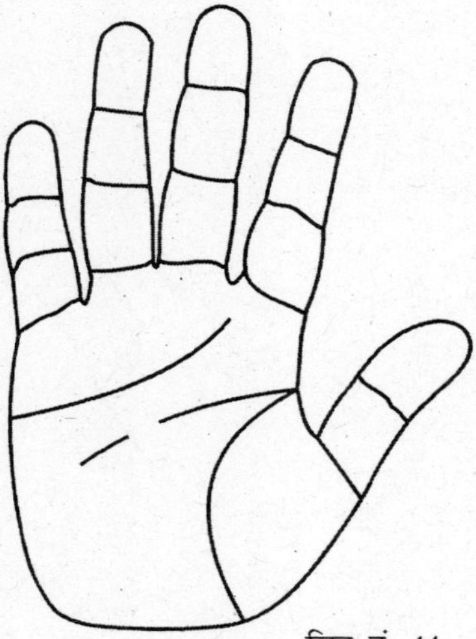

चित्र नं. 44

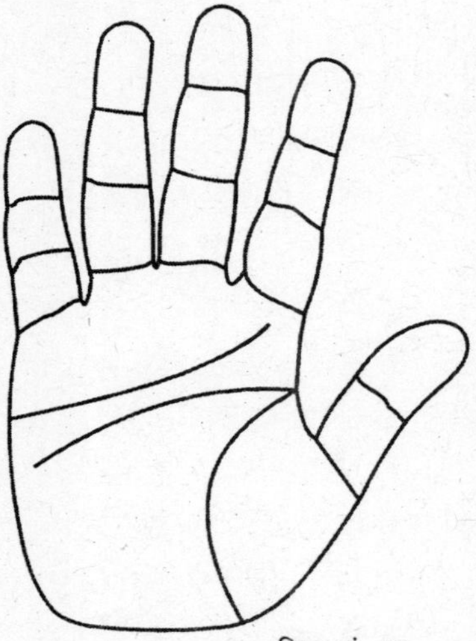

चित्र नं. 45

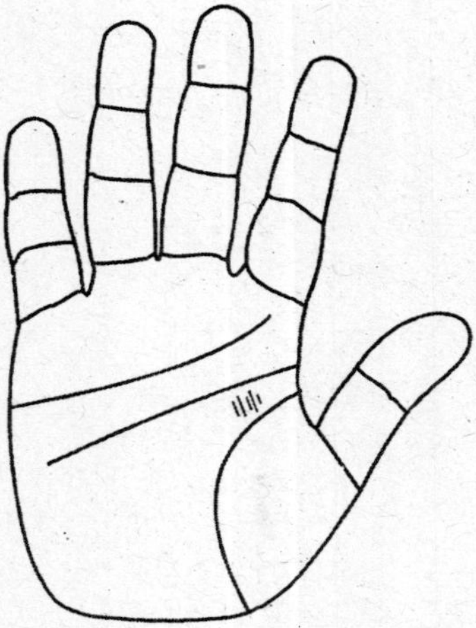

चित्र नं. 46

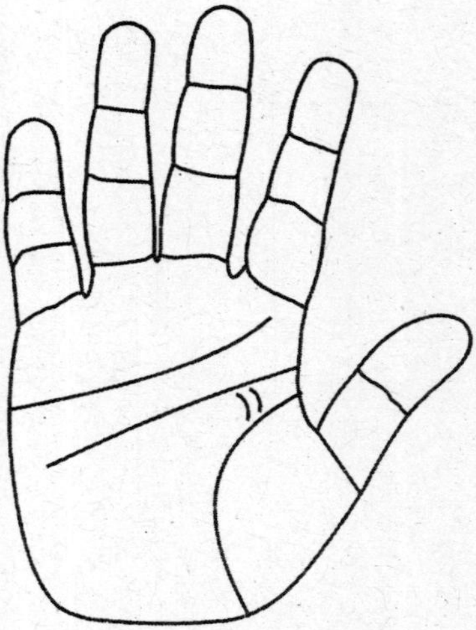

चित्र नं. 47

46. यदि मस्तिष्क रेखा व आयु रेखा के बीच कुछ दूरी हो और यहाँ पर कुछ छोटी खड़ी पतली-सी रेखाएं दिखती हों तो व्यक्ति झगड़ालू प्रवृत्ति का होता है।

47. यदि मस्तिष्क रेखा व आयु रेखा के बीच कुछ दूरी हो और यहाँ पर दो खड़ी रेखाएं हों तो व्यक्ति कठोर प्रकृति का होता है।

48. मस्तिष्क रेखा व हृदय रेखा के बीच में सामान्य दूरी हो और एक क्रॉस मस्तिष्क रेखा के ऊपर सूर्य व शनि पर्वत के बीच बना हो तो व्यक्ति बहुत ही आशावादी होता है और किसी वस्तु को पाने की बहुत इच्छा रखता है।

49. मस्तिष्क रेखा और आयु रेखा के बीच दूरी हो और इस दूरी में क्रॉस बना हो तो यह व्यक्ति को घरेलू परेशानियों में समस्या आती है।

50. लहराती हुई मस्तिष्क रेखा पर क्रॉस का चिह्न हो तो दुर्घटना से सिर पर भयानक चोट।

51. लम्बी मस्तिष्क व हृदय रेखा जो एक-दूसरे के समानान्तर हो और हाथ पर अच्छी लीवर रेखा बनी हुई हो तो यह अच्छी याददाश्त और पाचन क्रिया की निशानी है।

52. लहराती हुई मस्तिष्क रेखा जो हृदय और मस्तिष्क रेखा के बीच की दूरी कम करती हो ऐसे व्यक्ति स्वार्थी होते हैं और दुःखी रहते हैं।

53. यदि मस्तिष्क रेखा, हृदय रेखा और आयु रेखा एक ही बिन्दु से प्रारम्भ होती हो तो यह अकस्मात मृत्यु का संकेत देती है।

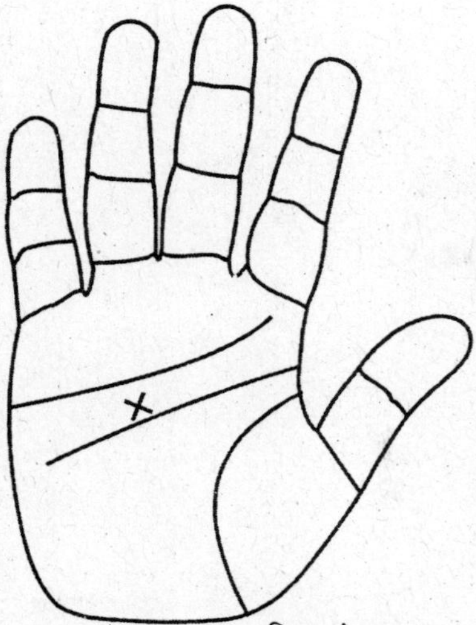

चित्र नं. 48

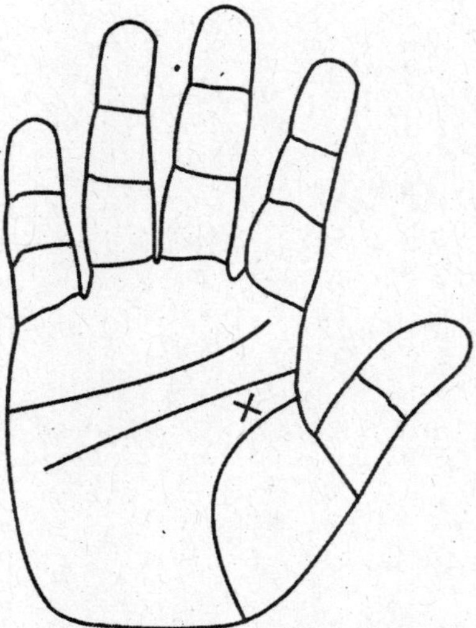

चित्र नं. 49

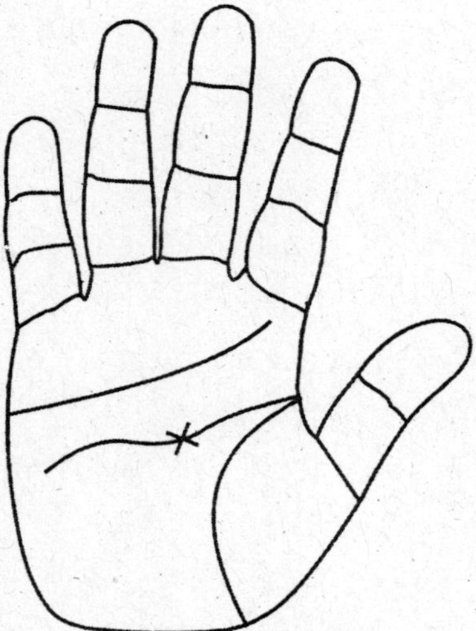

चित्र नं. 50

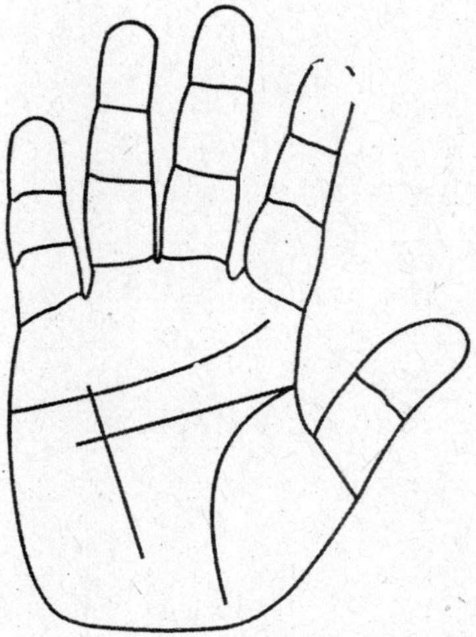

चित्र नं. 51

54. यदि मस्तिष्क रेखा, आयु रेखा के ऊपर की ओर लगभग शनि पर्वत के नीचे से प्रारम्भ होती हो तो व्यक्ति में देरी से बुद्धि के विकास को दर्शाती है जिस कारण व्यक्ति प्रारम्भ में शिक्षा से वंचित रह जाता है या विद्या के प्रति लापरवाह होता है।

55. मस्तिष्क की छोटी रेखा जो हृदय रेखा से अधिक दूरी पर प्रारम्भ होती हो तो यह अल्प बुद्धि, कठोर हृदय वाला व खतरनाक बड़े काण्ड करने वाला व्यक्ति होता है।

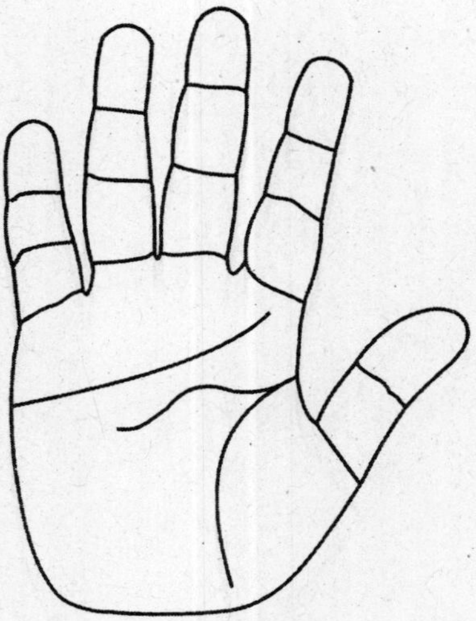

चित्र नं. 52

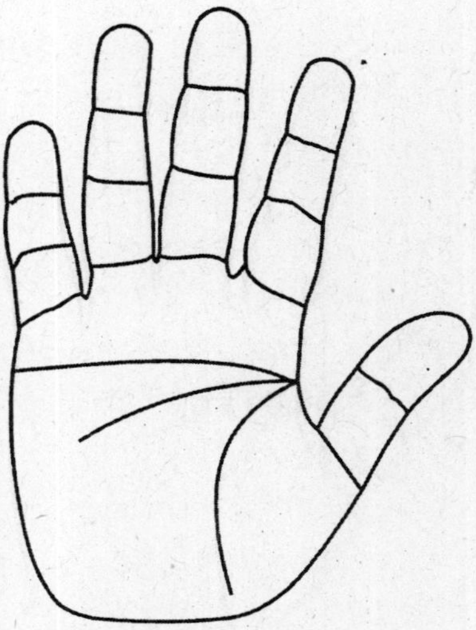

चित्र नं. 53

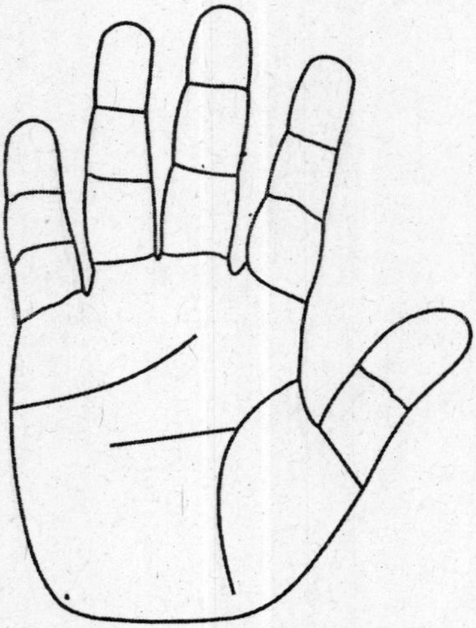

चित्र नं. 54

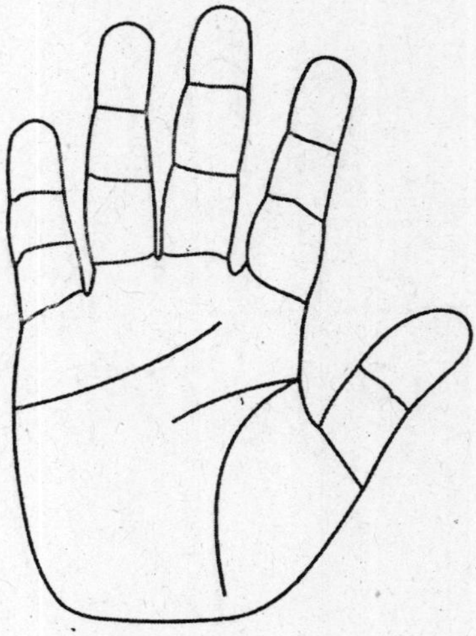

चित्र नं. 55

56. यदि मस्तिष्क रेखा छोटी हो तो कम बुद्धिमान और यदि हाथ की उंगलियाँ छोटी हों तो कम चालाक होता है।

57. यदि मस्तिष्क रेखा और आयु रेखा के बीच कुछ दूरी हो, मस्तिष्क रेखा छोटी हो और हृदय रेखा के पास हो तो यह व्यक्ति की कम बुद्धिमत्ता

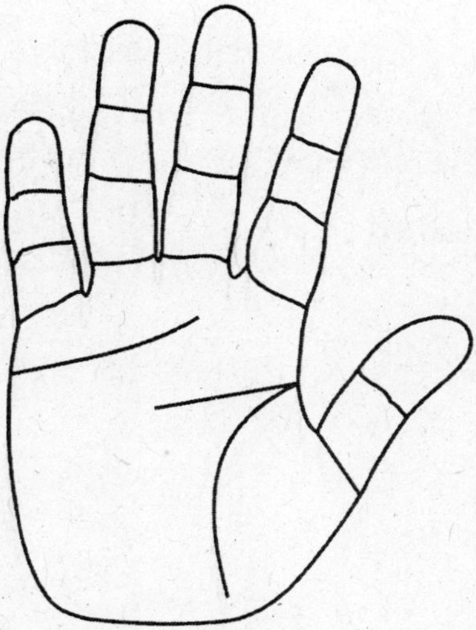

चित्र नं. 56

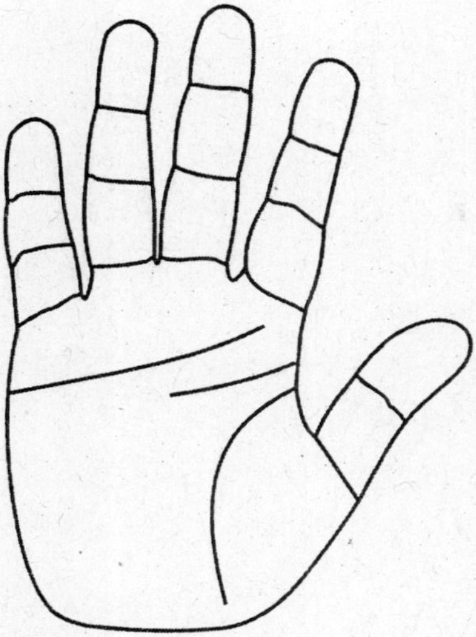

चित्र नं. 57

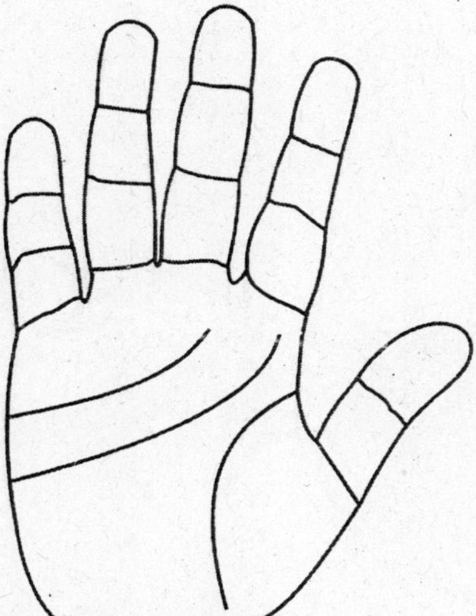

चित्र नं. 58

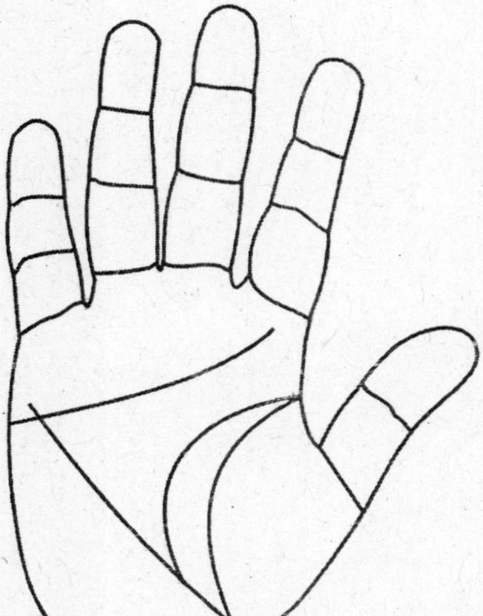

चित्र नं. 59

दर्शाती है यदि हाथ की उंगलियां सीधी हों तो व्यक्ति कम चालाक अर्थात् साधारण सोच का होता है।

58. यदि मस्तिष्क रेखा गुरु पर्वत के आधार से प्रारम्भ होती हो, हृदय रेखा के समानान्तर चलती हुई हथेली के आखिर तक अर्थात् दूसरे किनारे तक जाती हो तो व्यक्ति बहुत खर्चीला, धोखेबाज, घमंडी और स्वार्थी होता है। वह अपनी झूठी प्रशंसा सुनकर खुश होता है।

59. यदि मस्तिष्क रेखा, आयु रेखा के साथ प्रारम्भ होकर हाथ में नीचे की तरफ आयु रेखा के समानान्तर चन्द्र का आकार बनाती हुई लीवर रेखा में मिलती हो तो ऐसे लोग अधिकतर आत्महत्या की सोचते हैं, यदि शनि पर्वत उठा हो तो आत्महत्या कर लेते हैं।

60. यदि मस्तिष्क रेखा छोटी हो और भाग्य रेखा हृदय रेखा पर टकराकर रुक जाए, दुःख भरा छोटा-सा जीवन होता है।

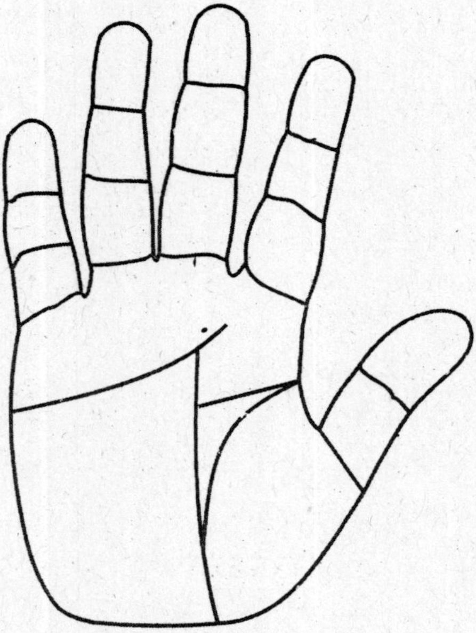

चित्र नं. 60

हृदय रेखा
(Line of Heart)

हृदय शरीर का बहुत ही महत्त्वपूर्ण अंग है और उतनी ही महत्त्वपूर्ण है यह हृदय अर्थात् दिल की रेखा। जिस प्रकार से एक डॉक्टर दिल का कार्डियोग्राफ (cardiograph) करके उससे प्राप्त ग्राफ से दिल सम्बन्धी रोग की पूर्ण जानकारी प्राप्त कर लेता है वैसे ही एक हस्तरेखा विशेषज्ञ दिल की रेखा देखकर व्यक्ति के दिल की बात जान लेता है।

व्यक्ति के दिल की रेखा उसके प्यार, मोहब्बत, भावनाओं, इच्छाओं, खुशी, दुःख, चाहत, नफरत, दयालुता, कठोरता एवं उसकी धनात्मक व ऋणात्मक सोच के विषय में पूर्ण जानकारी देती है।

यह रेखा मस्तिष्क रेखा के समानान्तर चलती रहती है और उसे अपनी इच्छा-पूर्ति का निरन्तर संदेश भेजती रहती है। हृदय रेखा हाथ में ऊपर की तरफ ग्रहों अर्थात् पर्वतों के सम्मुख होकर गुजरती है और उनके प्रभाव से उत्पन्न हुई इच्छाओं की पूर्ति के लिए मस्तिष्क रेखा से सम्पर्क साधती है। यदि हृदयरेखा देखने में गाढ़ी एवं स्पष्ट होती है तो व्यक्ति की इच्छाएं मजबूत होती हैं और यदि हृदय रेखा कमजोर व हल्की नजर आती है तो इच्छाएं अधिक प्रबल एवं मजबूत नहीं होतीं। यदि हृदय रेखा, मस्तिष्क रेखा से सामान्य दूरी पर न होकर उसके अधिक पास या अधिक दूरी पर हो तो व्यक्ति को अपनी इच्छाओं की पूर्ति में कठिनाइयों का सामना करना पड़ता है।

हृदय और मस्तिष्क रेखा में सन्तुलन होना आवश्यक है, यदि सन्तुलन नहीं है अर्थात् हृदय रेखा, मस्तिष्क रेखा के अधिक निकट है तो दिल की इच्छाएं हमेशा मस्तिष्क के कार्य में बाधा उत्पन्न करती रहेंगी। इसको हम इस प्रकार से समझ सकते हैं-

(अ) यदि हृदय रेखा, मस्तिष्क रेखा से अधिक स्पष्ट एवं गाढ़ी है तो हृदय रेखा अर्थात् व्यक्ति की भावनाएं हमेशा व्यक्ति की सोच पर हावी रहेंगी और व्यक्ति की कमजोर मस्तिष्क रेखा हृदय रेखा से उत्पन्न इच्छाओं की पूर्ति नहीं कर पाएगी जिसके कारण वह हमेशा परेशान रहेगा। यदि मस्तिष्क रेखा हृदय रेखा

के मुकाबले अधिक स्पष्ट व गाढ़ी होगी तो मजबूत मस्तिष्क रेखा हृदय रेखा से उत्पन्न बेकार की इच्छाओं को पूरा करने से नकार देगी अर्थात् इच्छाओं को दबा देगी।

(ब) यदि हृदय रेखा, मस्तिष्क रेखा से अधिक दूरी पर ऊपर की ओर पर्वतों के निकट होगी तो व्यक्ति का हृदय मस्तिष्क के नियन्त्रण से बाहर हो जाएगा अर्थात् व्यक्ति की इच्छाएं मस्तिष्क के नियन्त्रण से बाहर हो जाएंगी और पर्वतों (ग्रहों) के प्रभाव में आकर व्यक्ति बहुत बड़ी गलतियां (Blunder) कर बैठेगा। यदि उस पर बुध का प्रभाव पड़ता है तो धन सम्बन्धी, सूर्य पर्वत का प्रभाव पड़ता है तो झूठी शान-बान, यदि शनि का प्रभाव पड़ता है तो धर्म सम्बन्धी और यदि बृहस्पति का प्रभाव पड़ता है तो झूठी सामाजिक स्थिति (Position) को लेकर समस्याओं में फंस जाता है।

हमें भगवान का धन्यवाद करना चाहिए कि उसने हृदय रेखा और शुक्र पर्वत के बीच मस्तिष्क रेखा का स्थान स्थापित करके हृदय रेखा को शुक्र पर्वत के सेक्स सम्बन्धी प्रभाव को कम कर दिया है नहीं तो व्यक्ति हर समय वासना में ही लिप्त रहता। मस्तिष्क रेखा के बीच में होने के कारण व्यक्ति सेक्स सम्बन्धी भावनाओं पर नियंत्रण कर लेता है।

(स) कई बार हाथ पर मस्तिष्क व हृदय की एक रेखा दिखाई देती है जो बहुत अधिक लम्बी होती है और हाथ के एक सिरे से प्रारम्भ होकर दूसरे सिरे तक जाती दिखाई देती है। इस दिशा में व्यक्ति की मस्तिष्क रेखा, व्यक्ति की हृदय रेखा में समा जाती है। जिस कारण हृदय व मस्तिष्क एक ही दिशा में कार्य करते हैं। यही कारण है कि ऐसे व्यक्ति या तो जिन्दगी में बहुत सफल या बहुत असफल होते हैं। इनके लिए बीच का कोई स्थान नहीं होता या तो यह बहुत श्रेष्ठ व्यक्ति होते हैं या फिर बहुत बड़े अपराधी।

यदि हाथ में हृदय रेखा न हो केवल मस्तिष्क रेखा हो तो ऐसे व्यक्तियों में जरा भी दया भाव नहीं होता। यह बहुत स्वार्थी किस्म के होते हैं और अपनी इच्छा की पूर्ति के लिए दूसरों का किसी भी हद तक इस्तेमाल करते हैं।

यदि बुध पर्वत खराब अवस्था में हो, बुध वाली सबसे छोटी उंगली टेढ़ी-मेढ़ी अर्थात् मुड़ी हुई हो और व्यक्ति के उंगलियों के नाखून छोटे व चौड़ाई में कम हों, तो ऐसे व्यक्तियों पर विश्वास नहीं किया जा सकता। यह धोखेबाज और बड़े काण्ड करने वाले होते हैं।

हाथ पर हृदय रेखा का न होना एक बड़ी चेतावनी है हाथ में दूसरे खराब चिह्नों का होना जैसे चमचाकार (clubed) अंगूठा होना आदि से स्पष्ट होता है

कि व्यक्ति में धर्म, कर्म, दया भाव बिलकुल नहीं होता वह विपरीत लिंग के प्रति जरा-सी भी दया भाव नहीं रखता, वह अपनी सेक्स इच्छा की मात्र पूर्ति करता है। ऐसे लोग बहुत कठोर प्रवृत्ति के एवं अपराधी किस्म के होते हैं।

हृदय और मस्तिष्क रेखा में संतुलन

हृदय और मस्तिष्क रेखा दोनों में संतुलन का होना आवश्यक है, इसी संतुलन से दोनों आपस में परामर्श करके जीवन में भाग्य रेखा पर आने वाले अवरोधों को पार कर लेते हैं। एक सफल व्यक्ति के हाथ में दोनों रेखाएं लगभग एक समान स्पष्ट, गाढ़ी व समानान्तर होती है। इनमें सामान्य से अधिक व कम दूरी होने पर या एक रेखा अधिक गहरी व स्पष्ट होने पर इनमें संतुलन बिगड़ जाता है, वह दोनों रेखाएं अपने प्रभाव अनुसार एक-दूसरे से तालमेल न बनाकर अवरोध उत्पन्न करने लगती है जो व्यक्ति की असफलता का मुख्य कारण होता है।

हृदय रेखा का हाथ में प्रारम्भ होना

हृदय रेखा के प्रारम्भ होने के स्थान को लेकर भारतीय व यूरोपीय समुदाय के विद्वानों में कुछ भ्रांति एवं मतभेद हैं। भारतीय ग्रन्थ हस्त सामुदायिक शास्त्र अनुसार हृदय रेखा बुध पर्वत के नीचे से प्रारम्भ होती है जबकि यूरोपीय विद्वान इसका प्रारम्भ बृहस्पति या शनि पर्वत से मानते हैं।

विवेचना

1. सामान्यतः प्राकृतिक वस्तुएं पेड़-पौधे व रेखाएं जहाँ से उत्पन्न होती हैं वहाँ पर मोटी और फिर आखिर में पतली दिखती है। यह रेखा बुध पर्वत पर मोटी और शनि पर्वत की तरफ पतली होती है।

2. यदि रेखा में कोई भी परिवर्तन आता है तो रेखा के आखिर में होता है, मैंने अपने 35 वर्षों के अध्ययन में स्वयं इस परिवर्तन को व्यक्तियों की रेखा के अन्त में देखा है।

3. व्यक्ति के हाथ में शादी एवं प्यार की रेखा बुध पर्वत के नीचे हृदय रेखा के पास होती है जिससे व्यक्ति अपनी प्रेम भावनाओं को दर्शाता है और यह अधिकतर 24 वर्षों के अन्दर अधिक प्रभावशील होती है। यदि गुरु पर्वत से हृदय रेखा की उत्पत्ति मानें तो प्रेम रेखा इसमें काफी दूर पड़ती है जो कि सम्भव नहीं। इसलिए हृदय रेखा बुध पर्वत के नीचे से प्रारम्भ होती है।

वैज्ञानिक आधार : हस्तरेखा विज्ञान में रेखाएं जिस भी पर्वत से प्रारम्भ

होती हैं उस पर्वत के प्रभाव को अपने में समा लेती है और जिस भी पर्वत या रेखा तक पहुंचती है वहाँ तक उस प्रभाव को पहुंचा देती है। करीलियन फोटोग्राफी से जब बुध पर्वत का चित्रण किया गया तो वहाँ पर हरे रंग का आभा मंडल दिखाई दिया और जब हृदय का चित्रण किया तो वहाँ पर भी अनाहत चक्र पर हरे रंग का क्षेत्र दिखाई दिया, दोनों में समानता होने से स्पष्ट हो गया कि हृदय रेखा बुध पर्वत से ही प्रारम्भ होती है।

वास्तविकता में दिल को आज तक कौन समझ पाया है, मेडिकल अनुसार हृदय में चार वाल्व होते हैं, दो आगे की तरफ और दो पीछे की तरफ चारों की कार्य प्रणाली हृदय की धड़कन को बताती है। इसलिए हृदय रेखा के अगले व पिछले दोनों भागों का महत्त्व नकारा नहीं जा सकता। इस विषय में मैंने हमेशा हृदय रेखा को दो मुखी सांप की तरह माना है जिसका एक मुख बुध पर्वत की तरफ और दूसरा बृहस्पति पर्वत की तरफ होता है, इसलिए हृदय रेखा को विचारते समय दोनों ही मुखों को ध्यान में रखना चाहिए।

आइए हृदय रेखा को उदाहरणों द्वारा समझें

1. जब हृदय रेखा व मस्तिष्क रेखा में सामान्य दूरी हो (चित्र नं. 1) तो दोनों रेखाओं में संतुलन होने के कारण यह एक-दूसरे के कार्य में बाधा उत्पन्न नहीं करती बल्कि इनका आपस में ताल-मेल होने के कारण दोनों आपस में

चित्र नं. 1

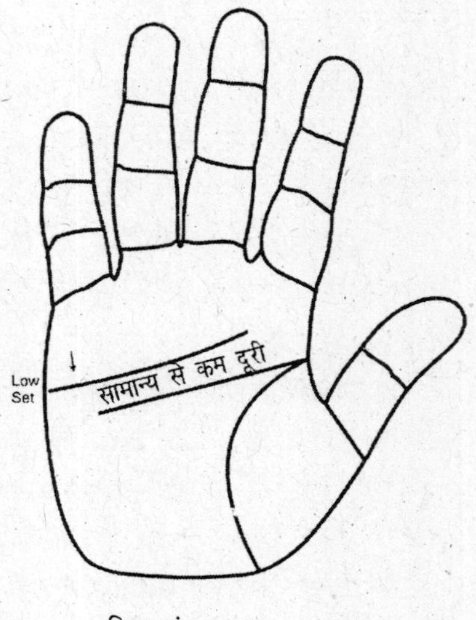

चित्र नं. 2 (a)

विचार करने के उपरान्त ही अपना निर्णय देती है। इस प्रकार की रेखाएं न्यायालय के जजों, डॉक्टरों, इंजीनियरों और प्रैक्टिकल कार्यों से जुड़े लोगों के हाथों में होती है।

2. जब हृदय रेखा व मस्तिष्क रेखा के बीच की दूरी सामान्य से कम हो अर्थात् हृदय रेखा अपना स्थान छोड़कर थोड़ा नीचे मस्तिष्क रेखा के करीब आ जाती है (चित्र नं. 2 a) तो व्यक्ति का हृदय व्यक्ति की सोच में हस्तक्षेप करता है। उदाहरण के लिए एक जज किसी अपराधी को सजा सुनाते समय उसकी पत्नी व बच्चों को रोता देखकर भावुक हो उठता है उसके मस्तिष्क का संतुलन बिगड़ जाता है, हृदय रेखा मस्तिष्क रेखा के कार्य में हस्तक्षेप कर देती है और समाज का निर्णय प्रभावित हो जाता है।

यदि इनके बीच की दूरी कम होने से मस्तिष्क रेखा अपना स्थान छोड़कर थोड़ा ऊपर हृदय की रेखा की ओर बढ़ी होती है (चित्र नं. 2 b) तो मस्तिष्क, हृदय के कार्यों में अपना हस्तक्षेप करता है अर्थात् जज भावुकता व दया भाव को छोड़कर अधिक कठोर हो जाता है और सामान्य सजा से कड़ी सजा सुना देता है।

इसके अलावा ऐसा देखने में आता है कि जब हृदय रेखा मस्तिष्क रेखा के करीब होती है तो व्यक्ति अधिकतर परेशान रहता है वह दिल से निरन्तर उत्पन्न हो रही इच्छाओं को पूर्ण नहीं कर पाता और व्यक्ति जवानी में प्यार-मोहब्बत के मामलों से अधिक परेशान रहता है।

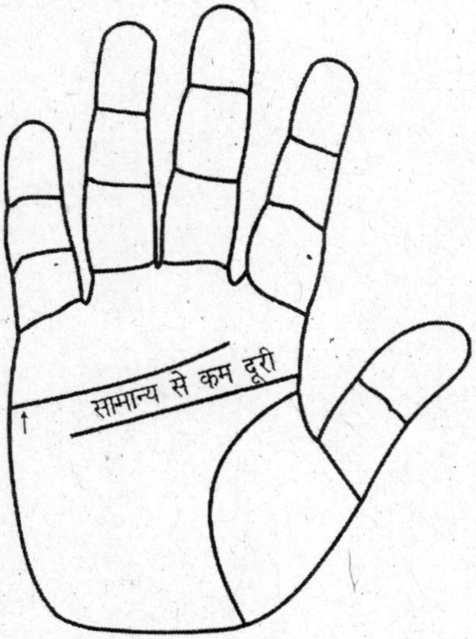

चित्र नं. 2 (b)

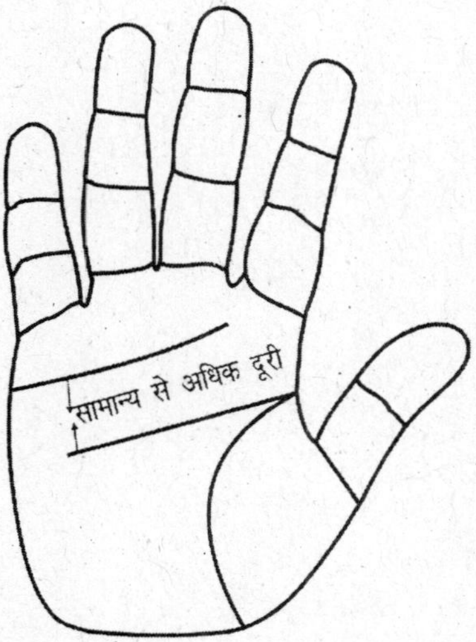

चित्र नं. 3

3. हृदय और मस्तिष्क रेखा में अधिक दूरी हो अर्थात् हृदय रेखा अपना स्थान छोड़कर ऊपर पर्वतों की तरफ स्थित हो तो हृदय रेखा, मस्तिष्क रेखा के नियन्त्रण से बाहर हो जाती है, व्यक्ति अपने दिल की इच्छा अनुसार कार्य करता है। ऐसे लोग अपने में मस्त व खुश रहते हैं व कुछ जिद्दी किस्म के होते हैं, उन्हें दुनियादारी अर्थात् समाज से कुछ लेना-देना नहीं होता। मैंने ऐसी रेखा पक्के आशिकों के हाथों में देखी है।

4. यदि हाथ पर हृदय रेखा न हो (चित्र - 4 a) या फिर बहुत हल्की, धुंधली-सी हो (चित्र - 4 b) तो ऐसे व्यक्तियों में दया भाव, प्रेम, इश्क आदि की कोई भावना नहीं होती। इस प्रकार के व्यक्ति बहुत ही कामुक होते हैं विशेषकर जब हाथ मुलायम व नरम हों।

5. जब हृदय व मस्तिष्क रेखा एक-दूसरे में विलय हो जाए अर्थात् एक-दूसरे को ढक ले तो ऐसे व्यक्ति बहुत सफल या फिर बहुत असफल होते हैं क्योंकि दिमाग और दिल दोनों मिलकर एक ही दिशा में कार्य करते हैं।

6. जब हृदय रेखा गुरु पर्वत पर समाप्त होती हो तो ऐसे स्त्री-पुरुषों के कम प्रेम सम्बन्ध होते हैं। व्यक्ति चाहता है कि उसकी पत्नी प्रसिद्ध व श्रेष्ठ हो, इसी प्रकार स्त्री चाहती है कि उसका पति जाना माना सर्वश्रेष्ठ व प्रसिद्ध हो।

7 a, b. जब हृदय रेखा गुरु पर्वत के आधर पर समाप्त होती है तो ऐसे स्त्री-पुरुषों को अपने प्यार अर्थात् पति-पत्नी पर पूरा भरोसा होता है उन्हें उनमें

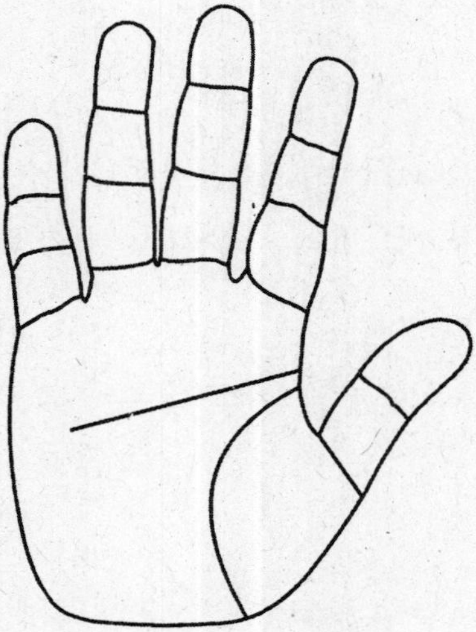

चित्र नं. 4 (a)

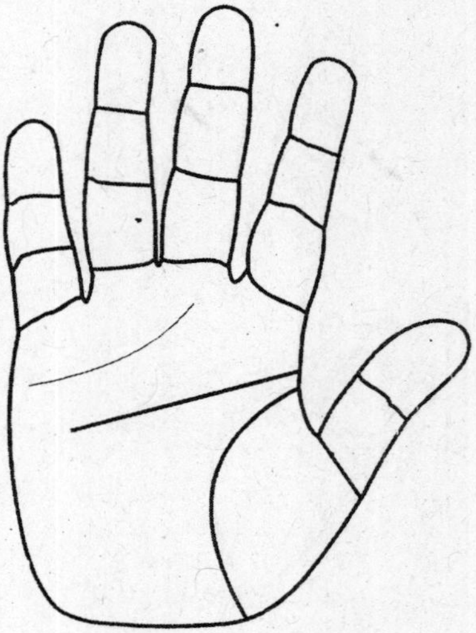

चित्र नं. 4 (b)

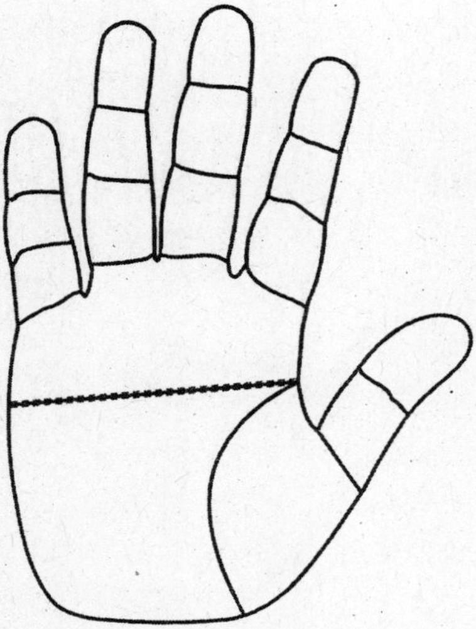

चित्र नं. 5

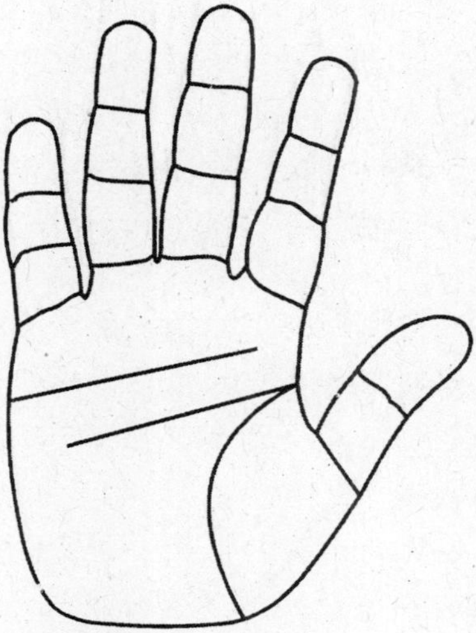

चित्र नं. 6

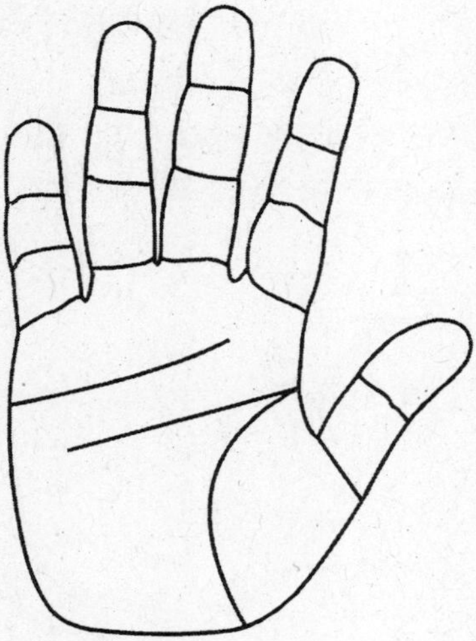

चित्र नं. 7 (a)

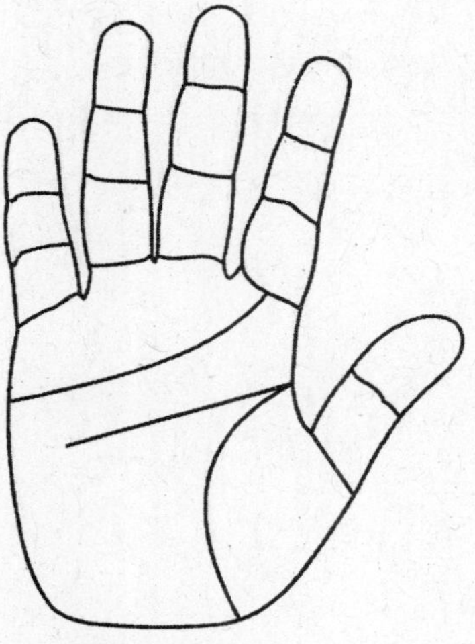

चित्र नं. 7 (b)

किसी प्रकार का कोई दोष हो तो भी नजर नहीं आता अर्थात् वह उनका पूर्ण सम्मान करते हैं।

8. जब हृदय रेखा गुरु व शनि पर्वत के बीच समाप्त होती हो तो ऐसे व्यक्तियों की श्रेष्ठता व संयम गुरु व शनि पर्वत के गुणों पर निर्भर करता है, अर्थात् इनमें अच्छे-बुरे दोनों भाव पाए जाते हैं।

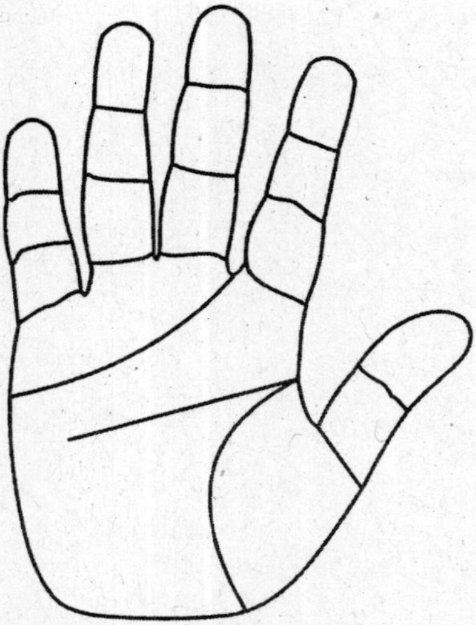

चित्र नं. 8

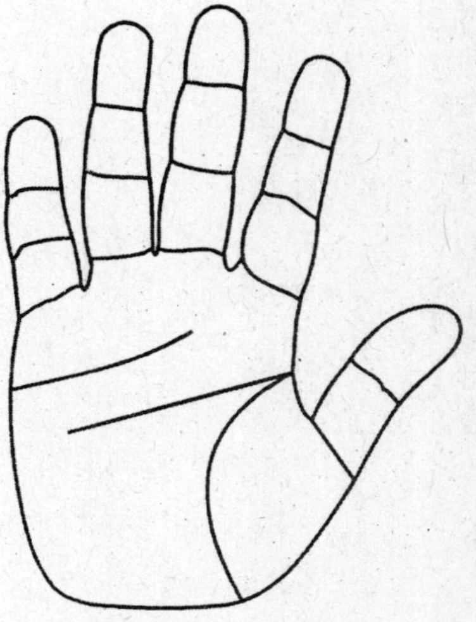

चित्र नं. 9

9. जब हृदय रेखा शनि पर्वत पर समाप्त होती है ऐसे व्यक्तियों के अधिक प्रेम-सम्बन्ध होते हैं और उनमें भी अधिकतर निराशा ही हाथ लगती है जो इनके स्वार्थ का मुख्य कारण होता है।

10. जब हृदय रेखा शनि पर्वत के आधार पर समाप्त होती है ऐसे व्यक्ति बहुत ही स्वार्थी व कामुक होते हैं। वह केवल अपने ही बारे में सोचते हैं।

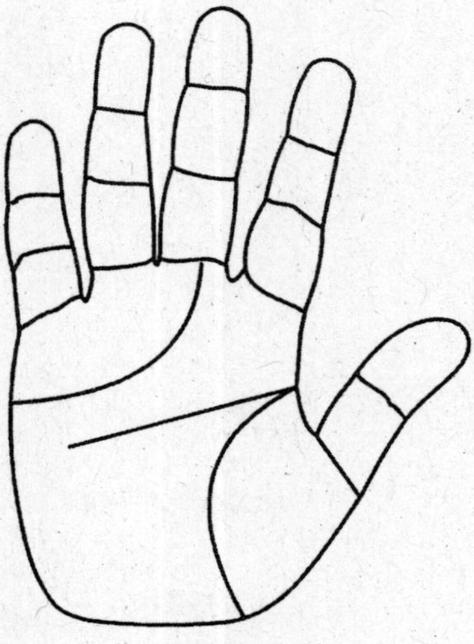

चित्र नं. 10

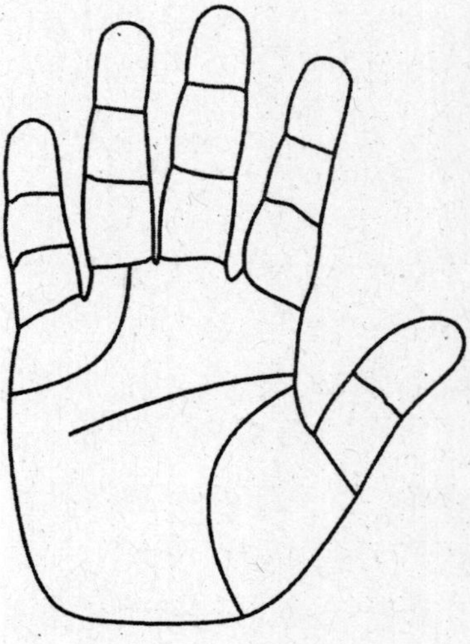

चित्र नं. 11

11. यदि हृदय रेखा सूर्य पर्वत के आधार तक पहुंचती हो तो ऐसे लोगों में घनिष्ठ प्यार करने की शक्ति एवं विचार होते हैं। यह थोड़े स्वार्थी व दूसरों से जलते (Jealous) हैं। यदि भाग्य रेखा कमजोर हो तो यह जीवन में जिन्दगी और प्यार दोनों में हार जाते हैं अर्थात् सफल नहीं हो पाते।

12. जब हृदय, मस्तिष्क और आयु रेखा एक ही बिन्दु से प्रारम्भ होती हो तो यह एक दुर्भाग्यपूर्ण चिह्न है। ऐसे व्यक्तियों का क्रुद्ध स्वभाव होता है और मृत्यु भी अचानक हो जाती है। यह अपनी इच्छाओं की पूर्ति के लिए सभी सीमाएं पार कर जाते हैं।

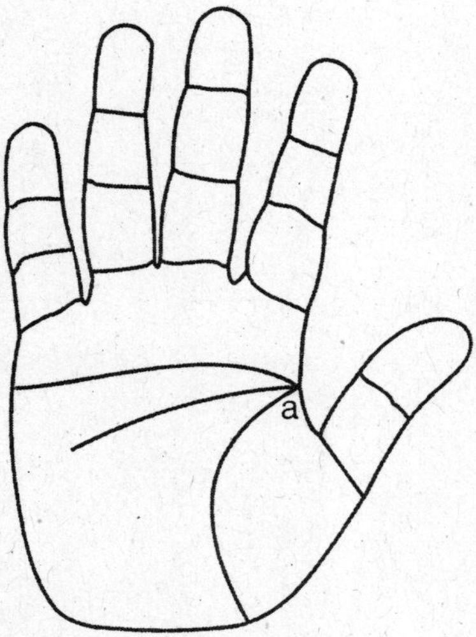

चित्र नं. 12

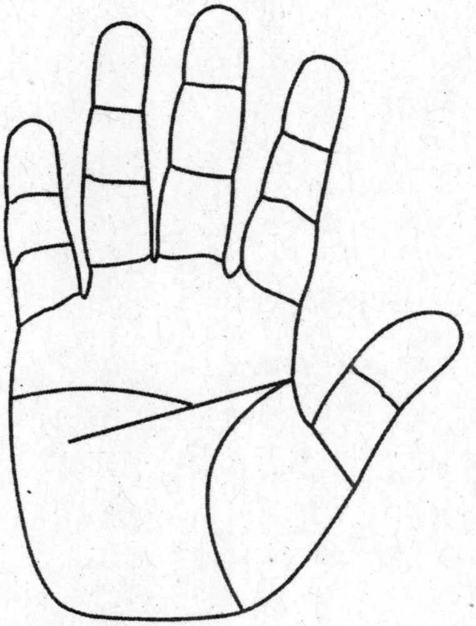

चित्र नं. 13

13. यदि हृदय रेखा, मस्तिष्क रेखा शनि पर्वत के नीचे मिलती हो तो जिसको यह चाहते हैं उसमें इनको बड़ी निराशा मिलती है दुर्भाग्यपूर्ण घटना होती है और जीवन को भी खतरा रहता है। यदि क्रॉस या अन्य बुरा चिह्न मस्तिष्क रेखा पर हो तो अकस्मात भयानक मौत होती है।

14. यदि कोई छोटी रेखा हृदय रेखा को शनि पर्वत के नीचे काटती दिखाई दे या जब तीनों हृदय, मस्तिष्क व आयु रेखा एक ही बिन्दु पर मिलती हो तो शादी, प्यार, मोहब्बत में धोखा या किसी बहुत चाहने वाले की मृत्यु होती है।

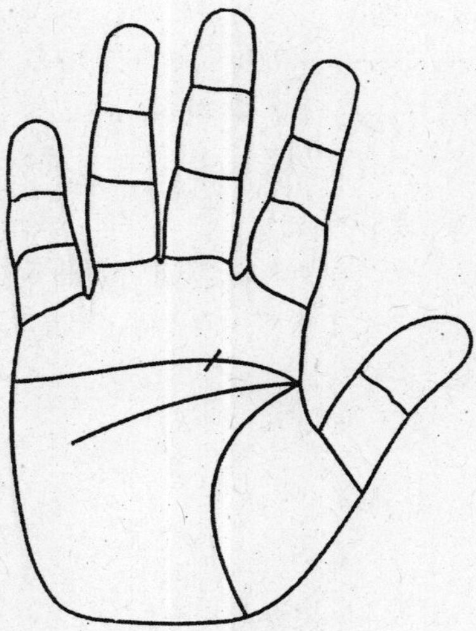

चित्र नं. 14

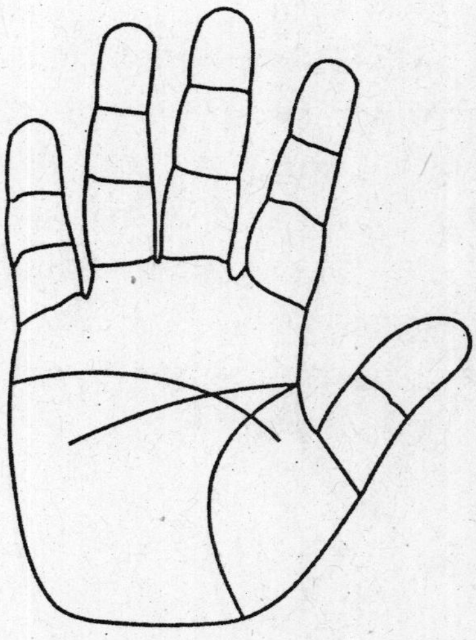

चित्र नं. 15

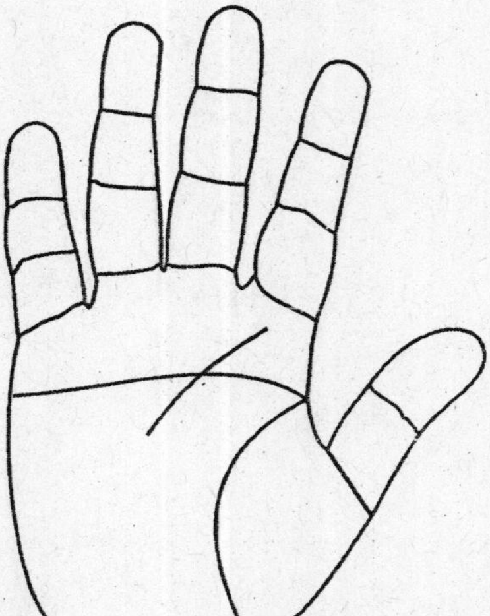

चित्र नं. 16

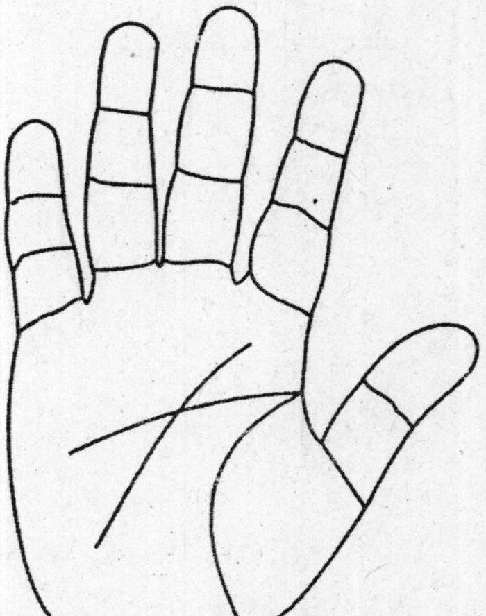

चित्र नं. 17

15. यदि हृदय रेखा आयु रेखा के बीच मंगल (+ve) पर समाप्त होती हो तो ऐसे व्यक्ति लड़ाकू व चिड़चिड़े स्वभाव के होते हैं और अपने आपको प्यार-मोहब्बत से जुड़े प्रकरणों में निपुण होने का दावा करते हैं।

16. यदि हृदय रेखा सामान्य मंगल क्षेत्र अर्थात् हथेली के बीच समाप्त होती हो, जब यह रेखा नीचे की तरफ मस्तिष्क रेखा को काटती हुई सामान्य मंगल

क्षेत्र में पहुंचती है तो मानो दो नंगी बिजली की तारें आपस में टकरा गई हों अर्थात् हथेली पर ही बड़ा क्रॉस का चिह्न बन जाता है। व्यक्ति स्वभाव में चिड़चिड़े, अस्थिर व हमेशा उतावले रहते हैं। ऐसे स्वभाव वाले व्यक्तियों के साथ रहना बहुत मुश्किल होता है।

17. यदि हृदय रेखा चन्द्र पर्वत पर समाप्त होती हो तो ऐसी रेखा वाले व्यक्ति बहुत ही ईर्ष्या रखते हैं। चन्द्र पर्वत की काल्पनिक सोच इसमें और बढ़ोतरी कर देती है, इनकी जानवरों जैसी सोच होती है। किसी की जरा-सी भी गलती को छोड़ते नहीं बल्कि बड़े ध्यान से देखते हैं अर्थात् उनमें गलतियां निकालने का प्रयास करते हैं।

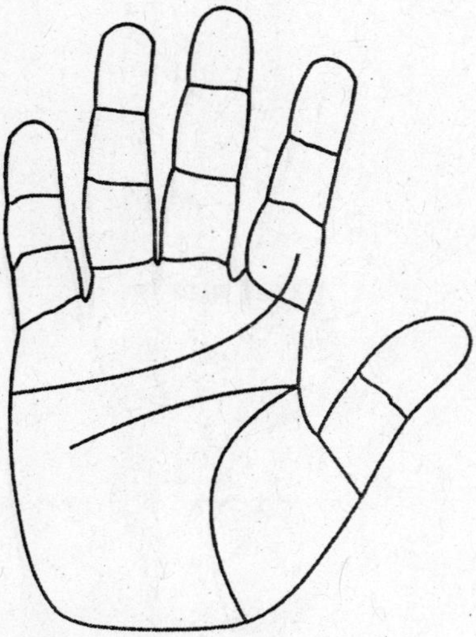

चित्र नं. 18

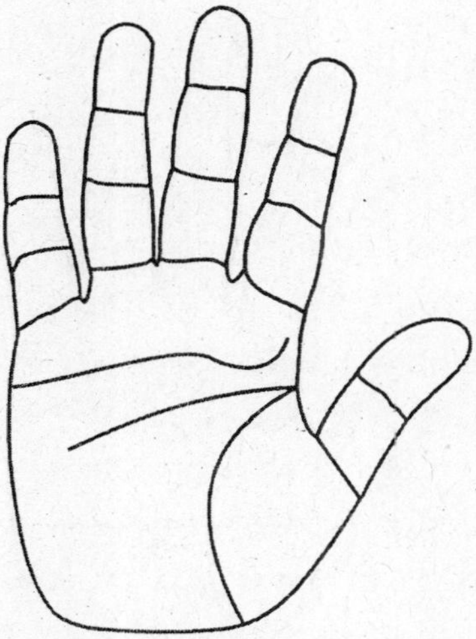

चित्र नं. 19

18. जब हृदय रेखा बृहस्पति वाली उंगली के तीसरे पोर पर जाकर समाप्त हो तो तीसरे पोर पर हृदय रेखा के घुस जाने के कारण इसके शुभ गुण समाप्त हो जाते हैं और इसमें अवगुण अर्थात् दोष उत्पन्न हो जाता है। जिस कारण व्यावहारिक जीवन में यह चारों तरफ असफल ही रहते हैं। यदि गुरु पर्वत उठा हो तो यह दोष अधिक प्रबल हो जाता है।

19. जब हृदय रेखा गुरु पर्वत पर अर्द्ध वृत्त के रूप में समाप्त हो, अर्थात् गुरु पर्वत को घेरती हुई नजर आए तो यह रेखा ईर्ष्या का संकेत देती है। व्यक्ति कम कामुक व अधिक श्रेष्ठ होता है। यदि हाथ को महसूस करने पर थोड़ा सख्त हो तब व्यक्ति अधिक श्रेष्ठ होता है।

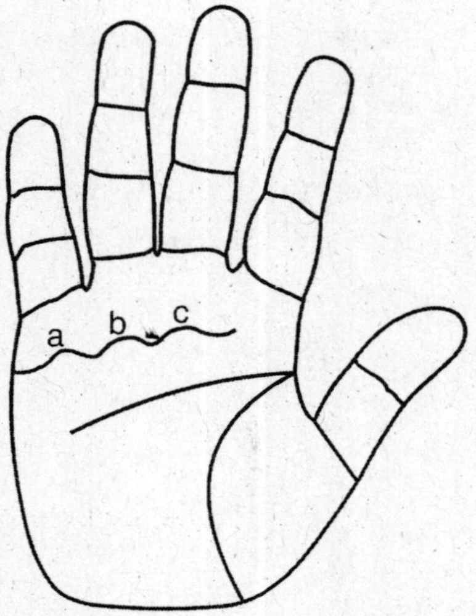

चित्र नं. 20

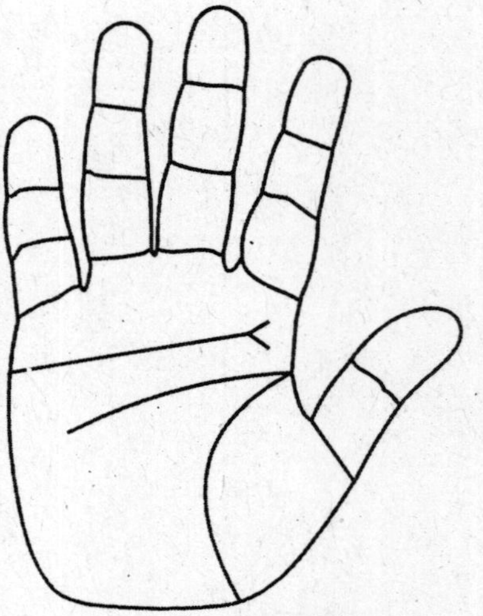

चित्र नं. 21

20.(a) यदि लूप बुध पर्वत की ओर उठा हो तो ऐसे व्यक्तियों की भौतिक पदार्थों, धन, सम्पत्ति, व्यापार आदि में अधिक रुचि होती है अर्थात् यह बुध पर्वत से सम्बन्धित कार्यों में रुचि रखते हैं।

(b) यदि हृदय रेखा से लूप सूर्य पर्वत की ओर उठता दिखाई पड़े तो ऐसे व्यक्तियों में प्रसिद्धि की बहुत चाह होती है। इसलिए यह प्रसिद्ध लोगों से मित्रता रखते हैं या सम्बन्ध बनाने का प्रयास करते रहते हैं।

(c) यदि लूप शनि पर्वत की तरफ उठा हो तो व्यक्ति शनि पर्वत के गुणों के अधीन आता है अर्थात् ऐसे व्यक्ति स्वार्थी, कामुक, कुछ धार्मिक प्रवृत्ति के और एकान्त प्रिय होते हैं।

21. यदि हृदय रेखा बृहस्पति पर्वत पर पहुंच कर द्विशाखी हो जाए तो ऐसे व्यक्ति सच्चे, ईमानदार व स्नेह करने वाले होते हैं। यह इस बात पर भी निर्भर करता है कि हृदय रेखा हाथ पर नीचे की तरफ या ऊपर की ओर स्थित है। ऊपर की तरफ वाली अधिक अच्छी है क्योंकि ऐसे व्यक्ति खुशमिजाज होते हैं।

22. यदि हृदय रेखा शनि पर्वत के नीचे द्विशाखी होती है और मस्तिष्क रेखा लम्बी व स्पष्ट होती है और मंगल पर्वत (-ve) ऊपर की तरफ उठा हुआ हो तो व्यक्ति जिद्दी प्रवृत्ति का, बदले की भावना रखने वाला होता है। यदि एक शाखा शनि पर्वत की ओर व दूसरी मस्तिष्क रेखा की तरफ हो तो व्यक्ति अपने आपको ही धोखे में रखता है।

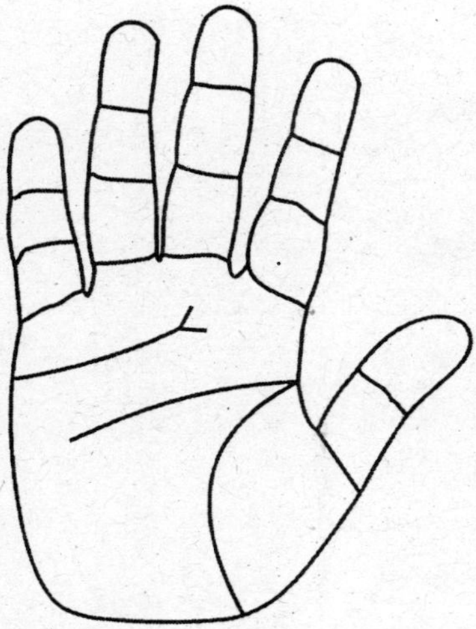

चित्र नं. 22

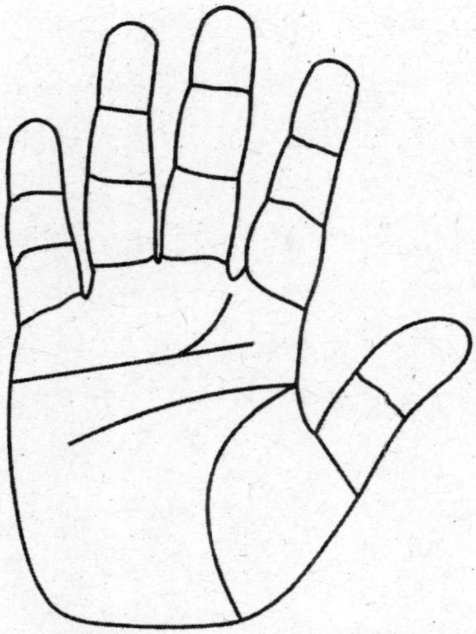

चित्र नं. 23

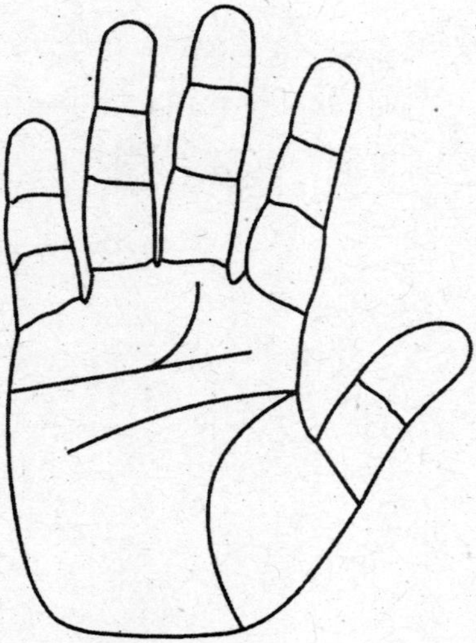

चित्र नं. 24

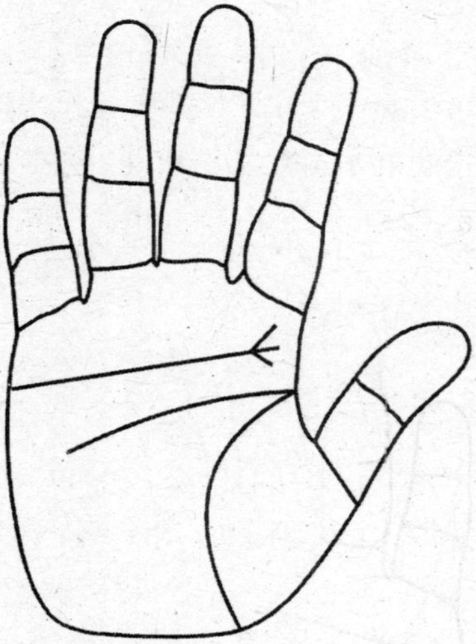

चित्र नं. 25

23. यदि हृदय रेखा से एक शाखा गुरु पर्वत पर और दूसरी शनि व गुरु पर्वत के बीच पहुंचती हो तो ऐसे लोग आशावादी व खुशमिजाज होते हैं। ऐसे व्यक्ति भाग्यशाली व मधुर सम्बन्धों वाले होते हैं।

24. यदि हृदय रेखा से एक शाखा गुरु पर्वत पर व दूसरी शनि पर्वत पर

पहुंचती हो तो ऐसे व्यक्तियों की स्थिति संदेहपूर्ण होती है यह वैवाहिक रिश्तों में भी खुश व नाखुश दिखाई पड़ते हैं।

25. यदि हृदय रेखा गुरु पर्वत पर तीन शाखाओं में बंट जाए तो यह अच्छे भाग्य की निशानी है।

26. यदि हृदय रेखा शनि पर्वत के नीचे तीन शाखाओं में बंट जाए तो यह वास्तव में व्यक्ति का पारिवारिक स्नेह न बताकर उसकी कामुकता बताती है।

27. यदि हृदय रेखा से एक शाखा निकलकर बुध पर्वत को घेरती हो तो ऐसे व्यक्तियों की ज्योतिष में रुचि व धन कमाने की लालसा होती है।

28.(a) यदि हृदय रेखा शनि पर्वत के नीचे दोनों हाथों में टूटी हुई हो तो खराब रक्तचाप (Circulation of blood) के कारण भयानक रोग की तरफ संकेत करती है। लेकिन यदि टूटी रेखाएं एक-दूसरे के थोड़ा ऊपर चढ़ी हुई हो तो आया खतरा टल जाता है।

(b) यदि हृदय रेखा एक हाथ में शनि पर्वत के नीचे टूटी हुई हो तो व्यक्ति के प्रेम-प्रसंग रिश्ते टूट जाते हैं यह व्यक्ति की इच्छा से नहीं बल्कि पारिवारिक हस्तक्षेप के कारण होता है।

(c) यदि सूर्य पर्वत के नीचे टूटी हुई हो तो व्यक्ति व्यवहार में अकस्मात परिवर्तन होने में वैवाहिक या प्रेम सम्बन्ध टूटता है। अधिकतर उसका घमंड एवं दिखावा इसका मुख्य कारण बनता है। यदि दोनों हाथों में टूटी दिखाई पड़े तो हृदय रोग होता है जो आखिर तक रहता है।

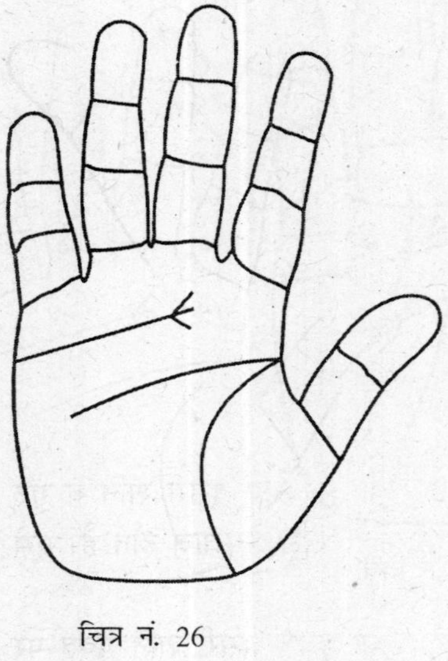

चित्र नं. 26

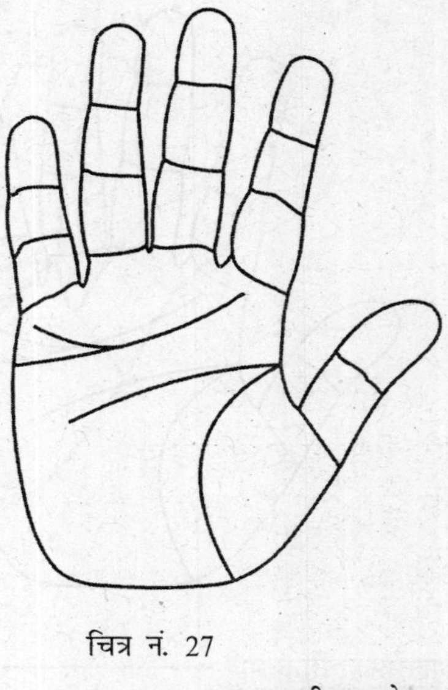

चित्र नं. 27

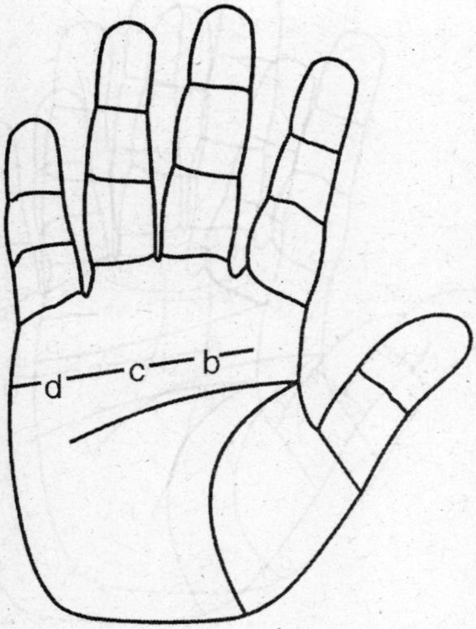

चित्र नं. 28

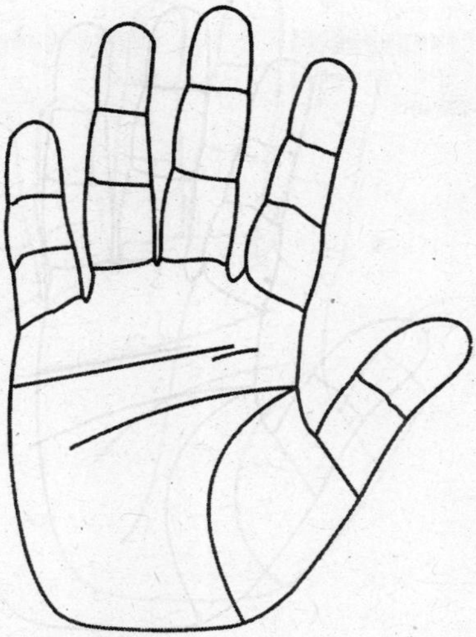

चित्र नं. 29

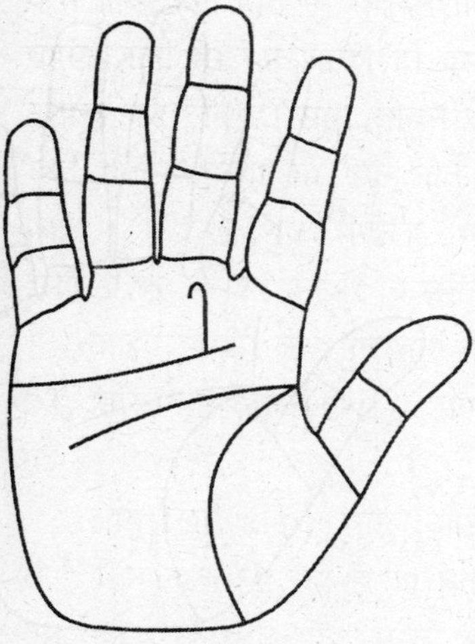

चित्र नं. 30

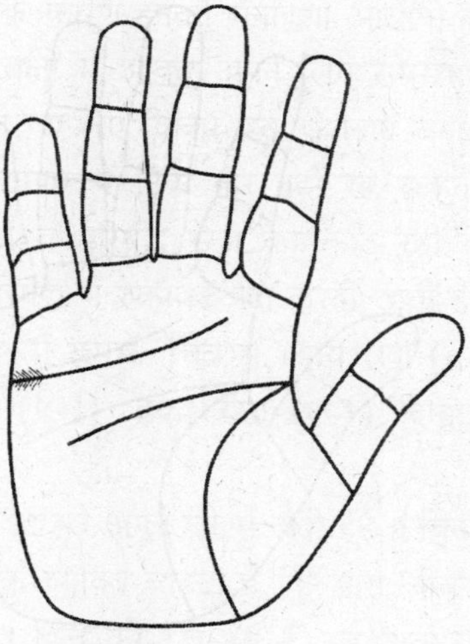

चित्र नं. 31

(d) यदि हृदय रेखा बुध पर्वत के नीचे टूटी हुई हो तो धन के कारण वैवाहिक रिश्ता टूटता है चाहे दहेज को लेकर या व्यापार में घाटा होने के कारण, स्वास्थ्य की दृष्टि से व्यक्ति को लीवर सम्बन्धी रोग होता है।

29. जब हृदय रेखा कहीं से न टूटी हो, यदि हो भी तो टूटी रेखाएं एक दूसरे के ऊपर चढ़ी हों तो प्यार में या शादी में टूटे सम्बन्ध पुनः जुड़ जाते हैं।

30. यदि हृदय रेखा से शाखा निकलकर शनि पर्वत की ओर सीधी जाती दिखाई दे और पुनः विपरीत दिशा में घूम जाए, अर्थात् छाते के हैण्डल की तरह मुड़ी हुई हो प्यार में गलत साथी का मिलना या किसी गलत साथी के कारण जिन्दगी का सर्वनाश हो जाना है।

31. हृदय रेखा का प्रारम्भ फुंदनेदार रेखाओं से हो तो प्रत्येक रेखा प्यार एवं इश्क जताती है जिसका अधिक महत्त्व नहीं होता। यह बहुत ही प्यार जताने वाली हृदय रेखा होती है। ऐसे व्यक्ति बहुत जल्दी-जल्दी औरों के प्यार के चक्कर में पड़ते रहते हैं।

32. यदि हृदय रेखा शृंखलाबद्ध हो तो इस प्रकार की रेखा वाले व्यक्ति बहुत ही भावुक होते हैं उनकी जिन्दगी में उतार-चढ़ाव आते रहते हैं, उनका हृदय हमेशा परिवर्तनशील रहता है। मस्तिष्क रेखा हृदय रेखा से निकली इच्छाओं को पूर्ण करने में असमर्थता दिखाती है, अतः पूर्ण करने में कमजोर पड़ जाती है। यदि यह रेखा शनि पर्वत के नीचे तक जाती है तो व्यक्ति विपरीत लिंग अर्थात् पति पत्नी से और पत्नी, पति के साथ दुर्व्यवहार करते हैं। वह व्यक्ति बुरी आदतों का आदी होता है। यदि रेखा थोड़ी पीली-सी हो तो और भी अधिक प्रबल हो जाती है यदि छोटी-छोटी रेखाएं इसको काटती हों तो थोड़ा रुक-रुककर वह दुर्व्यवहार (मार-पीट) करता है, यदि हाथ मुलायम व लचीला हो और हाथ का अंगूठा कमजोर हो तो दोस्ती भरोसेमन्द नहीं होती!

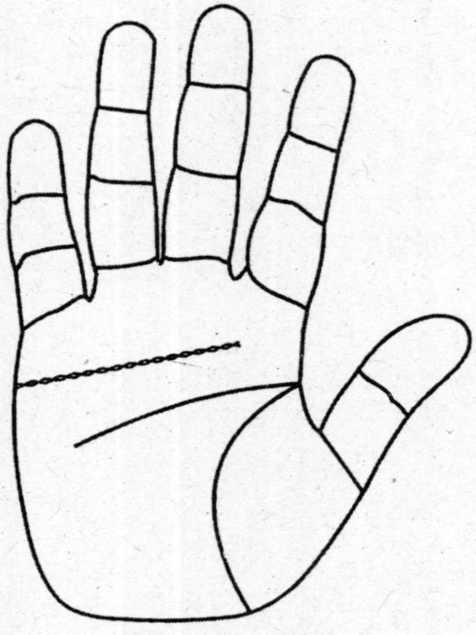

चित्र नं. 32

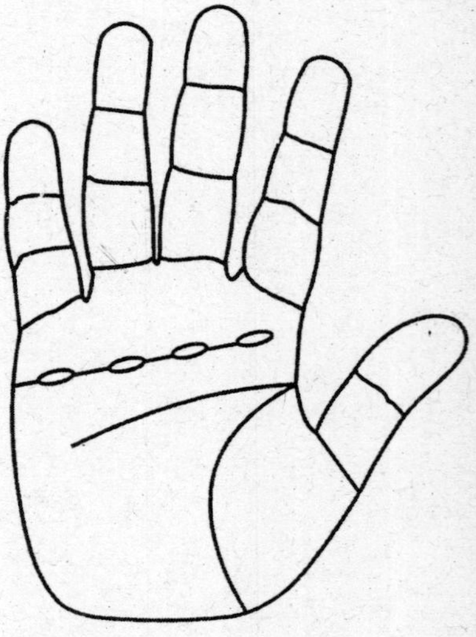

चित्र नं. 33

33. हृदय रेखा पर द्वीप हो तो अवैध प्यार या ऐसे सम्बन्ध बताता है जो किसी कीमत पर नहीं रुकते।

a. हृदय रेखा पर गुरु पर्वत के नीचे द्वीप का होना गले व फेफड़ों में रोग बताता है।

b. हृदय रेखा पर शनि पर्वत के नीचे द्वीप का होना, ऐसे शारीरिक सम्बन्ध एवं रिश्ते बताता है जो व्यक्ति के भविष्य को बर्बाद कर देते हैं।

c. हृदय रेखा पर सूर्य पर्वत के नीचे द्वीप का होना आंखों के भयानक रोग को बढ़ाता है। व्यक्ति की आंखों की रोशनी तक चली जाती है।

d. हृदय रेखा पर बुध पर्वत के नीचे द्वीप का होना बहुत बड़ी आर्थिक हानि बताता है व्यक्ति दिवालिया तक हो जाता है।

34. जब हृदय रेखा शृंखलाबद्ध होकर शनि पर्वत के आधार तक पहुंचती हो तो यह विपरीत लिंग के लिए बहुत अनादर व उसके अपमान का होना बताता है। पति, पत्नी के साथ और पत्नी, पति के साथ दुर्व्यवहार करती है।

35. शृंखलाबद्ध हृदय की लम्बी रेखा का होना, जब हृदय रेखा बहुत लम्बी हो अर्थात् हाथ के एक सिरे से दूसरे तक जाती हो तो व्यक्ति प्यार में बहुत भावुक होता है। उसमें ईर्ष्या शक्ति बहुत प्रबल होती है। व्यक्ति जो भावुक होकर बहुत अधिक प्यार करता है बहुत अधिक दुःख महसूस करता है क्योंकि उसको इसके बदले में उतना प्यार नहीं मिलता जितने की वह अपेक्षा करता है। यदि हाथ में चन्द्र पर्वत अधिक उठा हुआ हो और मस्तिष्क रेखा नीचे की तरफ

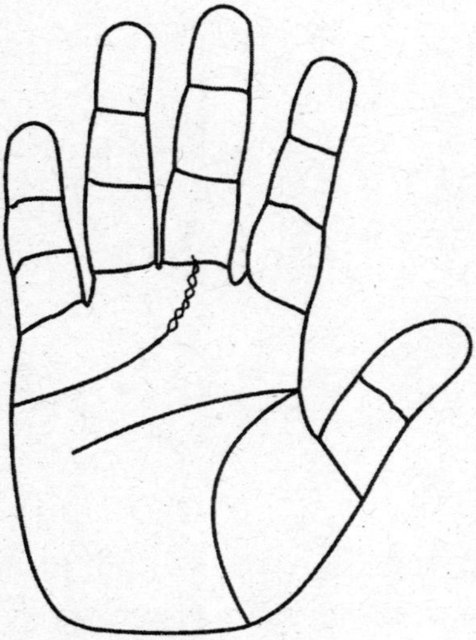

चित्र नं. 34

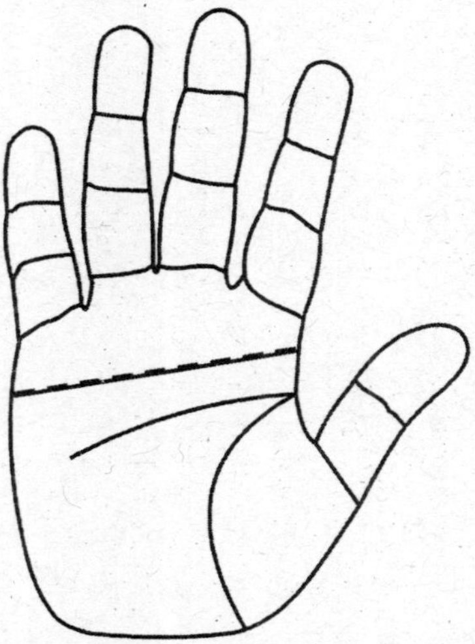

चित्र नं. 35

मुड़कर चन्द्र पर्वत पर पहुंचती हो तो व्यक्ति और भी अधिक काल्पनिक हो जाता है अर्थात् उसकी यह स्थिति और भी अधिक प्रबल हो जाती है।

36. दो हृदय रेखाओं का एक साथ होना। यह हाथ में अक्सर बहुत कम पाई जाती है। दो हृदय रेखाओं का समानान्तर में होना एक साथ दो प्रेम प्रसंगों की ओर इशारा करती है जो व्यक्ति के दुःख का कारण बनती है। व्यक्ति के लिए अधिक कामुक शक्ति और स्त्री के हाथ में हो तो स्त्री की स्त्री रोग से भी रक्षा करती है। कई बार यह रेखा हृदय रेखा की कमियों को पूरा करती है जैसे आयु रेखा के साथ मंगल रेखा आयु पर आई विपत्ति को टाल देती है।

37. जब हृदय रेखा मस्तिष्क रेखा से अधिक लम्बी हो : तो व्यक्ति बहुत अधिक दयालु एवं भावुक होता है और सांसारिक कार्यों में कम प्रैक्टिकल होता है।

38. कमजोर हृदय व मस्तिष्क रेखा का होना, अविश्वसनीय दोस्ती बताती है अर्थात् इनकी दोस्ती पर विश्वास नहीं किया जा सकता।

39. अच्छी विकसित हृदय रेखा हो और हाथ पर चन्द्र व शुक्र पर्वत उभरे

चित्र नं. 36

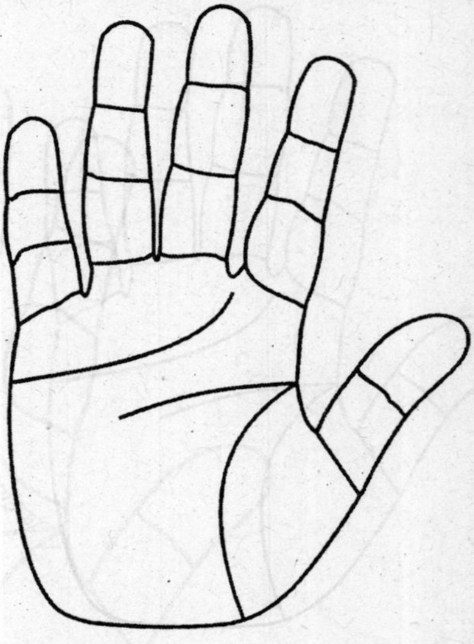

चित्र नं. 37

हुए हों तो व्यक्ति इश्क मिजाज होता है।

40. हृदय रेखा अन्त में दबे हों और आयु रेखा ने शुक्र पर्वत को पूरा घेरा हो अर्थात् अर्द्धवृत्त के रूप में हो तो जीवन में लगातार दुर्भाग्यपूर्वक घटनाएं होती रहती हैं।

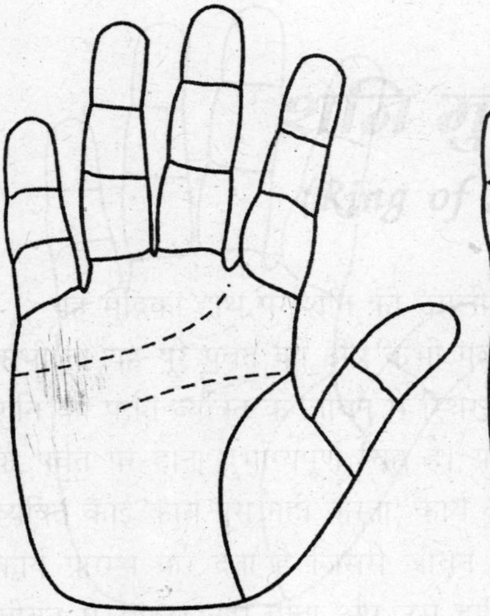

चित्र नं. 38

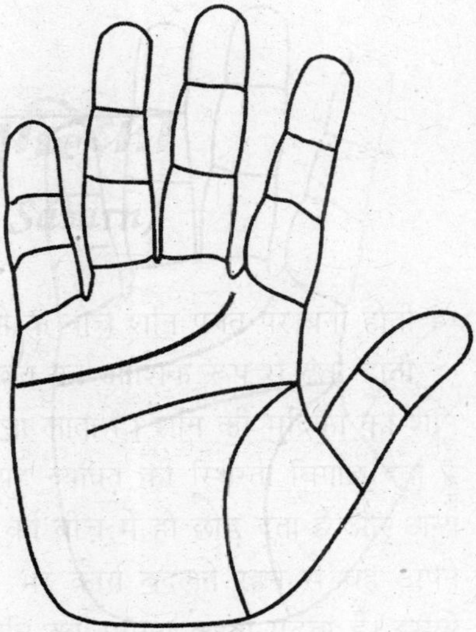

चित्र नं. 39

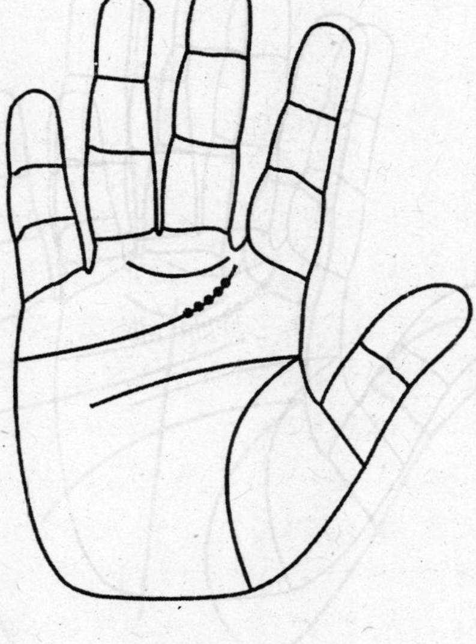

चित्र नं. 40

आयु रेखा
(Line of Life)

यह रेखा हाथ के किनारे से गुरु पर्वत के नीचे से व मंगल पर्वत (+ve) के ऊपर से प्रारम्भ होकर शुक्र पर्वत को घेरती हुई केतु पर्वत के स्थान तक पहुंचती है। यह जितना अधिक शुक्र पर्वत के क्षेत्र को घेरती है, व्यक्ति उतना ही अधिक स्वस्थ, शक्तिशाली व अधिक समय तक जीवित रहने वाला होता है अर्थात् उतनी ही उसकी आयु लम्बी होती है। आयु रेखा जब शुक्र पर्वत को लगभग अर्द्धवृत्त के रूप में घेरे हुए हो, शुक्र पर्वत विकसित हो, मोटा हो और ऊपर की तरफ उठा हुआ हो तो ऐसे व्यक्ति स्वस्थ, कामी, सामाजिक, संगीत एवं चित्रकला के प्रेमी होते हैं। वह आनन्दमय जीवन व्यतीत करने में विश्वास रखते हैं।

आयु रेखा व्यक्ति के जीवन का मार्गदर्शन करती है और व्यक्ति शरीर रूपी वाहन में बैठकर आत्म रूपी चालक की देख-रेख में इस बने हुए जिन्दगी के पथ पर आगे की ओर बढ़ता हुआ अपनी जीवन यात्रा तय करता है।

शरीर रूपी वाहन की अगली बत्ती (Head light) व्यक्ति की आंखें अर्थात् सूर्य रेखा गाड़ी का स्टेयरिंग यानी मस्तिष्क अर्थात् मस्तिष्क रेखा, यात्रा की चाह, हृदय की रेखा, गाड़ी का ईंधन, बुध अर्थात् रुपया-पैसा और यात्रा के दौरान प्राकृतिक वातावरण अर्थात् किस प्रकार की मुश्किलें सफर में आती हैं या फिर सफर खुशी से कट जाता है, यह भाग्य रेखा पर निर्भर करता है। गाड़ी के इन महत्त्वपूर्ण अंगों में से यदि मस्तिष्क रेखा टूट जाए या हृदय रेखा और भाग्य रेखा खराब हो तो वाहन क्षति ग्रस्त हो जाता है, आत्मा रूपी चालक उड़ जाता है और गाड़ी वहीं खड़ी हो जाती है और उसकी जिन्दगी का सफर वहीं समाप्त हो जाता है उसकी आयु रेखा लम्बी होने पर भी उसकी यात्रा बीच में ही समाप्त हो जाती है अर्थात् उसकी मृत्यु हो जाती है।

इसलिए व्यक्ति की जीवन रेखा के साथ-साथ व्यक्ति की मस्तिष्क रेखा, हृदय रेखा एवं भाग्य रेखा पर भी विचार किया जाना आवश्यक है।

जीवन की शुरुआत : जब बच्चे का जन्म होता है तब वह आयु रेखा पर

आयु रेखा

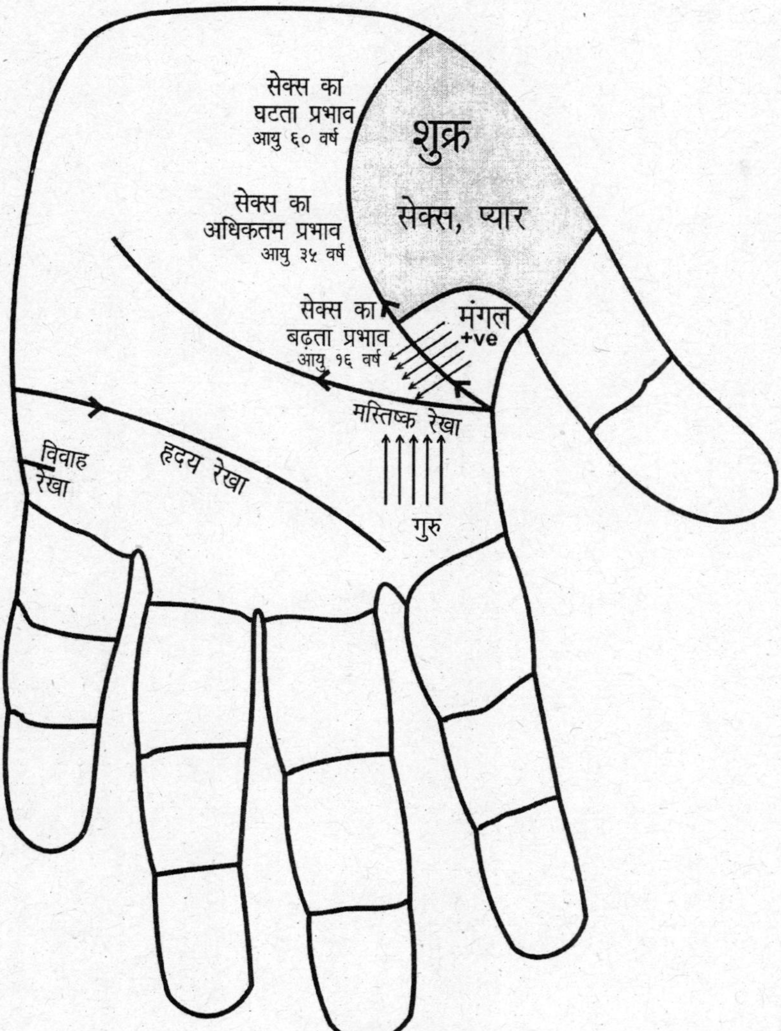
सेक्स का
घटता प्रभाव
आयु ६० वर्ष
शुक्र
सेक्स, प्यार
सेक्स का
अधिकतम प्रभाव
आयु ३५ वर्ष
सेक्स का
बढ़ता प्रभाव
आयु १६ वर्ष
मंगल
+ve
मस्तिष्क रेखा
विवाह
रेखा
हृदय रेखा
गुरु

चलना प्रारम्भ करता है, तो उसके एक तरफ गुरु पर्वत (गुरु ग्रह) व दूसरी तरफ मंगल पर्वत (मंगल ग्रह) होता है। प्रारम्भ से ही बच्चे की परवरिश गुरु व मंगल ग्रह की देखरेख में होती है। इसलिए बच्चा सबसे पहले गुरु ग्रह के अधीन रहकर शिक्षा ग्रहण करता है और मंगल ग्रह के अधीन होने के कारण खेलकूद, लड़ना, झगड़ना, जिद्द करना आदि के कार्य करता है क्योंकि मंगल ग्रह के कारण बच्चों में अधिक ऊर्जा होती है इसलिए वह खेलकूद में अधिक ध्यान देते हैं। 16 वर्ष की आयु के लगभग जब बालक आयु रेखा पर आगे की ओर बढ़ता है तो उस पर शुक्र-पर्वत, (शुक्र ग्रह) का प्रभाव पड़ने लगता है। वह सेक्स का अहसास करने लगता है। 24 वर्ष की आयु में जब वह शुक्र पर्वत के पास से गुजरना प्रारम्भ करता है तो वह अपने जीवन साथी की तलाश में घूमने लगता है अर्थात् शादी के विषय में सोचता है और जब 70 वर्ष की आयु में शुक्र पर्वत को पार कर जाता है तो उस समय मंगल पर्वत से भी बहुत दूर हो जाता है, उसकी शक्ति क्षीण हो जाती है अर्थात् वह बूढ़ा हो जाता है, उसकी शारीरिक शक्ति के साथ कामुक शक्ति भी समाप्त हो जाती है बाईं ओर चित्र में देखें!

व्यक्ति के हाथ में शुक्र पर्वत सबसे अधिक बड़ा होता है जब वह 18 से 45 वर्ष की आयु में होता है तो शुक्र के प्रभाव में बहुत अधिक होता है। इसलिए इस आयु में अधिकतर लोगों की शादी हो जाती है और वह शुक्र के अधीन पूर्ण रूप से आ जाते हैं।

जीवन की लम्बाई : साधरणतया लोगों का मत है कि जीवन रेखा लम्बी होने पर आयु लम्बी होती है लेकिन यह वास्तव में सच नहीं। हम कई बार देखते हैं कि व्यक्ति की आयु रेखा तो लम्बी होती है पर छोटी आयु में ही उसकी मृत्यु हो जाती है और ऐसा भी देखने में आता है कि आयु रेखा छोटी होती है पर फिर भी वह स्वस्थ जीवन जी रहा होता है। इसका मुख्य कारण है कि एक हाथ में आयु रेखा टूटी हुई होती है और दूसरे हाथ में बराबर बनी होती है जिस कारण वह जिन्दा रहता है।

प्रिय पाठकों जब भी आप हाथ पर आयु रेखा या अन्य रेखाएं देखें तो दोनों हाथों की रेखाओं पर अवश्य विचार करें। पुरुष के दाहिने हाथ व स्त्री के बाएं हाथ की रेखाओं पर मुख्य विचार करना चाहिए। यदि पुरुष बाएं हाथ से कार्य करता हो (Left hander) हो तो उसका बायां हाथ और यदि स्त्री बाएं हाथ से कार्य करती हो तो उसके दाहिने हाथ की रेखाएं अधिक महत्त्वपूर्ण होती हैं।

आयु रेखा को जब देखें तो साथ में यह भी देखें कि व्यक्ति के जीवन में यात्रा के दौरान सड़क कैसी है (आयु रेखा कैसी है) सड़क पर स्पीड ब्रेकर

अर्थात् समानान्तर रेखाएं जो आयु रेखा को काटती हैं। सड़क का टूटा होना अर्थात् आयु रेखा का बीच में टूटा होना, सड़क में गड्ढे अर्थात् आयु रेखा पर द्वीप, सड़क का बीच में टूटा-फूटा होना अर्थात् आयु रेखा के बीच शृंखला रेखा का पाया जाना इत्यादि चिह्नों पर विशेष ध्यान देना चाहिए। हाथ में आयु रेखा पर इस प्रकार के संकेत व्यक्ति के रोग, दुर्घटना, अकस्मात मृत्यु आदि की ओर इशारा करते हैं। मैंने इस पुस्तक के प्रथम भाग 'हाथों की बनावट' में इस प्रकार के सभी चिह्नों की पूर्ण जानकारी दी है जो आप उस पुस्तक से पढ़कर प्राप्त कर सकते हैं।

मैं यहाँ पर पाठकों को सलाह देना चाहूंगा कि आप इस विषय के विद्यार्थी हैं, विशेषज्ञ नहीं। यदि आप किसी चिह्न की पहचान ठीक प्रकार से न कर पाए तो इसका मतलब आपके द्वारा हाथ पढ़ने में कहीं त्रुटि रह गई है। यह दोष इस विषय का नहीं बल्कि आपके द्वारा दिए गए परिणामों का होगा।

आइए उदाहरणों में चित्रों द्वारा समझें

1. यदि आयु रेखा धुंधली, खराब या शृंखलादार हो तो यह बुरे स्वास्थ्य को दर्शाती है।

2. यदि आयु रेखा बाएं हाथ में टूटी हुई हो और दाएं हाथ में जुड़ी हो तो जानलेवा भयानक रोग या शारीरिक कष्ट, यदि दोनों दाएं-बाएं हाथ में रेखा टूटी हुई हो तां मृत्यु का संकेत।

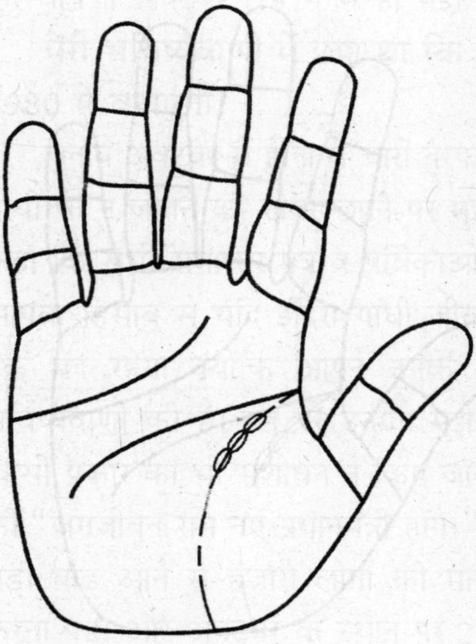

चित्र नं. 1

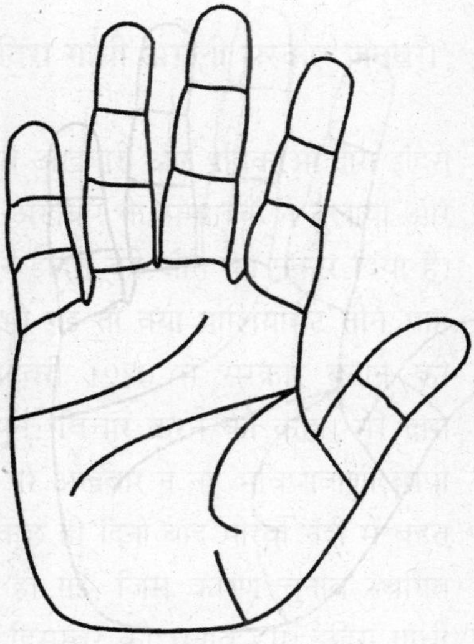

चित्र नं. 2

3. आयु रेखा प्रारम्भ में ही अर्थात् गुरु पर्वत के नीचे शृंखलादार हो तो बचपन में स्वास्थ्य में खराबी अथवा बीमारी, जल्दी घबरा जाने की प्रवृत्ति और कष्टदायक जीवन।

4. जब आयु रेखा हाथ के किनारे से प्रारम्भ न होकर हाथ में गुरु पर्वत से प्रारम्भ होती है तो प्रारम्भिक जीवन बहुत आदर्शवादी होता है।

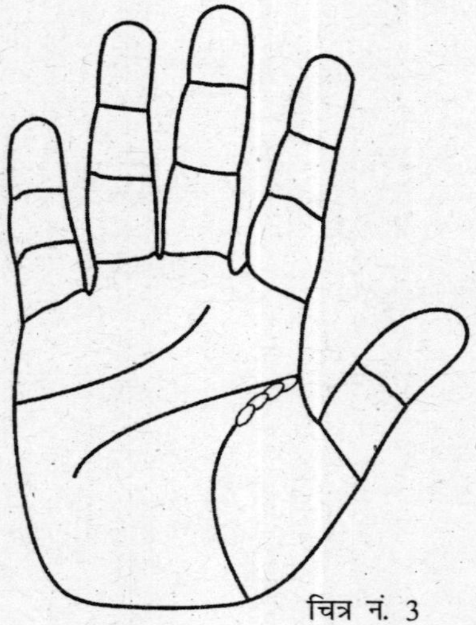

चित्र नं. 3

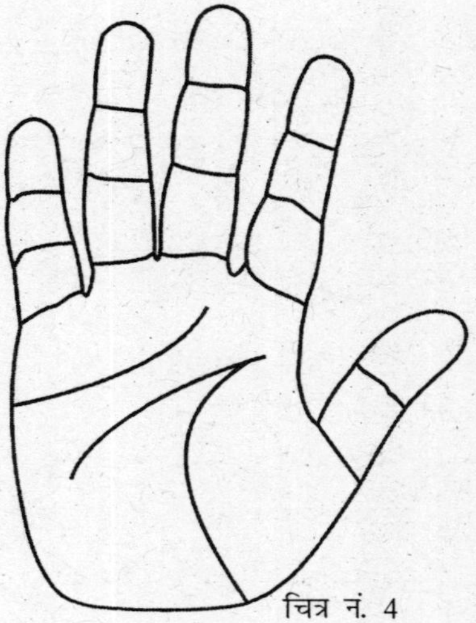

चित्र नं. 4

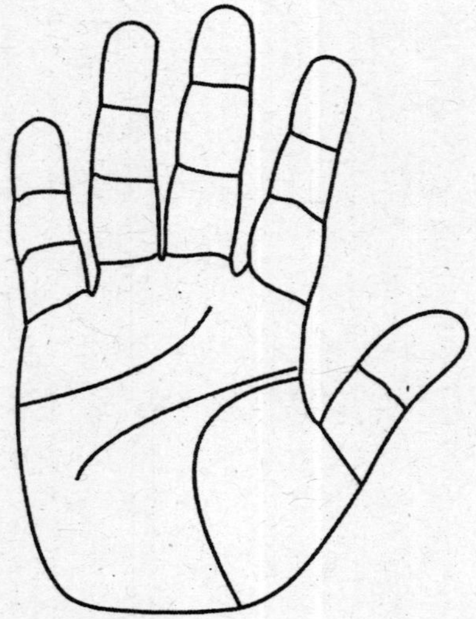

चित्र नं. 5

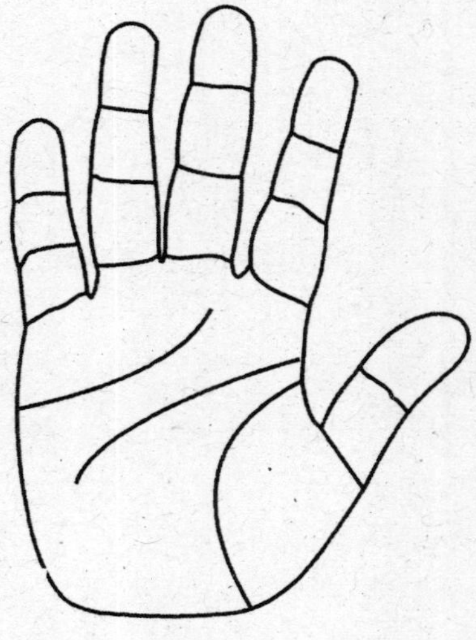

चित्र नं. 6

5. आयु रेखा मस्तिष्क रेखा के बहुत पास से होकर गुजरती हो तो व्यक्ति बहुत ही संवेदनशील (Sensitive) होता है।

6. यदि आयु रेखा, मस्तिष्क रेखा से थोड़ी दूरी से प्रारम्भ होती हो तो व्यक्ति स्वतंत्र विचारों वाला, ऊर्जावान (Presence of mind and go ahead sprit) होता है।

7. यदि आयु रेखा मस्तिष्क रेखा में अधिक दूरी से प्रारम्भ होती है तो ऐसे व्यक्ति बहुत आत्मविश्वासी, शीघ्रता जताने वाले उतावले, तैश में आकर काम करने वाले होते हैं। उनके कार्य अधिकतर वास्तविक जिंदगी (Real life) से दूर होते हैं।

8. यदि आयु रेखा, मस्तिष्क रेखा और हृदय रेखा एक ही बिन्दु से प्रारम्भ होती हो तो अभाग्यशाली चिह्न है। व्यक्ति के स्वभाव में दोष होता है। वह एकदम खतरा मोल ले लेता है जो उसकी बर्बादी एवं सर्वनाश का कारण बनता है।

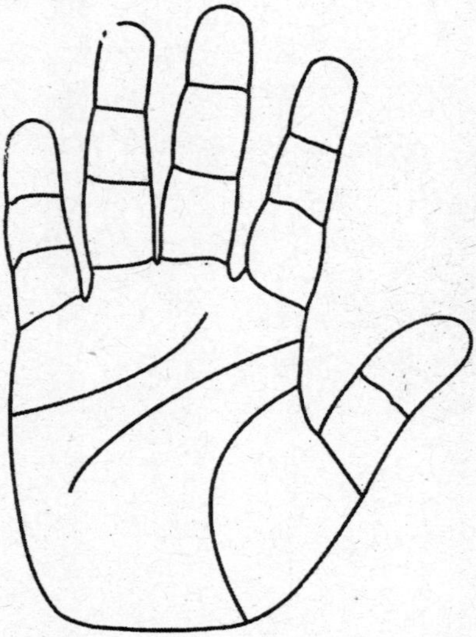

चित्र नं. 7

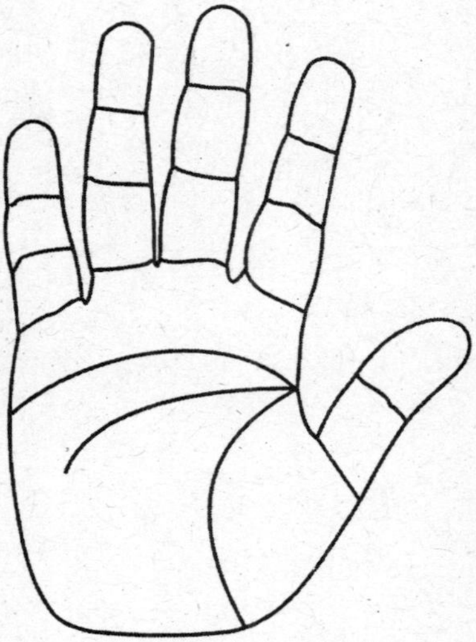

चित्र नं. 8

9. यदि आयु रेखा लगभग मध्य में दो भागों में विभाजित होती हो, एक भाग शुक्र को घेरता हो और दूसरा चन्द्र पर्वत के ऊपर जाता हो, हाथ नर्म व गद्देदार हो और मस्तिष्क रेखा नीचे की तरफ ढलान लिए हो तो बेचैन प्रवृत्ति, ऐसे व्यक्ति हमेशा बदलाव के बारे में सोचते हैं, इनमें यात्रा करने की बहुत लालसा होती है और अन्त में इनकी यह इच्छा भी पूरी हो जाती है। यदि हाथ बहुत अधिक पिलपिला हो तो सुस्त होने के कारण इनकी इच्छाएं अधूरी रह जाती हैं।

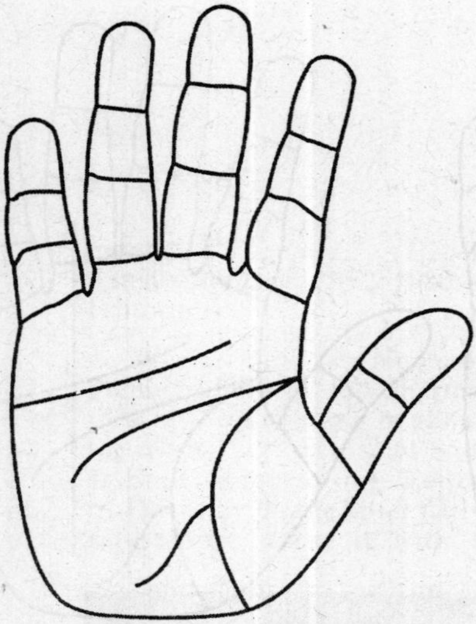

चित्र नं. 9

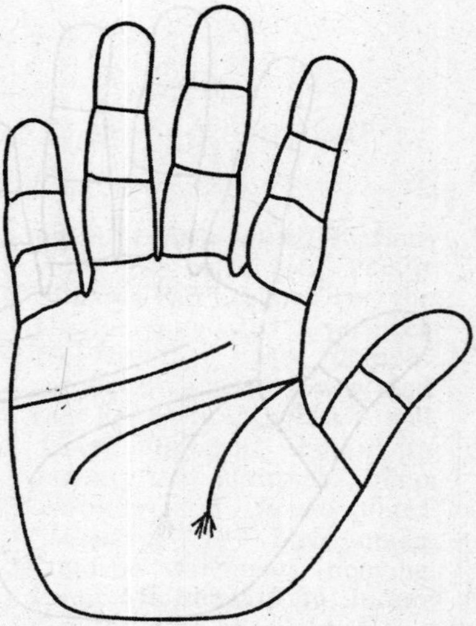

चित्र नं. 10

10. यदि आयु रेखा आखिर में छोटे-छोटे भागों में बंट जाती है, अर्थात् झाड़ू की तरह उसमें से शाखाएं निकलती हों तो यह व्यक्ति में बहुत कमजोरी, शारीरिक ऊर्जा का नाश एवं मृत्यु बताती है।

11. a,b आयु रेखा से छोटी रेखाएं निकलकर हाथ में ऊपर की ओर जाती हो तो यह व्यक्ति की शक्ति बढ़ाती है और उस समय अवधि में उसकी सफलता की ओर भी संकेत देती है।

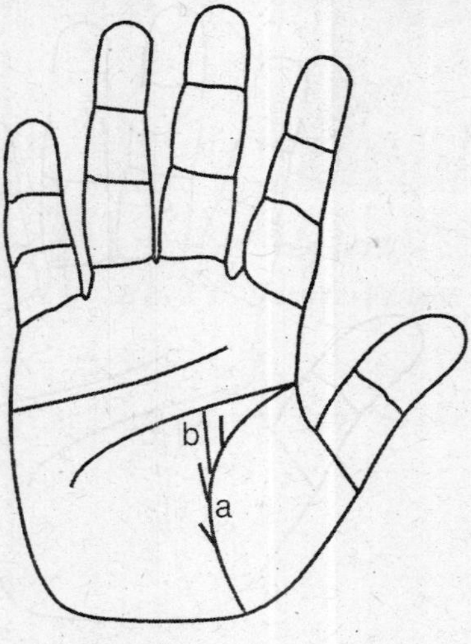

चित्र नं. 11 (a,b)

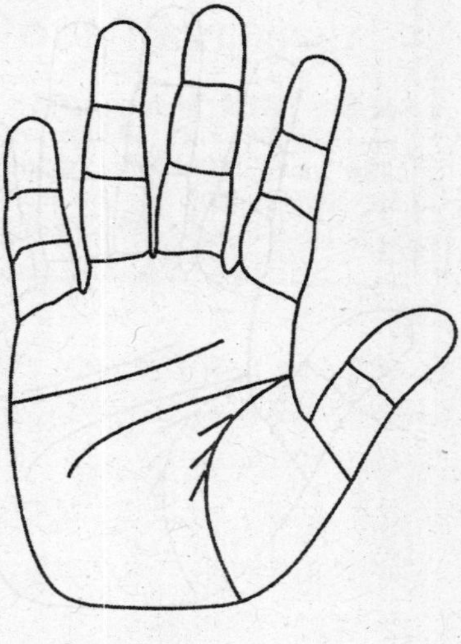

चित्र नं. 11 (c)

11.c यदि रेखाएं आयु रेखा से निकल हाथ में नीचे की तरफ जाती हो तो स्वास्थ्य एवं धन की हानि की ओर संकेत देती है।

12. (a) यदि आयु रेखा से एक गाढ़ी रेखा निकलकर आयु रेखा से कुछ दूरी पर आयु रेखा के समानान्तर चलती दिखाई दे तो ऐसे व्यक्तियों की मृत्यु अक्सर घर से बहुत दूर स्थान पर अर्थात् विदेश में होती है।

(b) यदि आयु रेखा द्विशाखी हो जाती हो तो बुढ़ापे में कार्य का अधिक बोझ होता है और बुढ़ापा गरीबी में बीतता है।

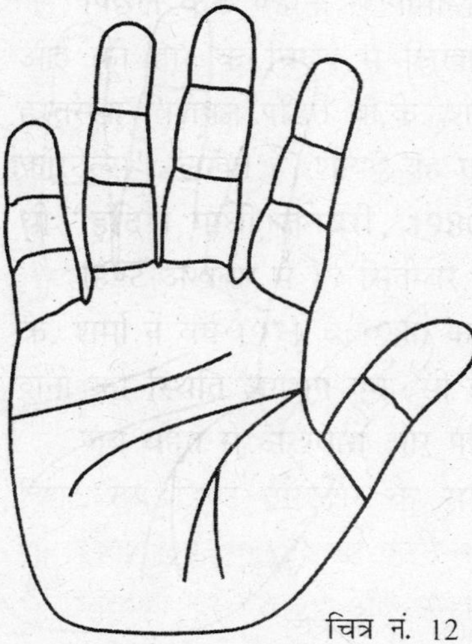

चित्र नं. 12 (a)

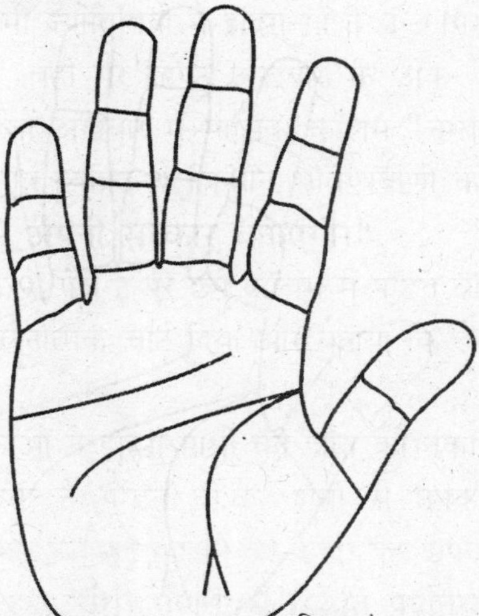

चित्र नं. 12 (b)

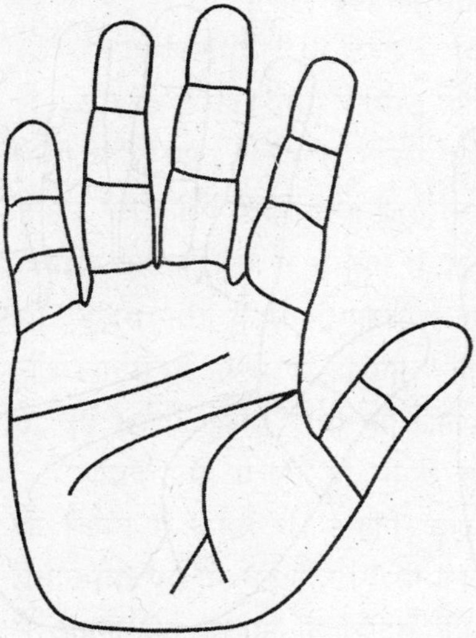

चित्र नं. 12 (c)

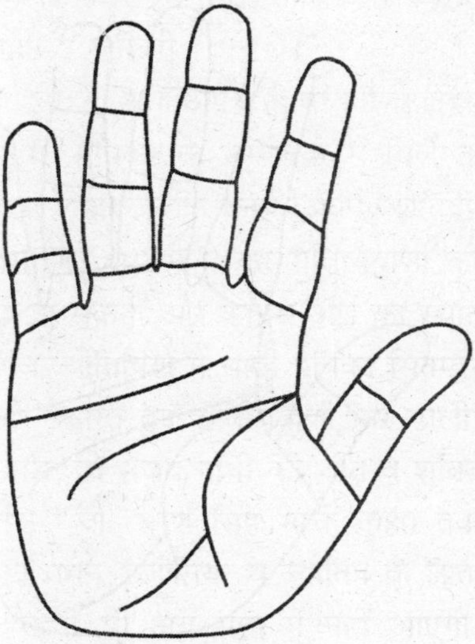

चित्र नं. 12 (d)

(c) यदि द्विशाखा अधिक चौड़ी हो तो जिन्दगी के आखिरी दिन गरीबी में घर से बहुत दूर कहीं विदेश में कटते हैं।

(d) यदि यह द्विशाखा की एक शाखा चन्द्र पर्वत के नीचे तक पहुंचती हो तो लम्बी यात्रा या फिर समुद्री यात्रा होती है।

(e) यदि यह रेखा चन्द्र (+ve) पर पहुंचती हो तो बेचैन स्वभाव, यात्राएं

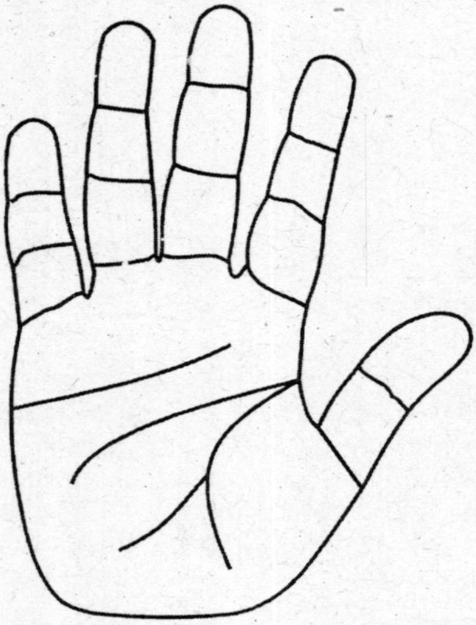

चित्र नं. 12 (e)

करने का इच्छुक। यदि उसके हाथ में मस्तिष्क रेखा नीचे की तरफ झुकी हो तो उसकी यह इच्छा और भी अधिक प्रबल हो जाती है।

13.a यदि आयु रेखा के प्रारम्भ में ही द्वीप हो तो व्यक्ति को बचपन से ही पारिवारिक रोग (Inherited illness) होती है या फिर उसके जन्म के साथ कोई मिथ्या (Mystery) जुड़ी होती है।

b. यदि द्वीप आयु रेखा पर हो तो उस आयु में आने पर मृत्यु तुल्य बीमारी या स्वास्थ्य में बहुत कमजोरी आती है।

c. यदि द्वीप चारों तरफ से वर्ग से ढका हो तो मृत्यु से उसकी रक्षा होती है।

14.a आयु रेखा के समानान्तर में दूसरी आयु रेखा अर्थात् मंगल रेखा का होना। यह रेखा आयु रेखा के भीतर मंगल पर्वत से प्रारम्भ होकर आयु रेखा के समानान्तर शुक्र पर्वत तक बनी होती है, यह व्यक्ति को बीमारी, दुर्घटना, उपद्रव, हवाई दुर्घटना आदि में भगवान के चमत्कार से बचा लेती है।

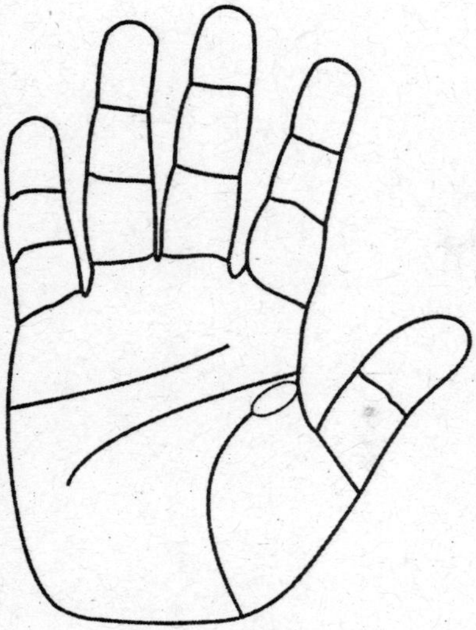

चित्र नं. 13 (a)

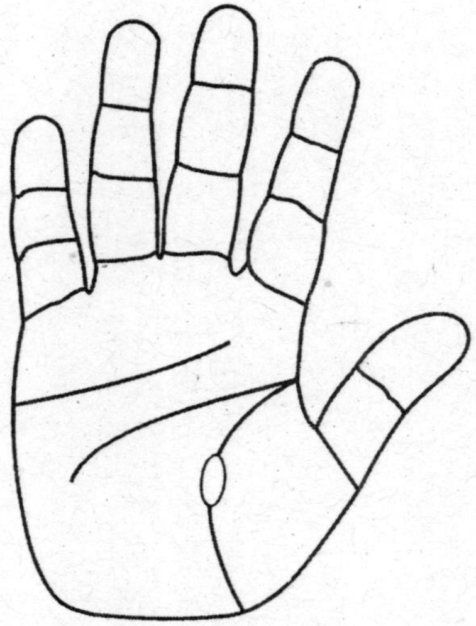

चित्र नं. 13 (b)

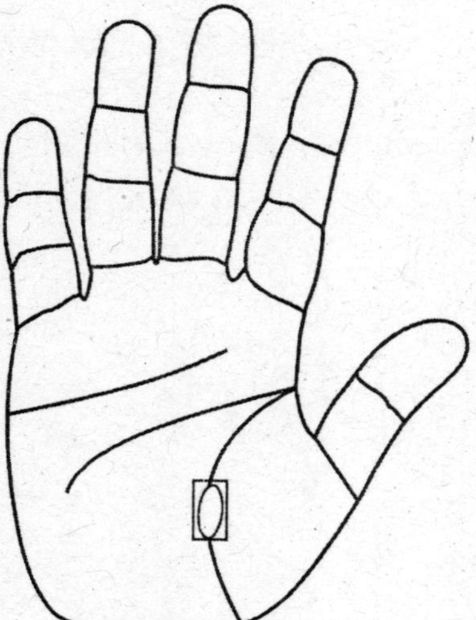

चित्र नं. 13 (c)

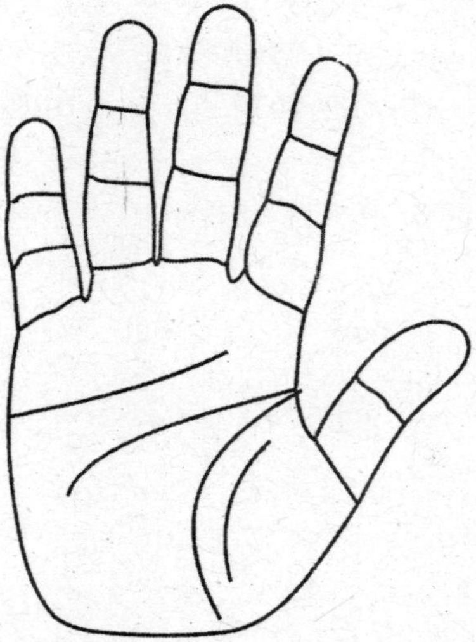

चित्र नं. 14 (a)

b. यदि यह रेखा मंगल पर्वत से प्रारम्भ न होकर आयु रेखा के समानान्तर शुक्र पर्वत से जाती दिखाई दे तो यह विपरीत लिंग के प्रभाव को प्रदर्शित करती है।

c. यदि यह रेखा आयु रेखा के प्रारम्भिक स्थान से मस्तिष्क रेखा को छूती

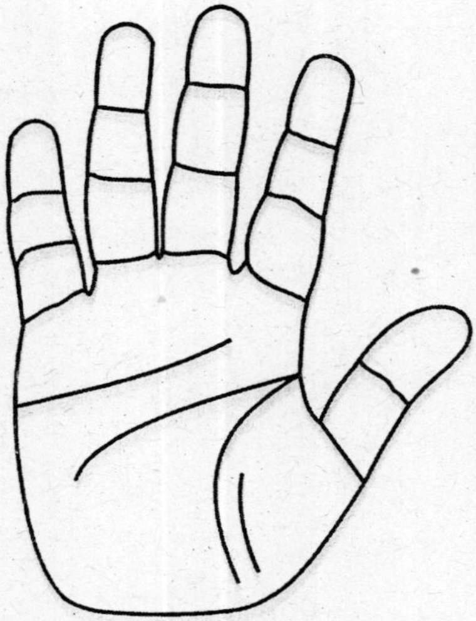

चित्र नं. 14 (b)

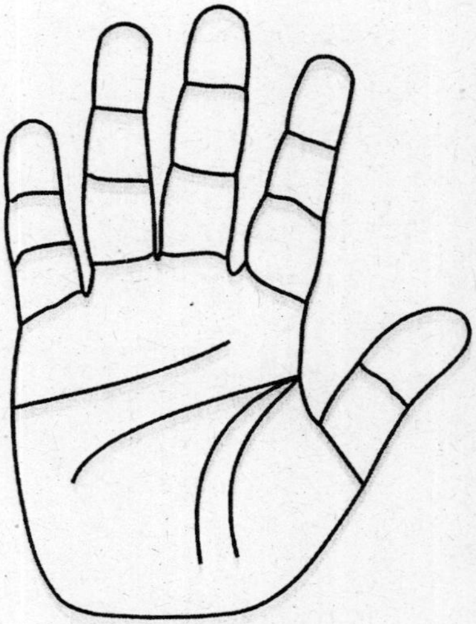

चित्र नं. 14 (c)

हुई आयु रेखा के समानान्तर जाती दिखाई दे तो सिर में बहुत दर्द अर्थात् माईग्रेन के रोग को बताती है। जिसका मुख्य कारण व्यक्ति के सेक्स के साथ जुड़ा होता है। इस रेखा को मंगल रेखा न समझें।

15. यदि आयु रेखा हल्की हो और मस्तिष्क रेखा गहरी हो और अंगूठे का पहला पोर मजबूत एंवं कड़ा हो तो व्यक्ति दृढ़ इच्छा शक्ति से जीवित रहता है।

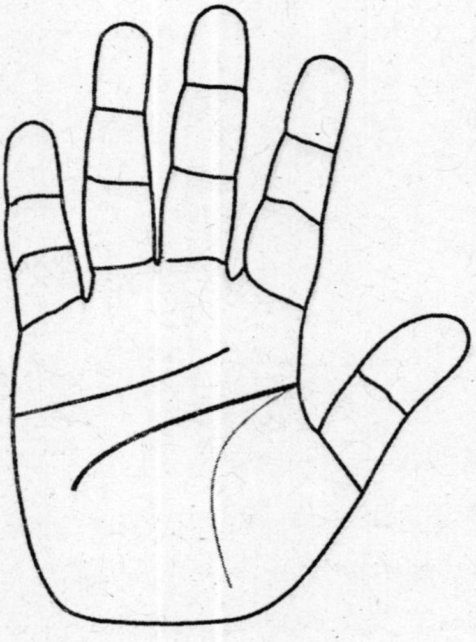

चित्र नं. 15

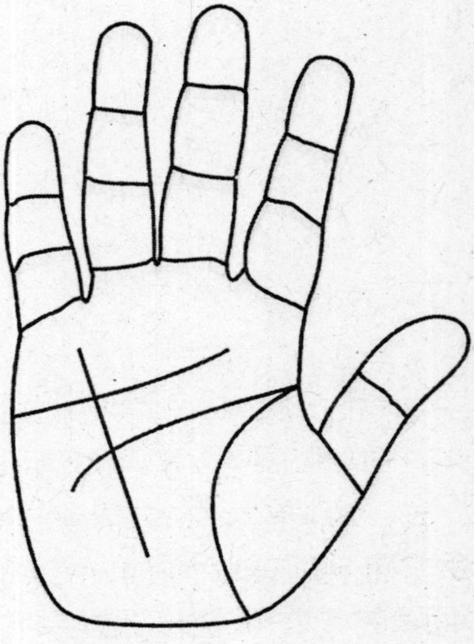

चित्र नं. 16

रक्त कोशिकाओं का रक्त अंगूठे के पहले पोर में अधिक होता है और मस्तिष्क रेखा से रक्तचाप (Circulation of blood) अच्छा होने के कारण व्यक्ति शारीरिक कमजोरी से लड़ने में सक्षम होता है। इसलिए जीवित रहता है।

16. यदि लीवर लाइन मजबूत हो तो व्यक्ति की पाचन शक्ति अधिक होने के कारण उसकी अधिक ऊर्जा शक्ति व्यक्ति की आयु बढ़ा देती है।

17. यदि आयु रेखा लहरात्ती हो या कभी मोटी कभी पतली दिखाई दे तो व्यक्ति की सेहत समय-समय पर ख़राब होती रहती है, कभी स्वस्थ कभी अस्वस्थ रहता है। ऐसे व्यक्ति बड़े मूडी होते हैं और अधिकतर आपे से बाहर हो जाते हैं अर्थात् संयम खो बैठते हैं।

18. यदि आयु रेखा से बाहर की तरफ एक छोटी शाखा निकलकर आयु रेखा के समानान्तर दिखाई दे तो उस समय अवधि में आयु पर आया गहरा संकट

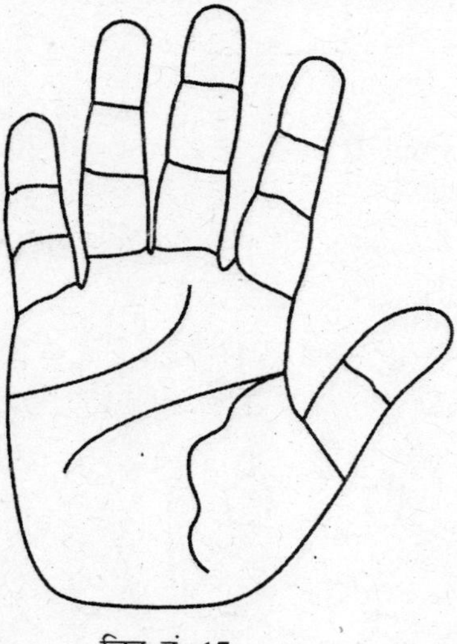

चित्र नं. 17

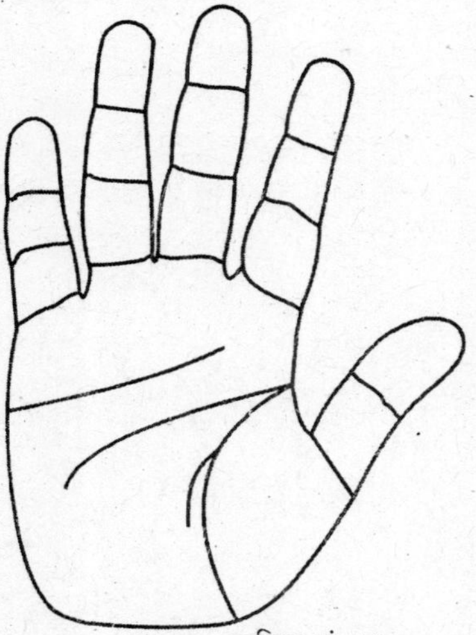

चित्र नं. 18

टल जाता है। चित्र 18 में यह छोटी रेखा आयु रेखा के लगभग 28 वर्ष की आयु में निकल रही है।

19. यदि स्त्रियों के हाथ में आयु रेखा पर आयताकार (Rectangle) बना हो और चन्द्र पर्वत विकसित न हो अर्थात् उभरा हुआ न हो तो यह उनकी बच्चेदानी के खिसकने (displacement) का संकेत देती है।

20. यदि आयु रेखा पर धब्बों के निशान बने हों तो व्यक्ति का स्वास्थ्य ठीक नहीं रहता। यदि आयु रेखा पर मस्तिष्क रेखा नीचे की तरफ़ से अर्थात् मंगल पर्वत के सामने से प्रारम्भ होती हो तो व्यक्ति बहुत ही संवेदनशील, शांत स्वभाव का, शर्मीला व डरपोक किस्म का होता है।

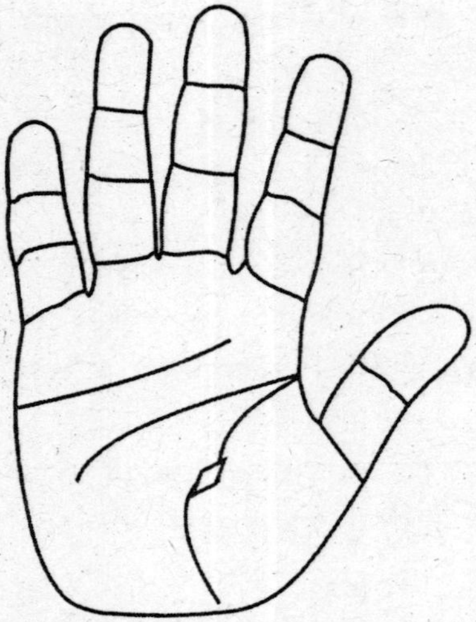

चित्र नं. 19

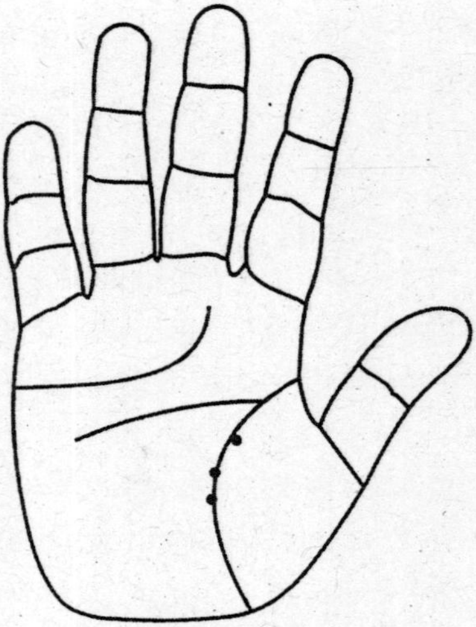

चित्र नं. 20

21. यदि आयु रेखा को एक छोटी–सी गाढ़ी रेखा काटती हो तो अकस्मात स्वास्थ्य का बिगड़ना या फिर मृत्यु।

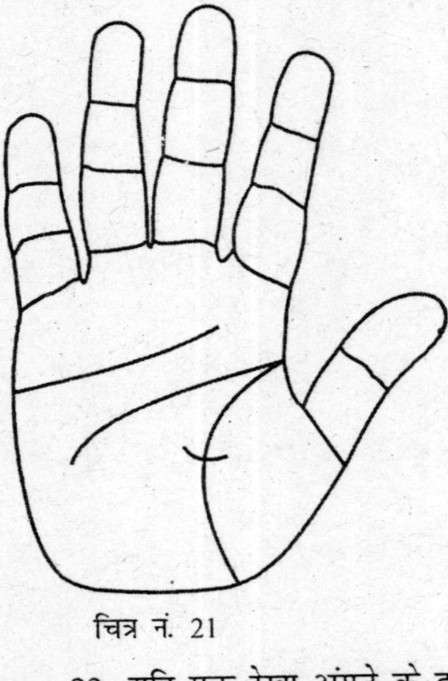

चित्र नं. 21

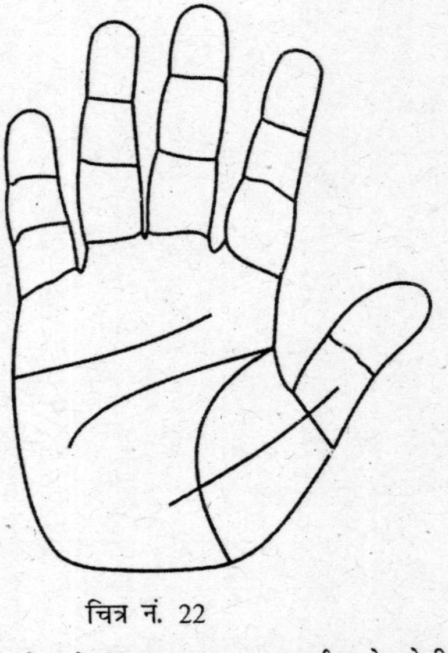

चित्र नं. 22

22. यदि एक रेखा अंगूठे के दूसरे पोर से निकलकर शुक्र पर्वत से होती हुई आयु रेखा को काटक़र बाहर जाती हो तो व्यक्ति की मृत्यु किसी हथियार चाकू या तलवार से होती है।

23. एक रेखा, आयु रेखा के भीतर से शुक्र पर्वत से निकलती हुई आयु रेखा को पार करते हुए, फिर शनि पर्वत को पार करते हुए, शनि की उंगली के

तीसरे पोर में घुस जाती है तो यह औरतों में साधारणतया बच्चेदानी से सम्बन्धित रोग बताती है।

24. आयु रेखा पर द्वीप, आयु रेखा को दो भागों में बांटता हुआ, जिसमें पहला भाग कम चौड़ा व दूसरा भाग अधिक चौड़ा होता है। पहला कम चौड़ा भाग औरतों का बांझ होना, बच्चेदानी में खराबी या फिर बच्चा पैदा होने में समस्या को दर्शाता है।

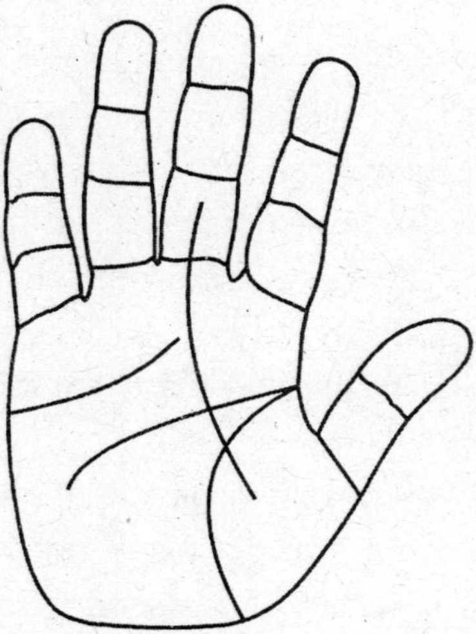

चित्र नं. 23

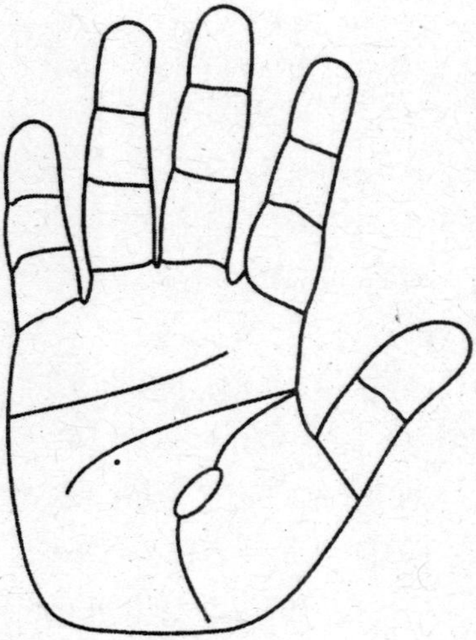

चित्र नं. 24

25. यदि आयु रेखा द्वीप से प्रारम्भ होती हो और मस्तिष्क रेखा के आखिर में भी द्वीप हो तो बच्चा बुद्धिमान पर गूंगा व बहरा होता है। इस प्रकार के हाथों में अधिकतर भाग्य रेखा नहीं होती।

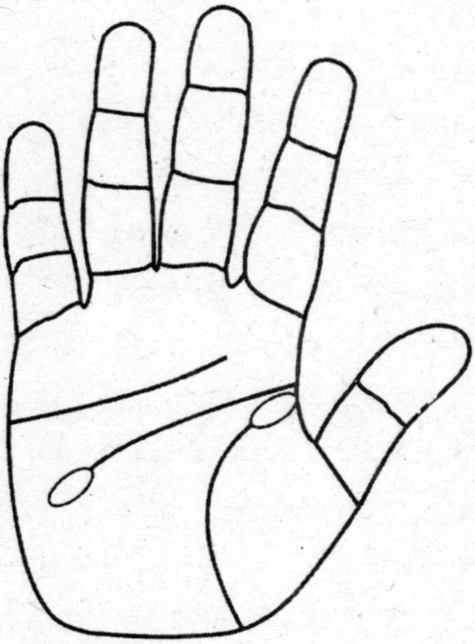

चित्र नं. 25

भाग्य रेखा
(Line of Fate)

'भाग्य रेखा' अर्थात् जीवन के सफर का मार्ग, इसका हाथ में होना या न होना व्यक्ति के भाग्य एवं दुर्भाग्य को दर्शाती है। यदि भाग्य की रेखा (सड़क) हाथ में अच्छी बनी हुई हो तो व्यक्ति आसानी से खुशी-खुशी अपनी जीवन यात्रा, अपनी इच्छा अनुसार सफलतापूर्वक पूरी कर लेता है और यदि यह रेखा टूटी-फूटी हो और कई अवरोधों, जैसे क्रॉस, द्वीप, जाली, श्रृंखला आदि को पार करके जाती हो तो व्यक्ति की जीवन यात्रा सुखद नहीं होती, उसे बहुत सी परेशानियों से होकर गुजरना पड़ता है। उसके जीवन की दौड़ती हुई गाड़ी रुक-सी जाती है।

शास्त्रों का मानना है कि व्यक्ति का जन्म इस पृथ्वी पर पूर्व जन्म के कर्मों को भोगने के लिए होता है, जिन्होंने पूर्व जन्म में अच्छे कर्म किए थे, वह इस जन्म में सभी प्रकार के सुख प्राप्त करते हैं अर्थात् 'भाग्यशाली' कहलाते हैं, और जिन्होंने अशुभ कर्म किए थे वह सब प्रकार के दुःख प्राप्त करते हैं अर्थात् वह 'दुर्भाग्यशाली' कहलाते हैं। भाग्यशाली व्यक्ति वह होते हैं जो कम प्रयास करके अपने कार्य में सफल हो जाते हैं, उनकी इच्छाएं पूरी हो जाती हैं और वह सुखद जीवन व्यतीत करते हैं। उनकी भाग्य रेखा अच्छी होती है और अभाग्यशाली वह व्यक्ति होते हैं जो बहुत अधिक प्रयास करने पर भी अपने कार्यों में सफल नहीं होते अर्थात् उनकी इच्छाएं पूर्ण नहीं होतीं और वह सारी जिन्दगी कष्टतम जीवन व्यतीत करते हैं। ऐसे व्यक्तियों की भाग्य रेखा अच्छी नहीं होती या फिर भाग्य रेखा हाथ में होती ही नहीं।

मैंने अपने 35 वर्षों के हस्तरेखा अध्ययन में देखा है, कि व्यक्ति के हाथों में बनी हुई रेखाएं उसके जीवन में होने वाली घटनाओं को कई वर्ष पूर्व ही दर्शा देती हैं कि व्यक्ति के जीवन में किस प्रकार की घटनाएं आने वाले समय में घटित होंगी। अर्थात् व्यक्ति का भाग्य उसके जन्म के समय से पूर्व में ही होने वाली घटनाओं का निर्णय ले लेता है। इसे हम इस प्रकार भी समझ सकते हैं कि जीवन में होने वाली घटनाएं कई वर्ष पूर्व ही घटित हो चुकी होती हैं लेकिन

उनकी जानकारी हमें देर से प्राप्त होती है। भाग्य या दुर्भाग्य तो मात्र उन परिस्थितियों को पैदा करता है जिनके माध्यम से वह घटनाएं घटित होती हैं। व्यक्ति का यह सोचना कि उसने बहुत प्रयास करके अपने जीवन में सफलता प्राप्त की है, धन व शोहरत कमाई है तो उसकी बहुत बड़ी भूल है क्योंकि यह सब तो उसके जीवन में पहले ही हो चुका है केवल उसकी सूचना उसको देर से प्राप्त हुई।

मेरा मानना है कि कोई भी व्यक्ति किसी का अच्छा या बुरा नहीं कर सकता, यदि किसी का अच्छा, बुरा करने की शक्ति व्यक्ति में हो तो वह तो भगवान ही बन जाएगा, किसी का अच्छा या बुरा होने के जो हालात पैदा होते हैं उसका निर्णय तो भाग्य पहले ही ले चुका होता है व्यक्ति तो मात्र उस घटना का कारण बनता है। यही कारण है कि एक ज्योतिषी हाथ में होने वाली घटित घटनाओं को हाथ देखकर कई वर्ष पूर्व ही व्यक्ति को बता देता है।

व्यक्ति के हाथ में भाग्य की रेखा को अच्छी प्रकार से देखना चाहिए ताकि पता चल सके कि इसका भाग्य भविष्य में इसे किस ओर ले जा रहा है।

व्यक्ति चाहे प्रयास करे या न करे अपने आप ही ऐसे हालात पैदा हो जाते हैं कि उनका भाग्य या दुर्भाग्य उनको अच्छे या बुरे फल दिला देता है। जब दुर्घटना होती है, भूकम्प आता है, इमारतें गिरती हैं तो व्यक्ति क्या प्रयास कर सकता है। भाग्यशाली बच जाते हैं और दुर्भाग्यशाली मर जाते हैं। जब व्यक्ति लॉटरी का टिकट खरीदता है तो क्या वह मेहनत करता है भाग्यशाली व्यक्ति एक ही दिन में करोड़पति बन जाता है। आइए भाग्य को भाग्य रेखा के माध्यम से जानने का प्रयास करें।

भाग्य रेखा के प्रारम्भ होने के मुख्य स्थान:

1. आयु रेखा के अन्दर से।
2. आयु रेखा को छूती हुई।
3. आयु रेखा के बाहर हथेली के मध्य कलाई के पास से।
4. भाग्य रेखा का हथेली के मध्य से प्रारम्भ होना।
5. भाग्य रेखा का चन्द्र पर्वत से प्रारम्भ होना।
6. चन्द्र पर्वत के नीचे मणिबन्ध रेखाओं के पास से प्रारम्भ होना।
7. हथेली के मध्य से।
8. मस्तिष्क रेखा से।
9. हृदय रेखा से।

आइए, इनको उदाहरण द्वारा समझें:

1.(a) भाग्य रेखा का आयु रेखा के अन्दर से प्रारम्भ होना यह रेखा बताती है कि व्यक्ति का प्रारम्भिक जीवन उसके रिश्तेदारों, पत्नी, पति या फिर मित्रों के प्रभाव से प्रभावित रहा अर्थात् वह अपनी इच्छा अनुसार कार्य नहीं कर सका।

(b) यदि भाग्य रेखा आयु रेखा के अन्दर शुक्र पर्वत से प्रारम्भ होती हो तो इस प्रकार की रेखा वाले व्यक्ति शुक्र पंर्वत के गुण लिए होते हैं जैसे कि संगीत, चित्रकला, गाना-बजाना आदि। इस प्रकार के व्यक्ति सेक्स के प्रभाव में आकर जल्दबाजी में शादी कर बैठते हैं। जिस कारण इनका प्रारम्भिक जीवन प्रभावित हो जाता है। यह अधिकतर सेक्स सम्बन्धित काण्डों में फंस जाते हैं।

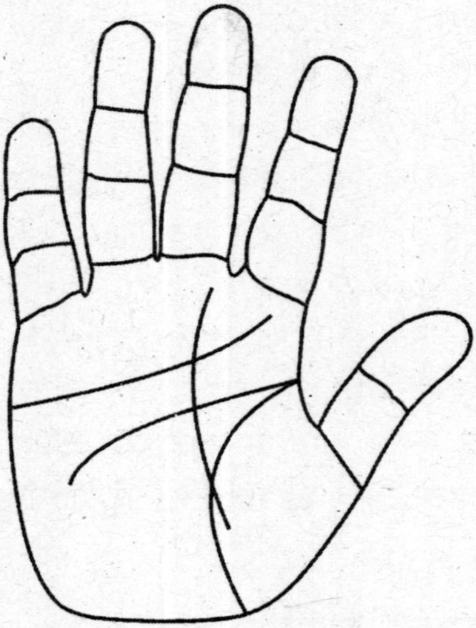

चित्र नं. 1 (a)

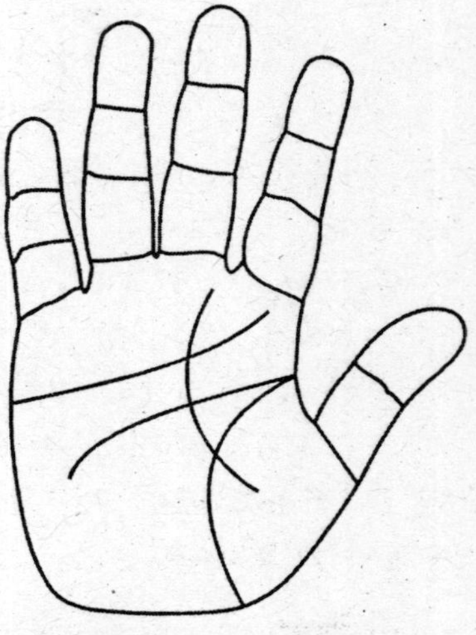

चित्र नं. 1 (b)

2. यदि भाग्य रेखा आयु रेखा को छूती हो तो व्यक्ति को अपने व्यक्तिगत प्रयासों से सफलता प्राप्त होती है।

3. आयु रेखा के पास, मणिबन्ध रेखाओं से ऊपर की ओर से प्रारम्भ हो तो व्यक्ति का प्रारम्भिक जीवन माता-पिता या रिश्तेदारों की भेंट चढ़ जाता है।

4. हथेली के मध्य से प्रारम्भ होती हो तो अच्छे भाग्य एवं सफलता की निशानी।

5. यदि भाग्य रेखा चन्द्र पर्वत से प्रारम्भ होती हो तो व्यक्ति का भाग्य बाहरी व्यक्तियों के भरोसे होता है। जैसे डॉक्टर का मरीजों पर, वकीलों का

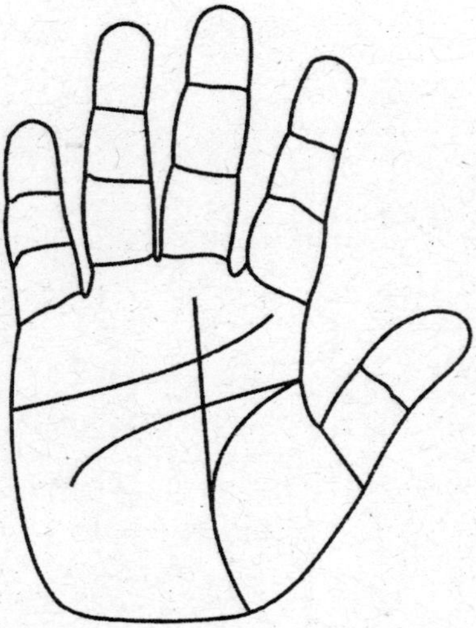

चित्र नं. 2

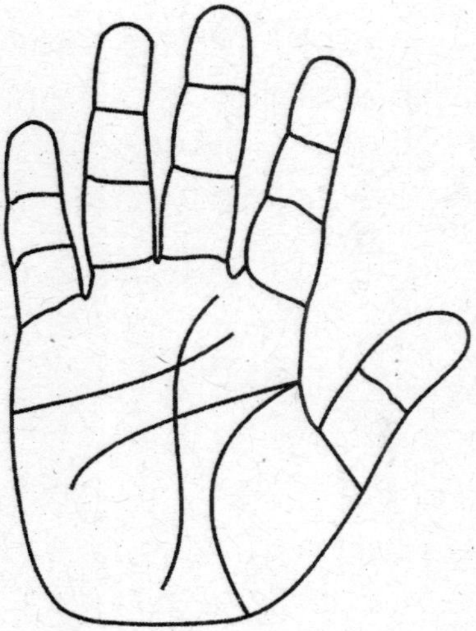

चित्र नं. 3

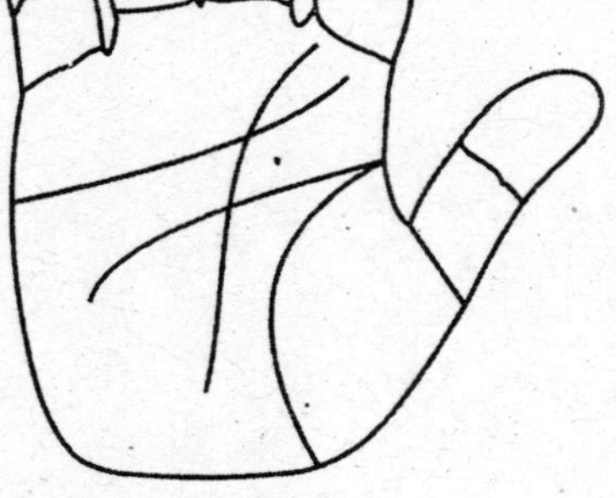

चित्र नं. 4

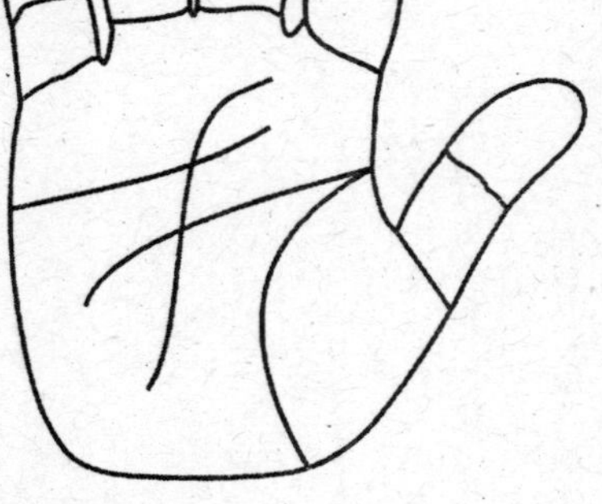

चित्र नं. 5

उनके ग्राहकों पर, राजनेताओं और व्यापारियों का जनता पर।

6. भाग्य रेखा का प्रारम्भ चन्द्र पर्वत के नीचे अर्थात् केतु से हो तो व्यक्ति की सफलता उसकी व्यक्तिगत मेहनत पर निर्भर करती है।

7.(a) I भाग्य रेखा जब मणिबन्ध रेखाओं से प्रारम्भ होती हो तो जीवन कष्टदायक एवं दु:खों से घिरा होता है।

II. यदि यह शनि की उंगली के तीसरे पोर तक जाती हो तो व्यक्ति के कन्धे पर दु:ख भरी व कष्टदायक जिम्मेदारी आ जाती है।

(b) यदि भाग्य रेखा मणिबन्ध रेखाओं से प्रारम्भ होकर शनि की उंगली के तीसरे पोर में घुस जाए तो यह बुरा संकेत है प्रत्येक वस्तु व्यक्ति के जीवन से

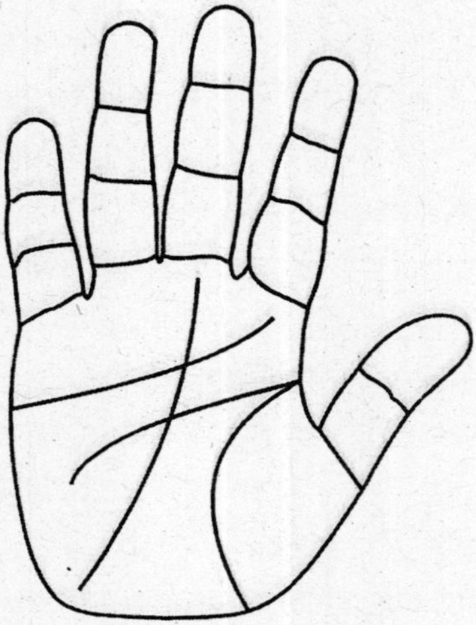

चित्र नं. 7

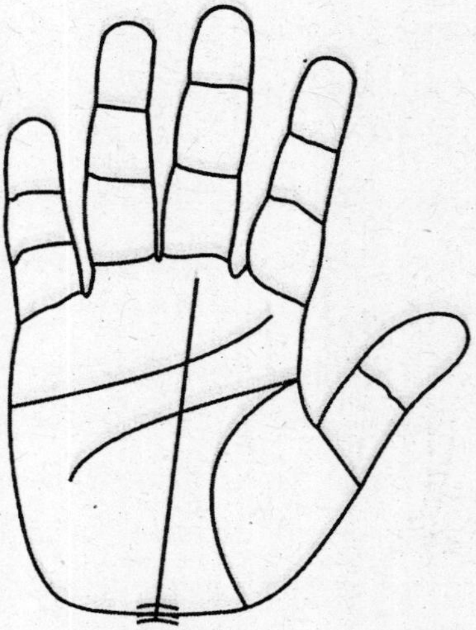

चित्र नं. 7 (a)

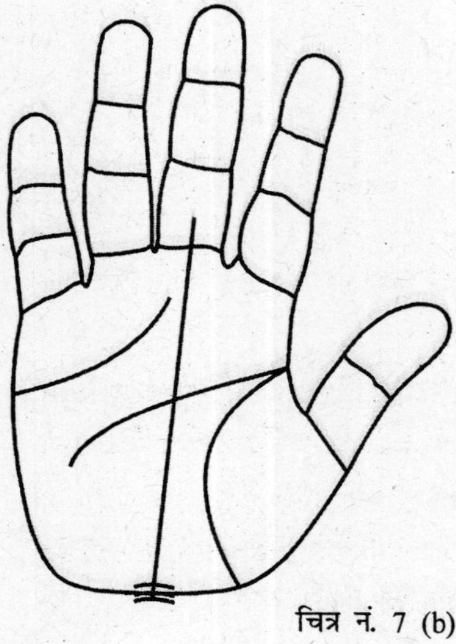

चित्र नं. 7 (b)

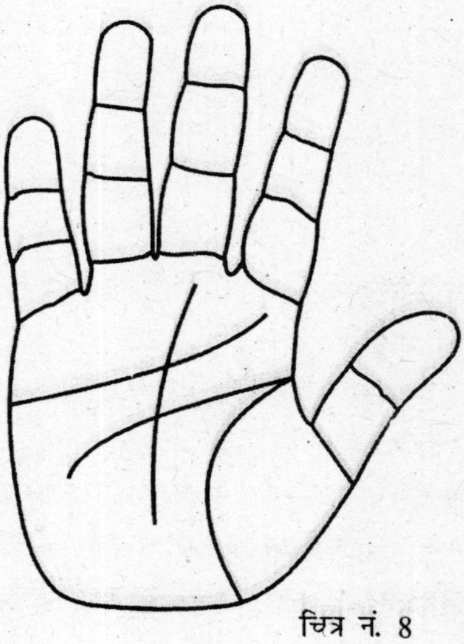

चित्र नं. 8

दूर चली जाएगी। यदि यह व्यक्ति राजा, अधिकारी या फिर सेनापति है तो व्यक्ति एक दिन अपनी इच्छाओं व शक्ति की पूर्ति के लिए अपने अधिकार क्षेत्र से बाहर जाकर अपने ही कमाण्डर या सैनिकों पर आक्रमण कर सकता है।

8. जब भाग्य रेखा हथेली के मध्य से प्रारम्भ होती है तो यह व्यक्ति को बुद्धिमत्ता, चतुर योजनाओं या उन्नति के मार्गों को ढूंढ़कर आगे बढ़ने के लिए अग्रसर करती है।

9. यदि लहराती हुई भाग्य रेखा जो आयु रेखा के अन्दर मंगल पर्वत से प्रारम्भ होकर शनि पर्वत पर जाती हो तो यह्र कारागार जाने को दर्शाती है।

10. यदि आयु रेखा के भीतर, मंगल रेखा से प्रारम्भ होकर शनि की उंगली के तीसरे पोर के अन्दर तक जाती हो तो यह रेखा परेशानियों को दर्शाती है।

11. भाग्य रेखा मस्तिष्क व हृदय रेखा के बीच राहु पर्वत से प्रारम्भ होती

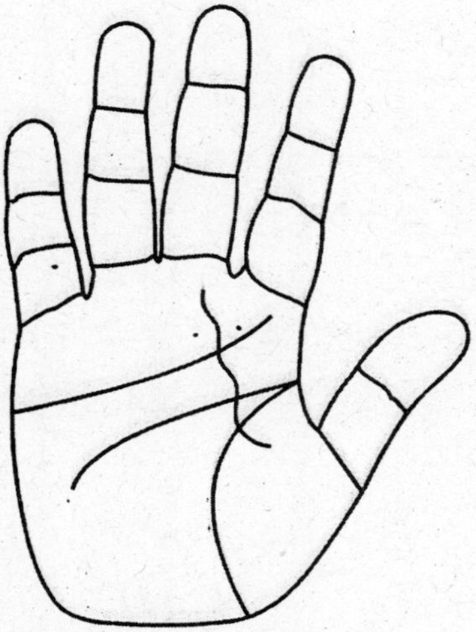

चित्र नं. 9

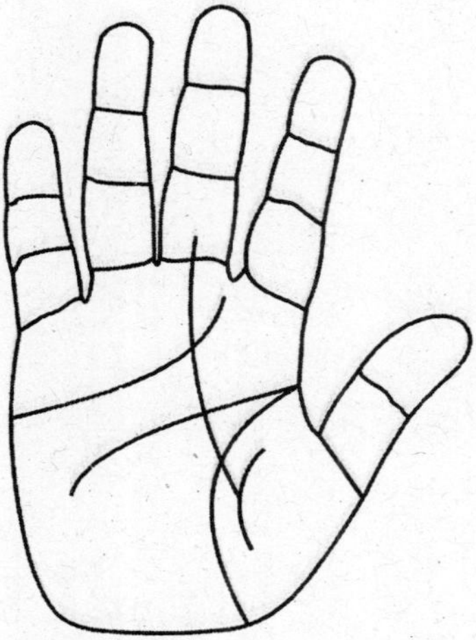

चित्र नं. 10

हो तो जीवन के मध्य में कठिनाइयों से सामना करना पड़ेगा यहाँ तक कि जेल भी हो सकती है।

12. भाग्य रेखा जब मस्तिष्क रेखा से प्रारम्भ हो और मुड़ती हुई शनि पर्वत तक पहुँच जाए तो व्यक्ति बहुत मेहनत के साथ जीवन में आगे की ओर बढ़ता है।

13. भाग्य रेखा जब हृदय रेखा से प्रारम्भ होती हो तो जिन्दगी के आखिर में, लगभग 56 वर्ष की आयु के पश्चात् सफलता प्राप्त होती है।

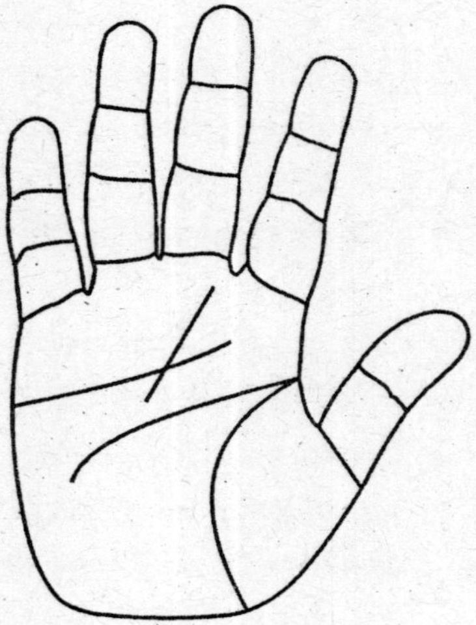

चित्र नं. 11

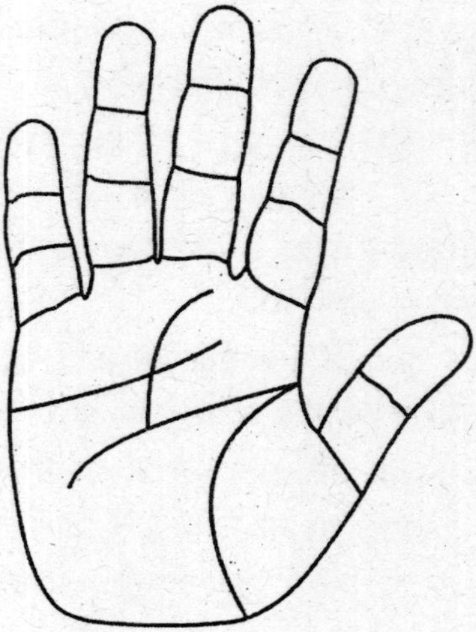

चित्र नं. 12

14. भाग्य रेखा जब हाथ के मध्य त्रिभुज आकार के क्षेत्र से निकलती हो तो यह व्यक्ति के कठिन परिश्रम व योग्यता के कारण उसको जीवन में आगे बढ़ने के लिए सुनहरे अवसर दिलवाती है।

15. जब भाग्य रेखा दो शाखाओं के बीच से प्रारम्भ होती हो तो बालक को गोद लेने वाला चिह्न है, यदि इसकी एक शाखा शुक्र पर्वत के बीच घुसी हुई

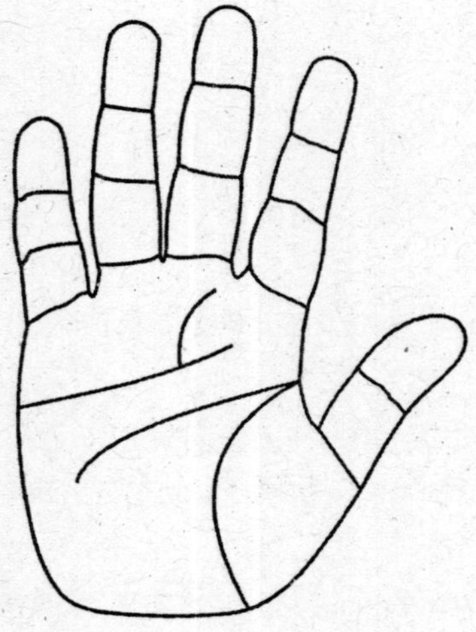

चित्र नं. 13

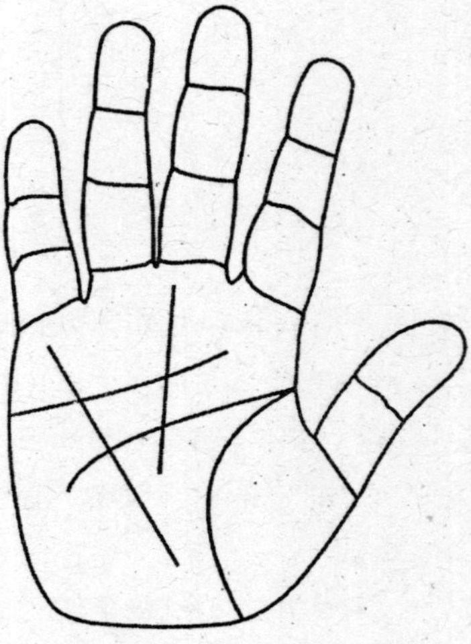

चित्र नं. 14

हो तो माँ-बाप के मुकदमे के कारण पृथक होना। यह इस बात को भी बताती है कि किसी स्त्री के प्रभाव में आकर यात्रा करनी पड़ती है।

16.(a) यदि भाग्य रेखा की एक शाखा हाथ के बीच रहे और दूसरी शाखा शुक्र पर्वत पर पहुँचे तो विपरीत लिंग के दुर्भाग्य का पूर्ण प्रभाव रहता है। पुरुष के हाथ में हो तो किसी स्त्री का और यदि स्त्री के हाथ में हो तो किसी पुरुष का प्रभाव होता है।

(b) यदि भाग्य रेखा मणिबन्ध रेखाओं के पास से प्रारम्भ होती हो उसकी एक शाखा चन्द्र पर्वत के नीचे (केतु) स्थान से व दूसरी शुक्र पर्वत के नीचे की तरफ हो तो यह विपरीत लिंग से सम्बन्ध विच्छेद, उसकी मृत्यु या जीवन

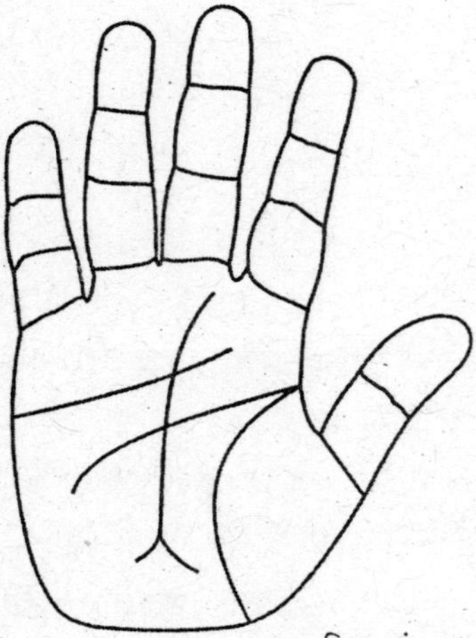

चित्र नं. 15

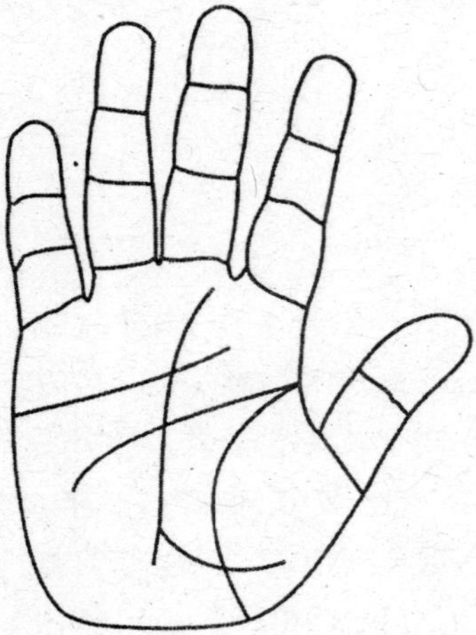

चित्र नं. 16 (a)

से उसका कहीं और चला जाना अर्थात् हानि बताता है। यह रेखा पुरुषों के हाथों में अधिक पाई जाती है।

17. यदि भाग्य रेखा द्वीप से प्रारम्भ होती हो तो जन्म के मिस्ट्री जुड़ी होती है।

18. (a) भाग्य रेखा चन्द्र पर्वत के नीचे केतु के स्थान पर तारे से प्रारम्भ होती हो तो माता-पिता को परेशानी होती है।

(b) यदि शुक्र पर्वत पर भी तारा बना हो तो माता की मृत्यु या पिता की या फिर दोनों की मृत्यु हो जाती है।

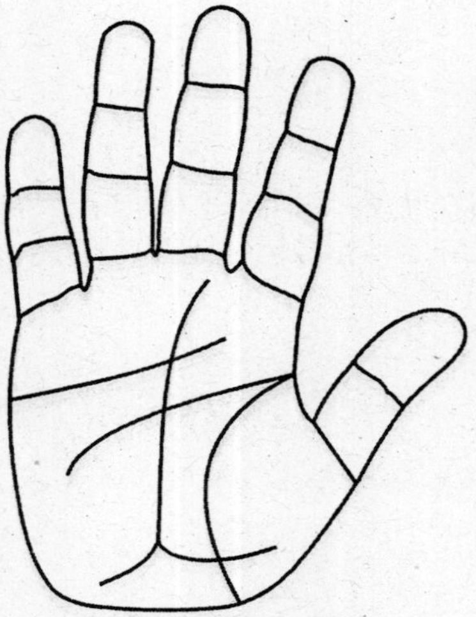

चित्र नं. 16 (b)

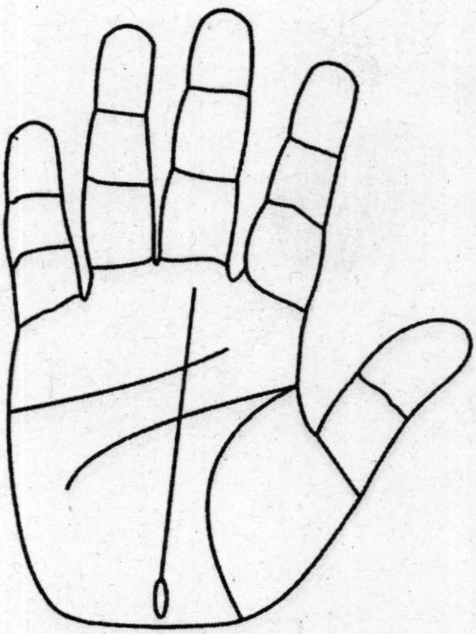

चित्र नं. 17

19. जब भाग्य रेखा आयु रेखा के पास से होकर गुजरती हो तो व्यक्ति घर की जिम्मेदारियों से बचना चाहता है।

20. गहरी एवं लाल रंग की भाग्य रेखा जो शनि का उंगली के तीसरे पोर में तारे पर समाप्त हो बदनामी वाली मृत्यु या फिर कारावास।

21. भाग्य, मस्तिष्क और हृदय रेखा के बीच राहु क्षेत्र से प्रारम्भ होकर गुरु व शनि पर्वत के बीच जाती हो तो पेट के निचले भाग में घाव होता है।

22. भाग्य रेखा पीछे की ओर चन्द्र पर्वत की तरफ अर्द्धवृत्त की तरह मुड़ी हुई हो तो कारावास। यदि यह रेखा मंगल ऋणात्मक (-ve) पर समाप्त होती हो तो किसी चीज को पाने की बहुत इच्छा।

23.(a) यदि भाग्य रेखा से निकलकर कोई शाखा किसी पर्वत की तरफ जाती दिखाई दे तो यह शाखा जिस किसी पर्वत की तरफ जाती है तो भाग्य उस पर्वत के गुणों से प्रभावित होगा। यहाँ पर यह रेखा सूर्य पर्वत पर जाती है इसलिए व्यक्ति कला के क्षेत्र में बहुत प्रसिद्धि पाएगा।

(b) यदि यह शाखा गुरु पर्वत की ओर जाती दिखाई दे तो व्यक्ति जीवन के उस समय जब शाखा निकलती है सामान्य से कहीं अधिक सफलता प्राप्त करता है। चित्र में यह लगभग 29 वर्ष की आयु से निकल रही है।

24. यदि भाग्य रेखा शनि पर्वत को छोड़कर किसी अन्य पर्वत की तरफ स्वयं ही जाती हो, उस पर्वत से सम्बन्धित कार्यक्षेत्र में बहुत बड़ी सफलता प्राप्त होती है।

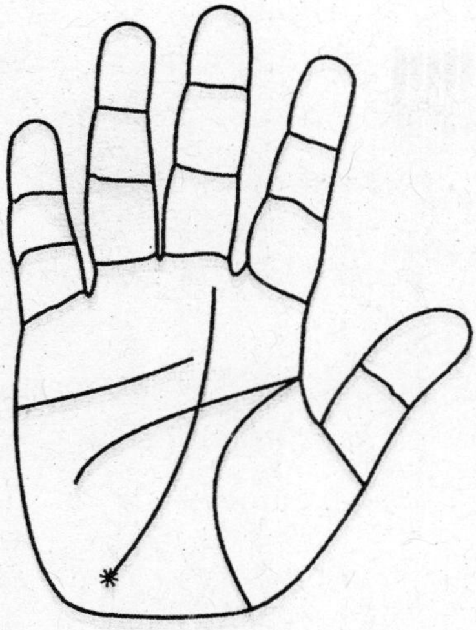

चित्र नं. 18 (a)

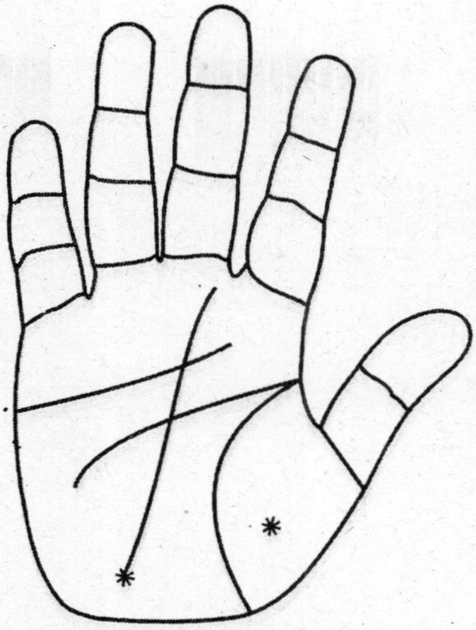

चित्र नं. 18 (b)

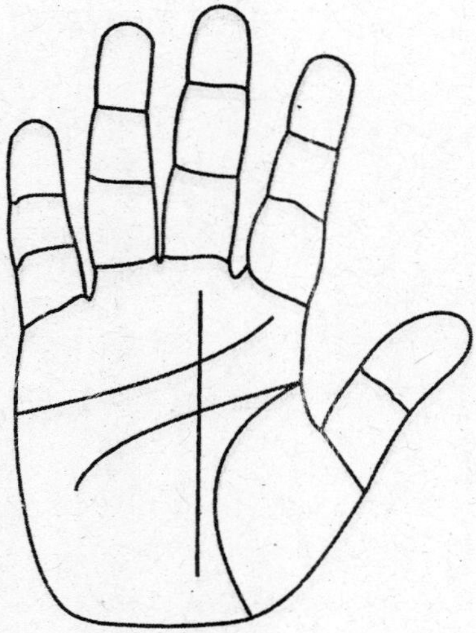

चित्र नं. 19

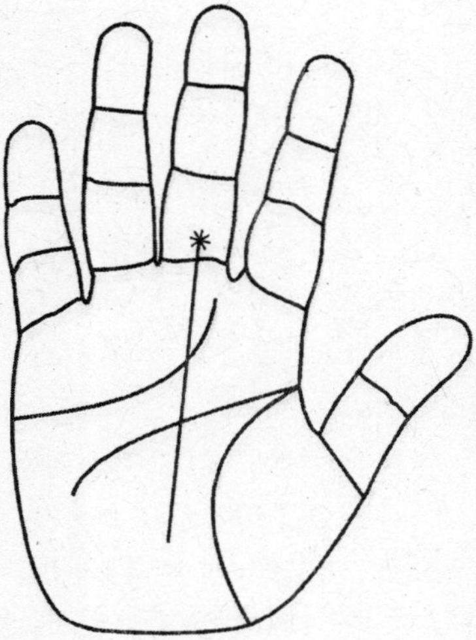

चित्र नं. 20

(a) यदि भाग्य रेखा बुध पर्वत पर जाती हो तो धन सम्बन्धी कार्यों में बड़ी सफलता प्राप्त होती है।

(b) यदि यह रेखा अपना रास्ता बदलते हुए गुरु पर्वत के मध्य जाती हो तो बहुत बड़ी सफलता मिलती है।

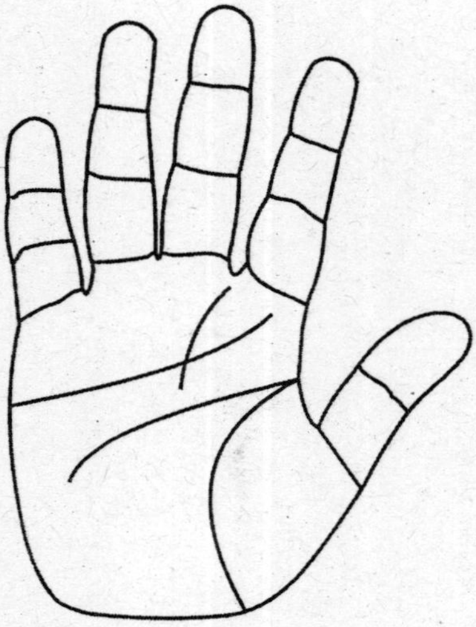

चित्र नं. 21

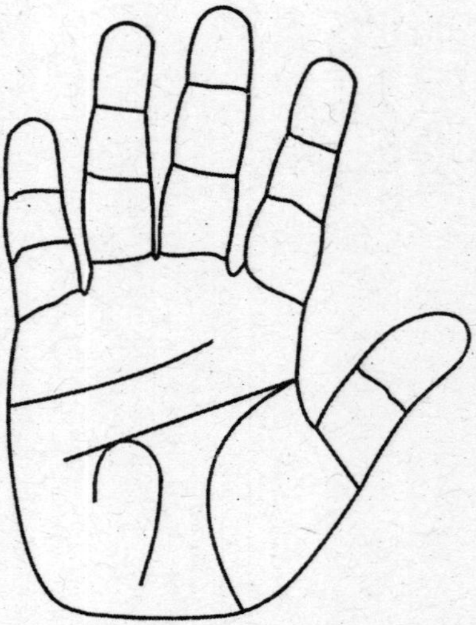

चित्र नं. 22

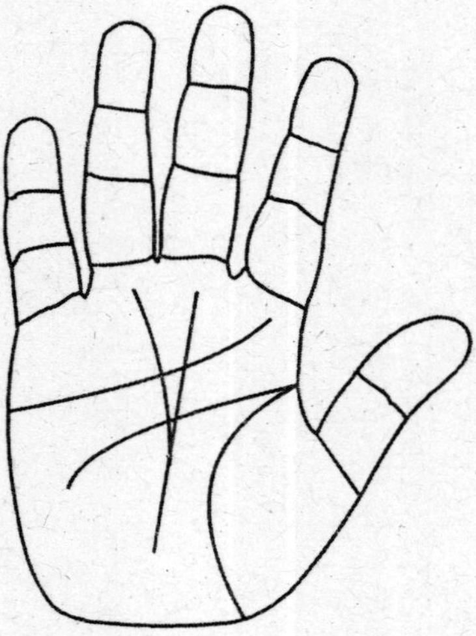

चित्र नं. 23 (a)

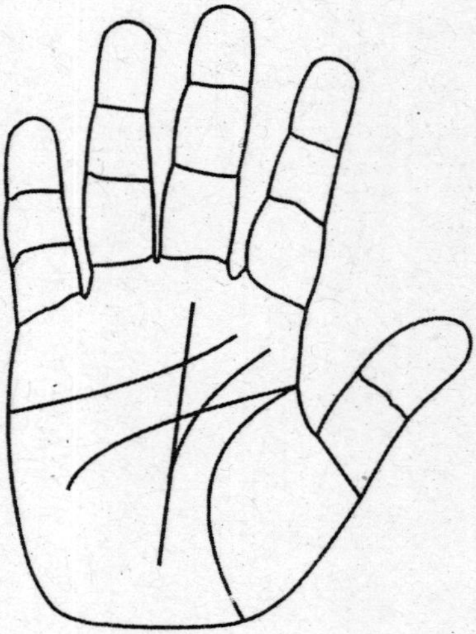

चित्र नं. 23 (b)

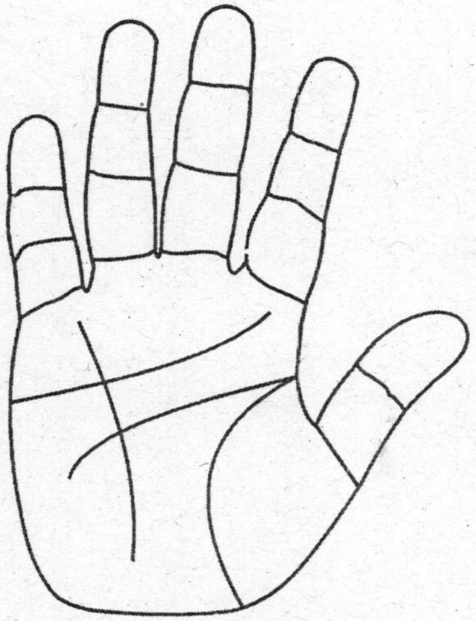

चित्र नं. 24 (a)

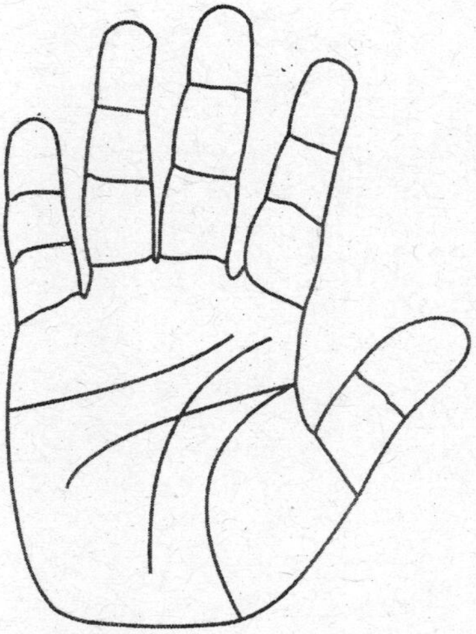

चित्र नं. 24 (b)

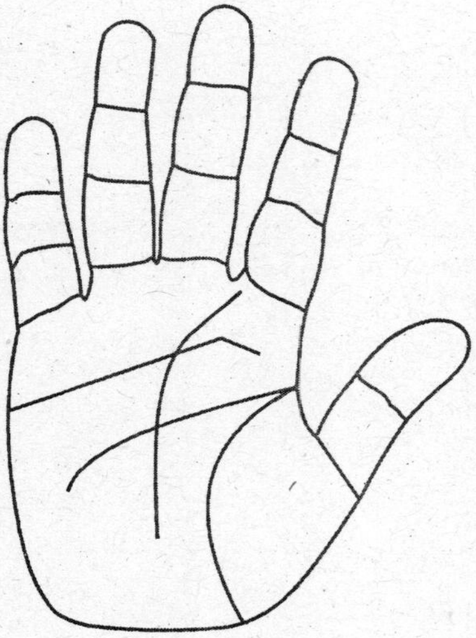

चित्र नं. 25

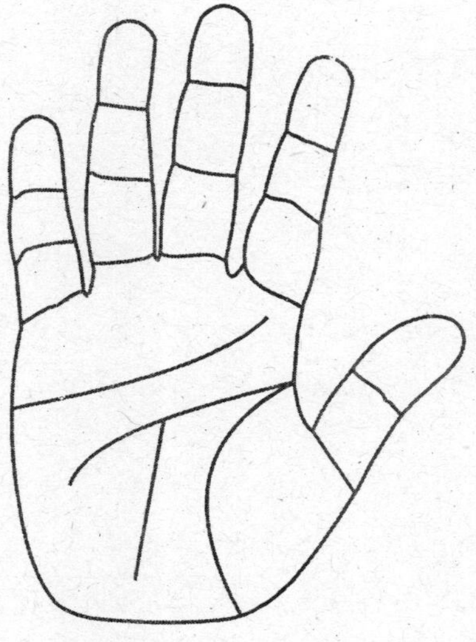

चित्र नं. 26

26. यदि भाग्य रेखा मस्तिष्क रेखा पर आकर रुक जाए तो व्यक्ति अपनी मूर्खता के कारण बर्बाद हो जाएगा।

27. यदि भाग्य रेखा हृदय रेखा पर आकर रुक जाए तो किसी के प्यार में फंसकर जिन्दगी बर्बाद कर लेगा।

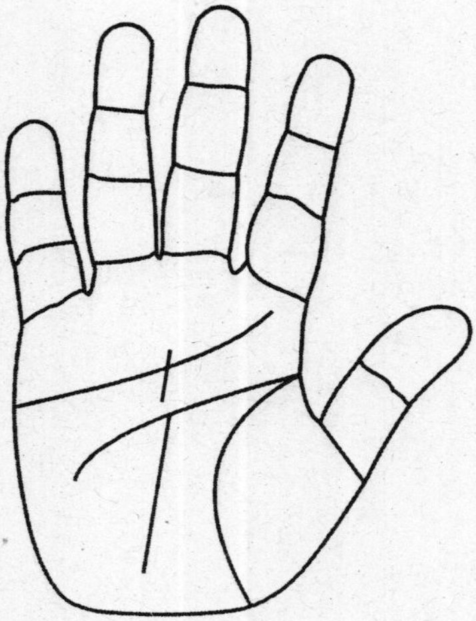

चित्र नं. 27

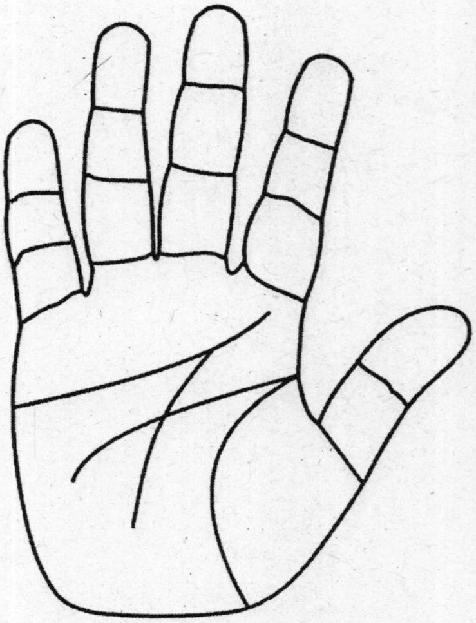

चित्र नं. 28

28. यदि भाग्य रेखा हृदय रेखा से मिलती हो और उसके साथ ही गुरु पर्वत की ओर जाती दिखाई दे तो व्यक्ति की जिन्दगी की बहुत बड़ी इच्छा उसके प्यार द्वारा पूर्ण होगी।

29. यदि हाथ में भाग्य रेखा न हो यह व्यक्ति के कठोर जीवन को बताती है उसे जीवन में कठिनाइयों का सामना करना पड़ेगा। यदि अच्छा हाथ हो तो व्यक्ति अपनी आत्मशक्ति व पक्के इरादे से कठिन जीवन पर विजय पा लेता है अर्थात् कठिनाइयाँ उसके प्रयासों में डूब जाती हैं।

30. यदि भाग्य रेखा में एक रेखा शुक्र पर्वत के नीचे से और दूसरी रेखा चन्द्र पर्वत के नीचे से आकर मिलती दिखाई दे और भाग्य रेखा सामान्य रूप से शनि पर्वत की ओर जाती हो तो व्यक्ति की जिन्दगी एक तरफ तो काल्पनिक सोच व दूसरी तरफ प्यार, मोहब्बत इन दोनों के बीच घूमती रहेगी।

31. यदि एक रेखा शुक्र पर्वत से व दूसरी रेखा चन्द्र पर्वत से आकर भाग्य रेखा को b बिन्दु पर मिलाती हो और भाग्य रेखा सामान्य रूप से शनि पर्वत की ओर जाती हो तो व्यक्ति एक तरफ तो शुक्र पर्वत के सेक्स से प्रभावित रहता है और दूसरी तरफ चन्द्र पर्वत के प्रभाव से साथी बदलता रहता है। यह चिह्न अधिकतर विदेशी औरतों में पाया जाता है, जो प्रतिदिन नई पोशाक के साथ नया साथी बदलती रहती है। भारतवर्ष में ये रेखाएं वेश्याओं के हाथों में अधिकतर पाई जाती है।

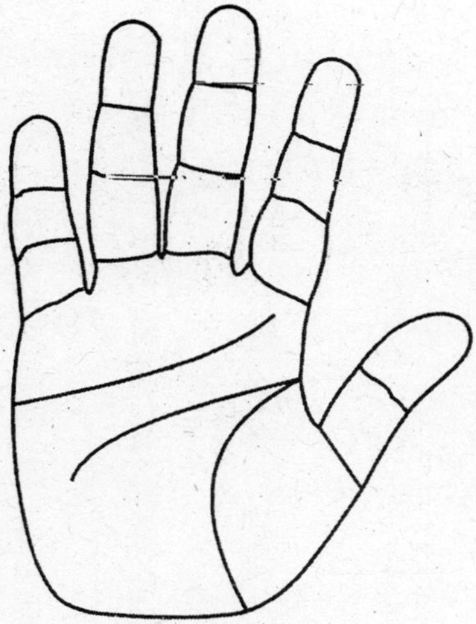

चित्र नं. 29

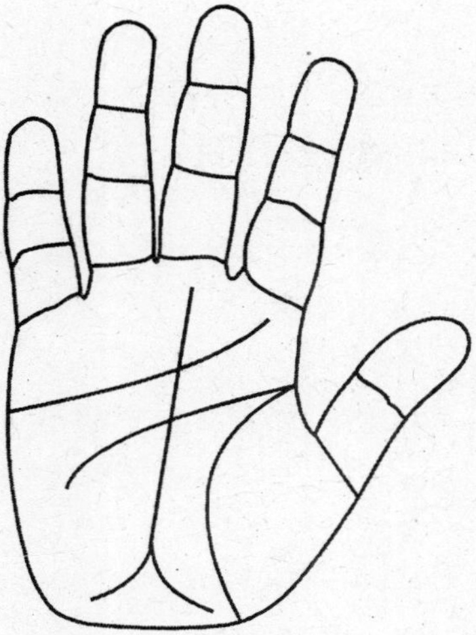

चित्र नं. 30

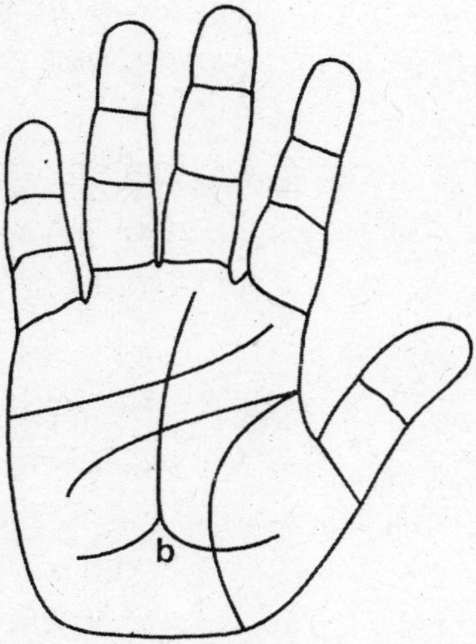

चित्र नं. 31

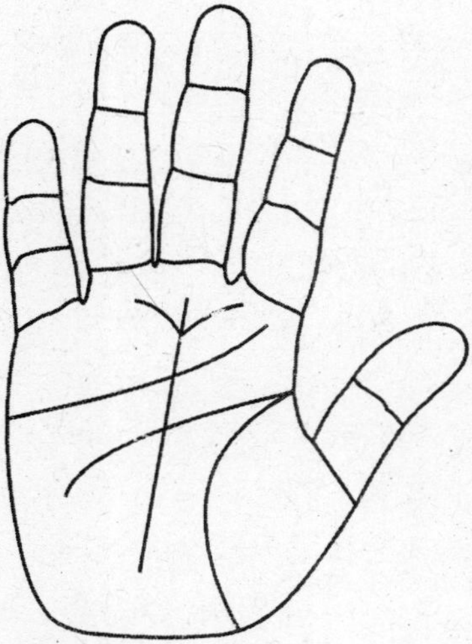

चित्र नं. 32

32. यदि भाग्य रेखा से एक शाखा निकलकर गुरु पर्वत की ओर और दूसरी शाखा सूर्य पर्वत की ओर जाती दिखाई दे तो गुरु पर्वत की ओर जाती शाखा व्यक्ति को सम्मान, ऊंचे पद एवं व्यापार की तरफ ले जाती है और दूसरी शाखा उसको प्रसिद्धि, सफलता व खुशियाँ दिलाती है।

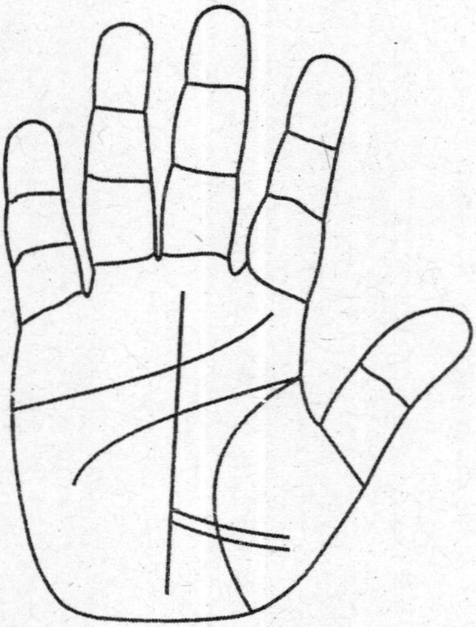

चित्र नं. 33

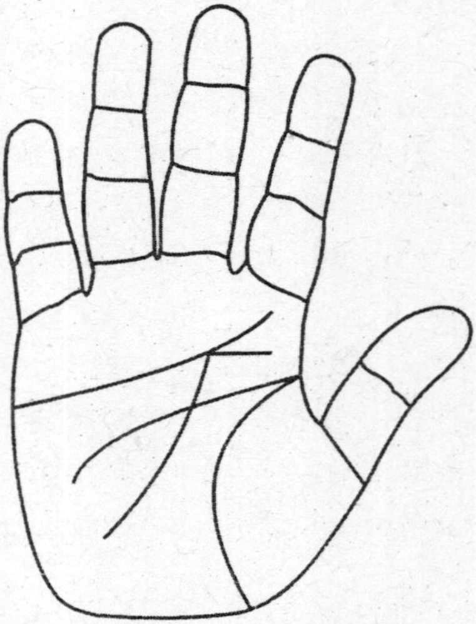

चित्र नं. 34

33. यदि भाग्य रेखा में शुक्र पर्वत से दो रेखाएं आकर मिलती हों तो यह रेखाएं व्यक्ति में जानवरों जैसा सेक्स दर्शाती है, यहाँ पर साथ में समानान्तर रेखा सेक्स को और अधिक उकसाती है और व्यक्ति सेक्स किए बिना नहीं रह पाता।

34. यदि भाग्य रेखा हृदय रेखा को छूती हो और फिर गुरु पर्वत की ओर जाती दिखाई दे तो बहुत शानदार शादी होती है जो व्यक्ति के भाग्य को ही पलट देती है।

35.(a) जब चन्द्र पर्वत से प्रभावित रेखा भाग्य रेखा को आकर मिले तो किसी का साथ मिलना, अधिकतर यह रेखा उस समय शादी को दर्शाती है।

(b) यदि यह रेखा हाथ में ऊपर की तरफ मंगल ऋणात्मक (-ve) से शुरू होकर भाग्य रेखा से मिलती हो तो व्यक्ति में खाली घमण्ड होता है, व्यक्ति अपने आप को ही धोखे में रखता है।

36. यदि प्रभावित रेखा भाग्य रेखा को काटती हो तो भाग्य में हस्तक्षेप एवं अवरोध उत्पन्न करती है ऐसे में अधिकतर साथी से अलग होना, शादी टूटना या सम्बन्ध विच्छेद होता है। दूसरी तरह इस प्रकार समझ सकते हैं कि जिस साथी ने व्यापार में आपको प्रभावित किया था वो ही अब आपके लिए अवरोध उत्पन्न कर रहा है।

37. यदि प्रभावित रेखा भाग्य रेखा से न छुए तो प्यार शादी में तबदील नहीं होता या व्यापार में आने वाला प्रभाव पूरा नहीं होगा पहले ही टूट जाएगा।

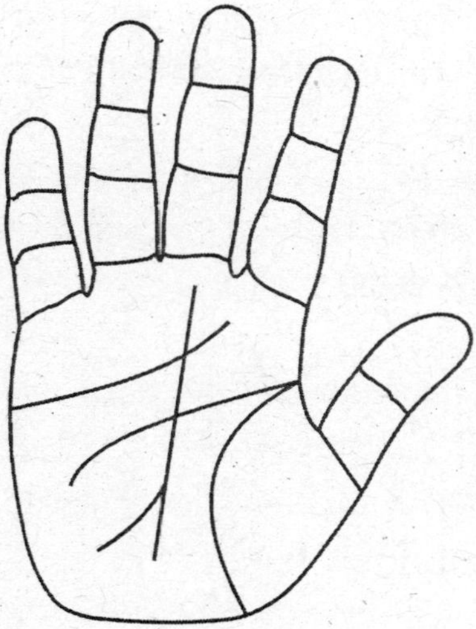

चित्र नं. 35 (a)

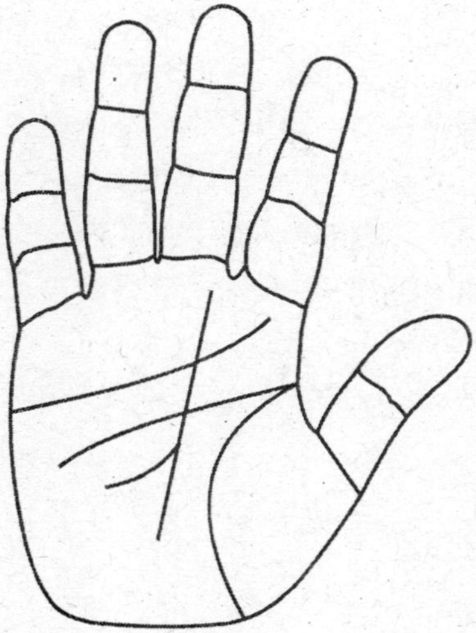

चित्र नं. 35 (b)

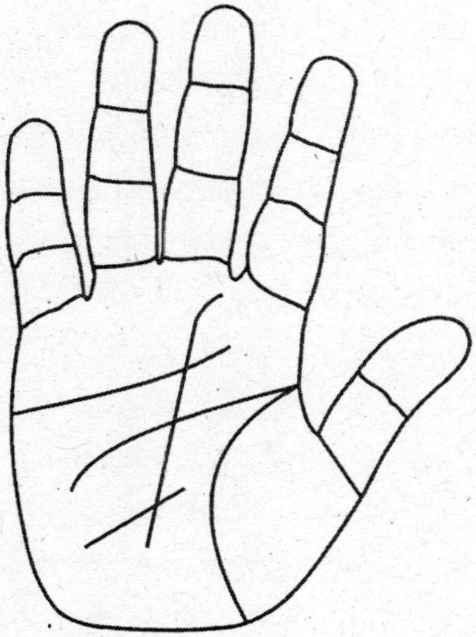

चित्र नं. 36

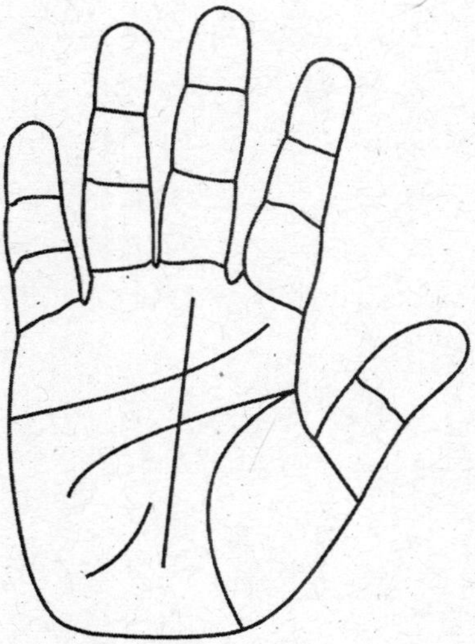

चित्र नं. 37

38. यदि प्रभावित रेखा चन्द्र पर्वत से प्रारम्भ होती हो और भाग्य रेखा के साथ चलती हो तो व्यक्ति की जिन्दगी बाहरी प्रभाव से प्रभावित होगी या व्यापार प्रभावित होगा। जो आगे चलकर व्यापार में हिस्सेदारी या फिर जीवन साथी के रूप में परिवर्तित हो जाएगा।

39. यदि प्रभावित रेखा भाग्य रेखा से मिलती हो और भाग्य रेखा आगे की तरफ टूटी-फूटी हो या फिर रुक जाए तो साथी विश्वासघात करता है या फिर पानी में बह जाने से जान का खतरा होता है।

40. यदि प्रभावित रेखा भाग्य रेखा के समानान्तर जाती दिखाई दे तो यह बहुत महत्त्वपूर्ण होती है और यह और भी अधिक महत्त्वपूर्ण तब हो जाती है जब यह किसी पर्वत की ओर मुड़कर वहां पहुंच जाए।

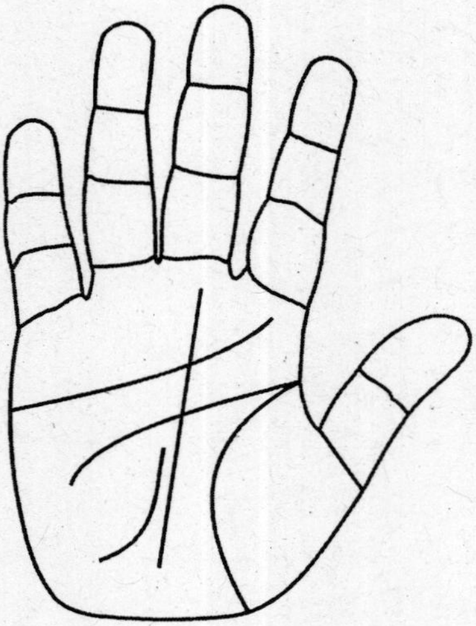

चित्र नं. 38

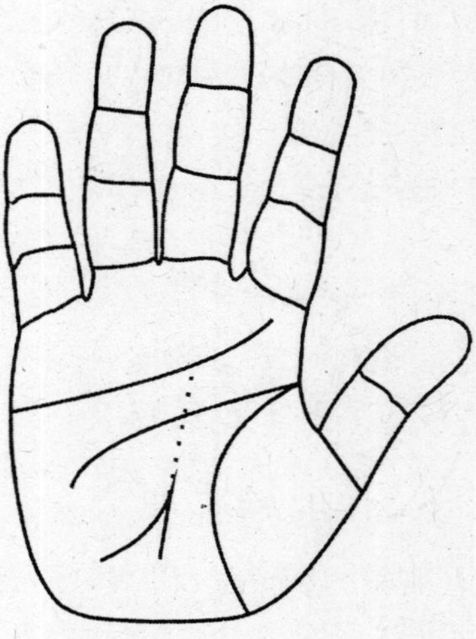

चित्र नं. 39

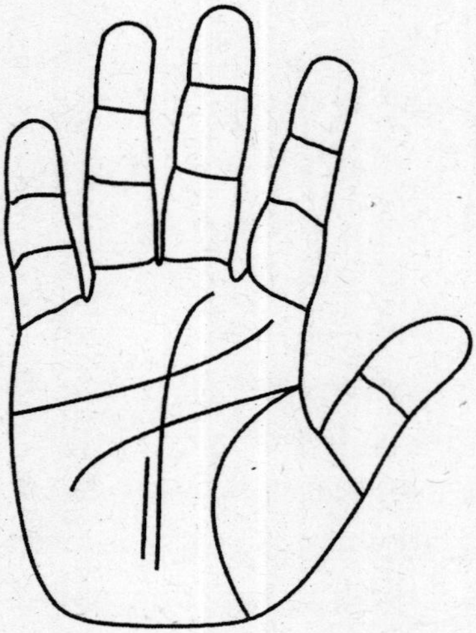

चित्र नं. 40

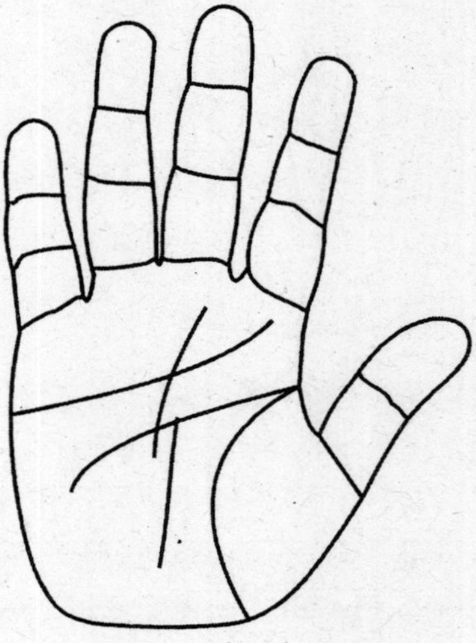

चित्र नं. 41 (a)

41.(a) भाग्य रेखा में बदलाव हो, अर्थात् एक रेखा जहाँ समाप्त हो दूसरी भाग्य रेखा उसके समाप्त होने से पहले ही प्रारम्भ होती हो तो जीवन में परिवर्तन होता है कारोबार बदल जाता है। यह व्यक्ति की अपनी इच्छा अनुसार होता है।

(b) यदि परिवर्तित भाग्य रेखा, गुरु पर्वत की ओर जाती हो तो यह दूसरी

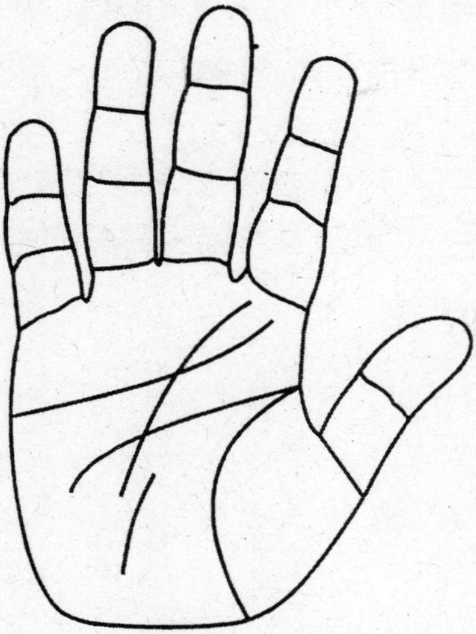

चित्र नं. 41 (a)

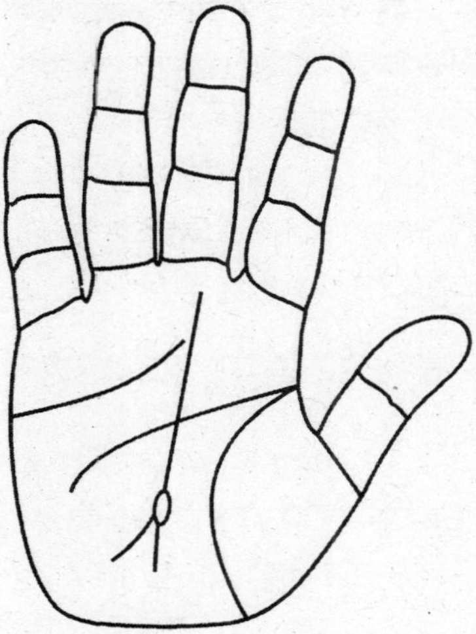

चित्र नं. 42 (a)

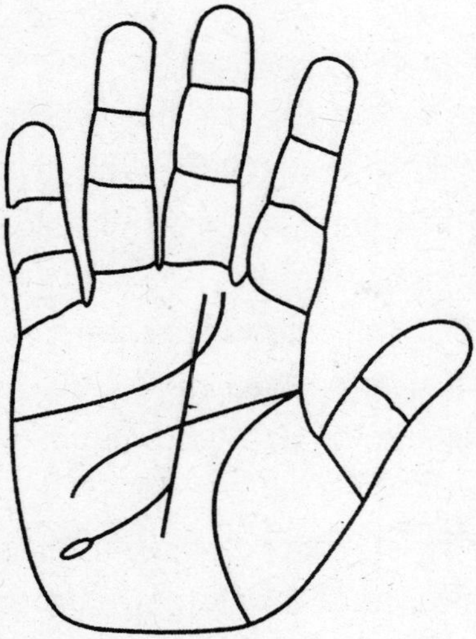

चित्र नं. 42 (b)

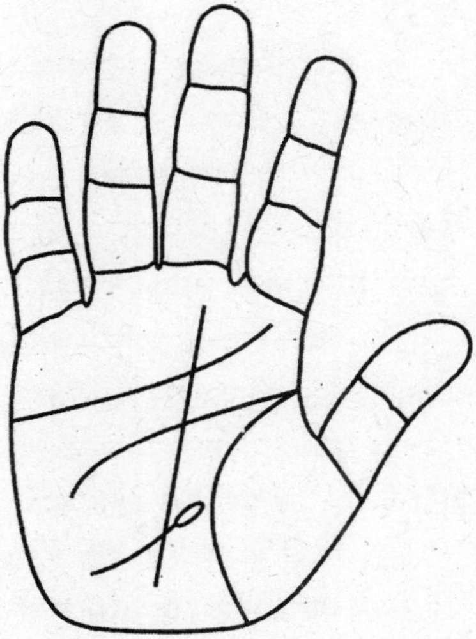

चित्र नं. 42 (c)

शादी, दूसरा कारोबार या फिर आस-पास के वातावरण के पूर्ण बदलाव को बताती है अर्थात् रहने के स्थान में परिवर्तन हो जाता है।

42a. यदि प्रभावित रेखा भाग्य रेखा पर द्वीप में जाकर मिले तो प्रभावित व्यक्ति से जीवन ही बर्बाद हो जाता है।

b. यदि प्रभावित रेखा द्वीप से प्रारम्भ होकर भाग्य रेखा से मिलती हो : व्यक्ति के जीवन पर बुरा प्रभाव पड़ता हैं। कोई गलत व्यक्ति जीवन में प्रवेश कर जाता है।

c. यदि प्रभावित रेखा भाग्य रेखा को काटती हो और काटने के बाद इस पर द्वीप बना हो तो व्यक्ति जो जीवन को प्रभावित कर रहा था स्वयं ही फंस जाता है।

भाग्य रेखा पर बने चिह्न

1. भाग्य रेखा के प्रारम्भ में ही द्वीप बना हो तो व्यक्ति के पैदा होने के साथ कुछ रहस्य छिपा होता है। बच्चा किसी और से पैदा होता है अर्थात् उसकी माँ या बाप कोई और होते हैं।

2. यदि भाग्य रेखा के प्रारम्भ में दो द्वीप बने हों जो आठ के अंक की तरह हों तो ऐसे व्यक्तियों को रात में उठकर चलने की बीमारी होती है।

3. भाग्य रेखा पर द्वीप का होना दुर्भाग्य की निशानी, व्यापार एवं सम्बन्धों की हानि।

4. दो समानान्तर छोटी रेखाएं भाग्य और हृदय रेखा को राहु स्थान पर काटती हो तो दर्द से भरा प्यार व्यक्ति के धन एवं जीवन को बर्बाद कर देगा।

5. दो समानान्तर रेखाएं जो भाग्य और मस्तिष्क रेखा को सूर्य पर्वत के नीचे काटती हो तो जिन्दगी में मेहनत से किए प्रयासों में असफल हो जाने के कारण धन सम्बन्धी परेशानियों से होकर गुजरना पड़ता है।

6. भाग्य रेखा में शनि पर्वत पर तारा व बुध पर्वत पर जाली बनी हो तो भयानक मौत, एनकाउंटर या फिर दुर्घटना से मृत्यु निश्चित है।

7. भाग्य रेखा के मध्य में क्रॉस बना हो तो बहुत ही अजीब-सा परिवर्तन होता है, जीवन एकदम बदल जाता है।

8. गहरी भाग्य रेखा का होना व्यक्ति को जीवनभर उतावला बनाती है।

9. भाग्य रेखा प्रारम्भ में शृंखला अर्थात् चेन जैसी बनी हो तो व्यक्ति का प्रारम्भिक जीवन कष्टमय होता है यह या तो धन के अभाव के कारण या फिर माता-पिता की ख़राब स्थिति के कारण होता है।

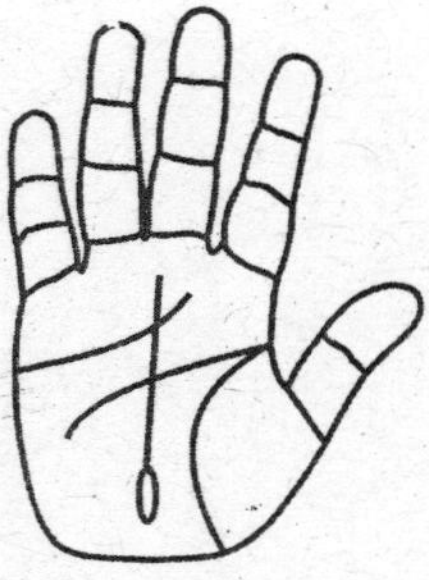

चित्र नं. 1

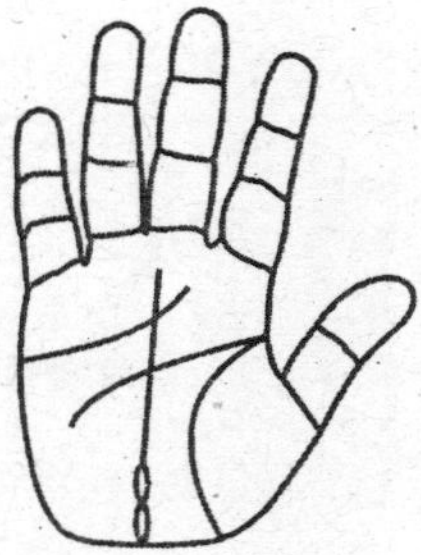

चित्र नं. 2

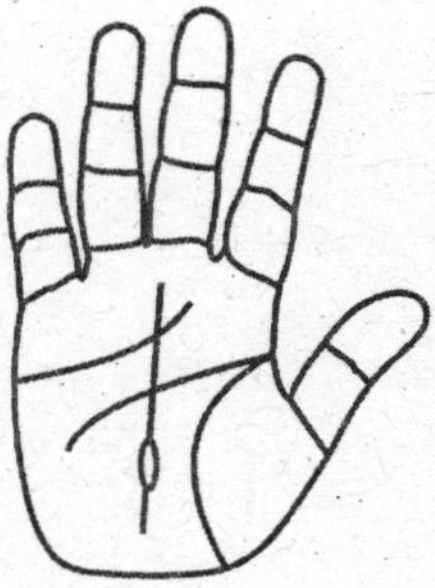

चित्र नं. 3

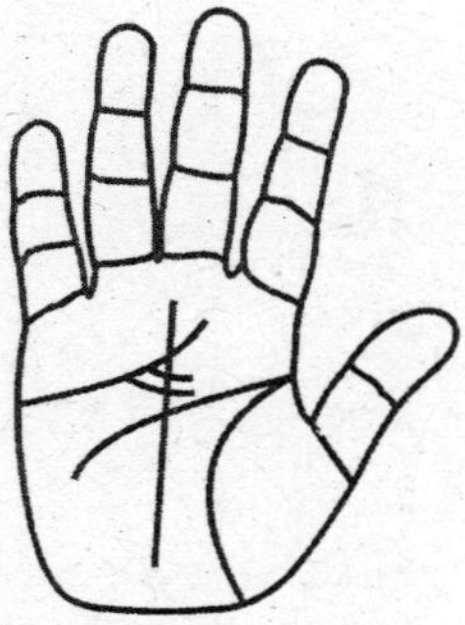

चित्र नं. 4

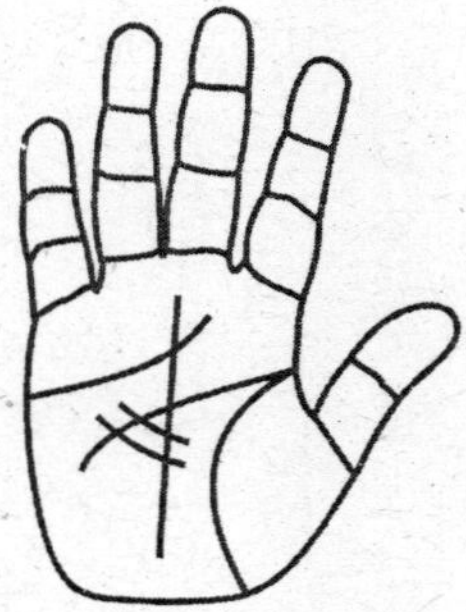

चित्र नं. 5

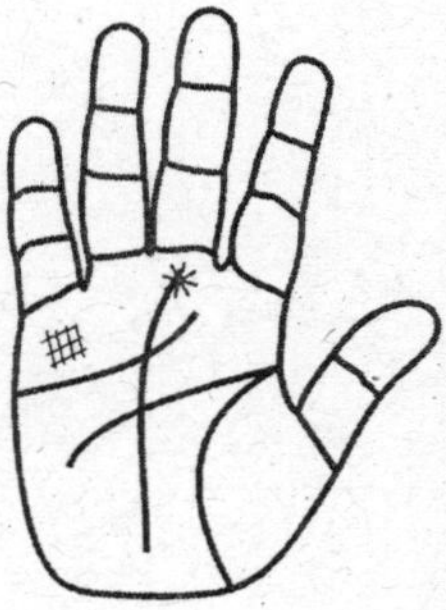

चित्र नं. 6

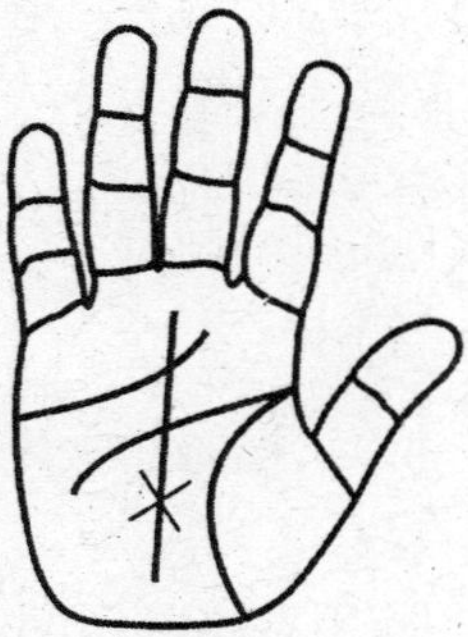

चित्र नं. 7

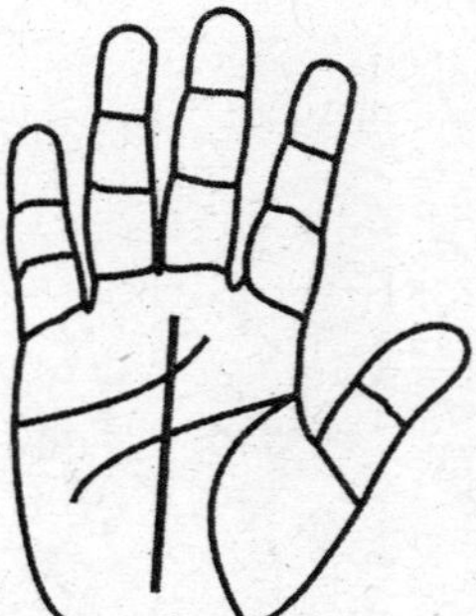

चित्र नं. ८

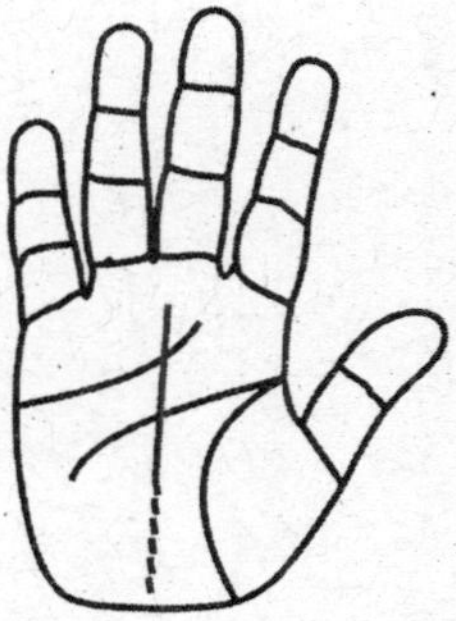

चित्र नं. 9

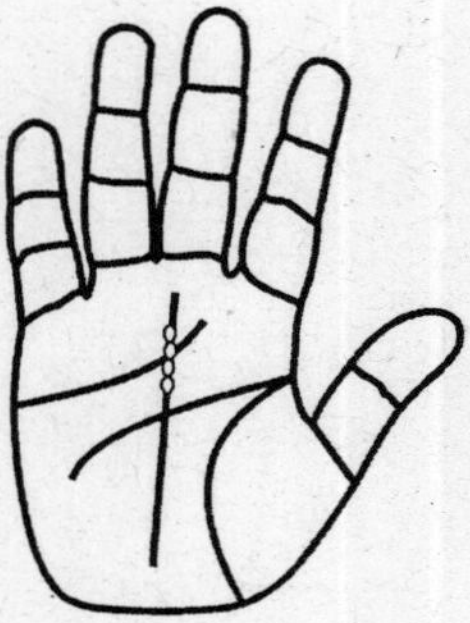

चित्र नं. 10

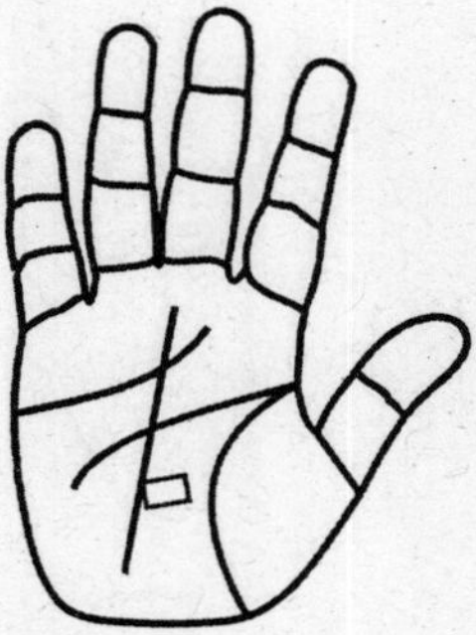

चित्र नं. 11

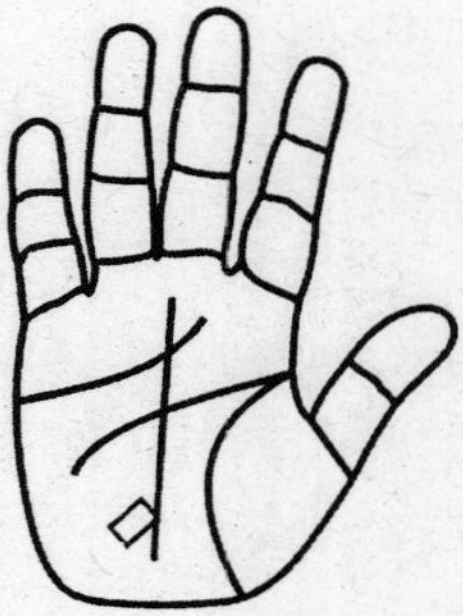

चित्र नं. 12

चित्र नं. 13

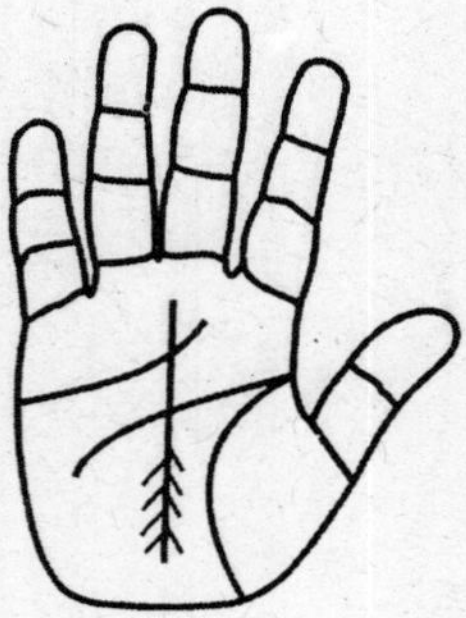

चित्र नं. 14

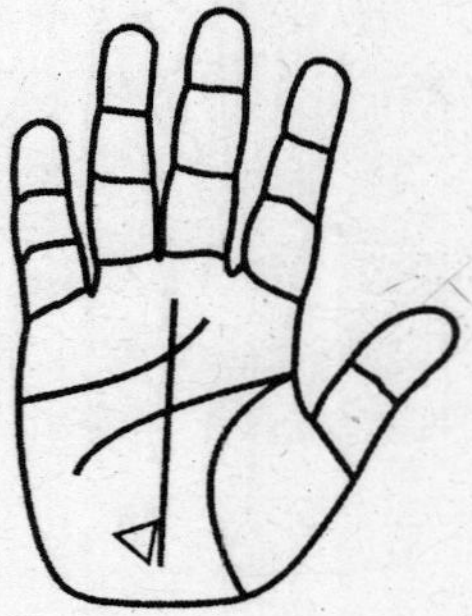

चित्र नं. 15

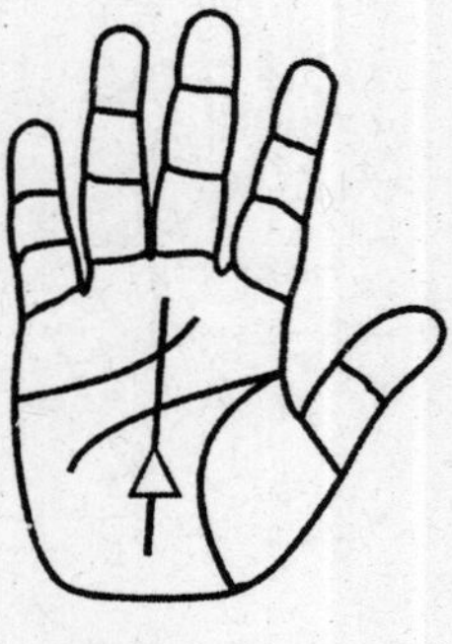

चित्र नं. 16

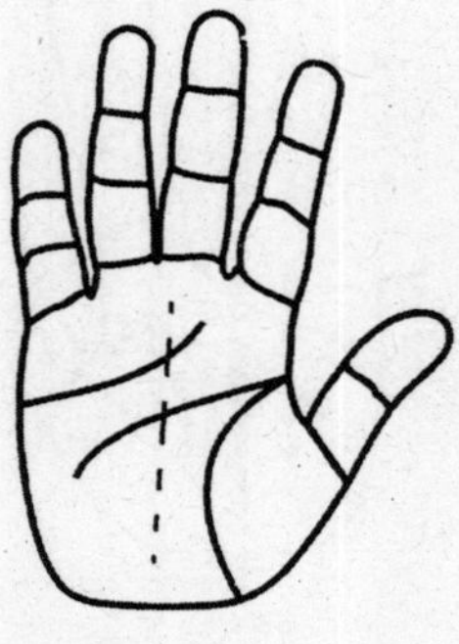

चित्र नं. 17

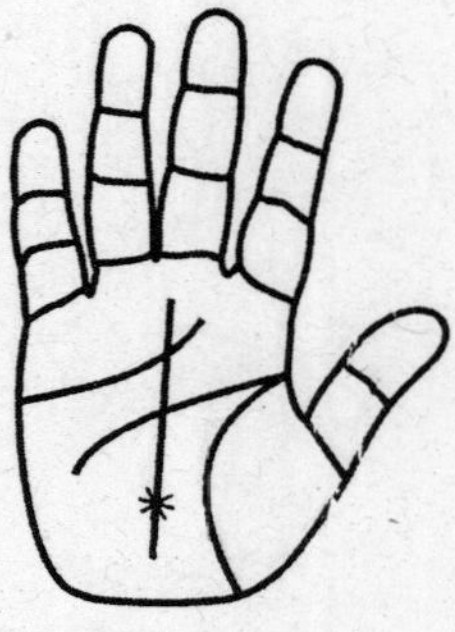

चित्र नं. 18

10. भाग्य रेखा जब हृदय रेखा को छूती हो और उस स्थान पर यदि शृंखला के रूप में बनी हो तो प्यार में संकट बताती है।

11. यदि भाग्य रेखा को एक वर्ग छूता हो तो घरेलू जीवन में किसी दुर्घटना का खतरा।

12. वर्ग का भाग्य रेखा के पास होना यात्रा में दुर्घटना का खतरा।

13. भाग्य रेखा से ऊपर की तरफ शाखाएं निकलती हों तो धीरे-धीरे उन्नति का होना।

14. भाग्य रेखा से नीचे की तरफ शाखाएं निकलती हों तो धन-सम्पत्ति की हानि।

15. भाग्य रेखा पर त्रिभुज का चिह्न सैनिक कार्यवाही में बड़ी सफलता मिलना।

16. यदि भाग्य रेखा के बीच में त्रिभुज बना हो तो नीरस एवं अपरिवर्तनशील जीवन।

17. प्रारम्भ में हाथ के नीचे से यदि भाग्य रेखा टूटी-फूटी या हल्की नजर आती हो तो बिन ब्याहे (Unmarried) माँ-बाप की औलाद।

18. भाग्य रेखा पर तारे का होना बर्बादी की निशानी।

विवाह रेखा

(Marriage Line)

भारतीय शास्त्रों के अनुसार विवाह बिछड़ी हुई दो आत्माओं का मिलन होता है इसलिए हर युग में यह आत्माएं अपने बिछड़े साथी के सम्पर्क में आती हैं और अपना साथ बनाती हैं।

अपने 35 वर्षों के गहन अध्ययन एवं हजारों हाथों का परीक्षण करने के उपरान्त मैंने भी कुछ ऐसा ही देखा है कि विवाहित जोड़े तो कई वर्ष पूर्व ही बन गए होते हैं अर्थात् उनकी आत्माओं का मिलन तो युगों-युगान्तरों से होता है, धरती पर तो उनके इस मिलन की पुष्टि शारीरिक मिलन के रूप में होती है। यही कारण है कि पत्नी का दायां हाथ देखकर उसके पति के बारे में व उसके पति का बायां हाथ देखकर उसकी पत्नी के विषय में बताया जाता है, यदि स्त्री के बाएं हाथ और व्यक्ति के बाएं हाथ की रेखाओं में समानता हो और व्यक्ति के दाएं हाथ व स्त्री के दाएं हाथ की रेखाएं एक सी हों तो दोनों में आपसी प्रेम बहुत अधिक होता है अर्थात् पूर्व आत्माओं का मिलन हो जाता है। प्राचीन काल से सती प्रथा प्रचलित थी जिससे स्त्री अपने पति के देहान्त के साथ ही अपने प्राण त्याग कर अपनी आत्मा को मुक्त कर देती थी जिससे दोनों आत्माओं का मिलन बना रहे अर्थात् वह शारीरिक मिलन को अधिक महत्त्व नहीं देती थी।

लेकिन आज के युग में आत्माओं का मिलन हो या न हो व्यक्ति अपने सेक्स की भूख मिटाने के लिए बहुतों के साथ शारीरिक सम्बन्ध स्थापित करते हैं। विदेशों में तो शादी किए बिना ही लोग एक-दूसरे के साथ रहते हैं यहाँ तक कि बिना शादी उत्पन्न हुए उनके बच्चे भी उनके साथ ही रहते हैं। वहाँ पर कॉन्ट्रैक्ट शादियों का चलन है। व्यक्ति 1, 2, 3, 4, 5 वर्ष तक शादी कॉन्ट्रैक्ट के आधर पर करता है और समय समाप्त होने पर उनके शारीरिक सम्बन्ध टूट जाते हैं। मेरा कहने का यह मतलब है कि विवाह और सेक्स दोनों आपस में इस प्रकार से जुड़े हुए हैं कि इनको पूर्ण रूप से बताना मुश्किल है। कुछ लोगों से पहले शारीरिक सम्बन्ध स्थापित हो जाते हैं इसे सेक्स कहते हैं और बाद मे जब वह मान्यता के रूप में समाज या कोर्ट द्वारा मान्यता प्राप्त कर लेते हैं तो इसे विवाह कहते हैं।

जब हम हाथ देखकर विवाह के बारे में जानकारी देना चाहें तो हमें इन सब बातों पर भली-भांति विचार कर लेना चाहिए। साधारणतया हाथ पर तो केवल एक या दो ही शादी की रेखाएं होती हैं जो व्यक्तियों में आपसी गहरा प्रेम दर्शाती हैं। लेकिन विदेशों में लोग कई विवाह करते हैं पर उतने विवाहों की रेखाएं हाथ पर नहीं होतीं, कहने का अभिप्राय है कि वह अपने सेक्स को ही शादी का रूप देते हैं जो कुछ ही समय बाद समाप्त हो जाता है। इसलिए पाठकों को यहाँ पर यह जानकारी दी जानी आवश्यक है कि शादी के बारे में जानने से पहले उन देशों का सामाजिक वातावरण व नियमों को ध्यान में अवश्य रखें। उदाहरण के तौर पर, आज से 50 वर्ष पूर्व भारत में 12 से 15 वर्ष के बाद ही विवाह हो जाते थे लेकिन कानून बन जाने के बाद 18 से 21 वर्ष से पहले विवाह करना मान्य नहीं है। विदेशों में साधारणतया लोग अधिक आयु में विवाह करते हैं। पहले हमारे देश में एक ही परिवार के कई बच्चे होते थे उस समय ज्योतिष में लड़कों के योगों पर ध्यान दिया जाता था। अब परिवार-नियोजन के कारण अधिकतर दो ही बच्चे देखने को मिलते हैं। इसलिए लड़कों के योग का महत्त्व कम हो गया है। कहने का तात्पर्य है कि विवाह के प्रश्न पर निर्णय लेते समय सभी तथ्यों पर भली-भांति विचार किया जाना आवश्यक है।

विवाह रेखा (Marriage Line) : विवाह की रेखा यानी कि प्यार, मोहब्बत व आपसी सम्बन्धों की रेखा है। ये रेखाएं व्यक्ति के हाथ में बुध पर्वत के ऊपर हृदय रेखा के पास में बनी होती हैं। जो रेखाएं गहरी व लम्बी होती हैं वो आपसी घनिष्ठ प्रेम व जो हल्की और छोटी होती हैं वह अस्थाई सम्बन्धों को दर्शाती हैं। हाथ में हृदय रेखा के जितनी निकट यह होती है, उतनी ही जल्दी उसका विवाह या प्रेम सम्बन्ध स्थापित होते हैं। यदि यह रेखा गहरी हो तो सम्बन्ध विवाह में परिवर्तित हो जाता है। यदि विवाह रेखा पर द्वीप बना हो तो सम्बन्ध विच्छेद हो जाता है, यदि क्रॉस बना हो तो विपरीत लिंग की दुर्घटना से मृत्यु, यदि हृदय रेखा की ओर मुड़ी हुई लम्बी व पतली रेखा हो तो विपरीत लिंग रोग-ग्रस्त रहता है। यदि विवाह रेखा ऊपर उंगलियों की तरफ झुकी या मुड़ी हुई हो तो विवाह नहीं होता, यदि विवाह रेखा लम्बी होकर सूर्य रेखा से जा मिले तो व्यक्ति की शादी किसी बहुत प्रसिद्ध हस्ती से होती है। यदि विवाह रेखा नीचे की तरफ हृदय रेखा को काट दे तो व्यक्ति के वैवाहिक जीवन में अवरोध उत्पन्न होता है उसका सम्बन्ध विच्छेद या फिर विपरीत लिंग की मृत्यु हो जाती है। इसी प्रकार बहुत से ऐसे चिह्न हैं जिन्हें देखकर व्यक्ति के वैवाहिक जीवन की जानकारी प्राप्त की जाती है। आइए इस रेखा को अन्य उदाहरणों की सहायता से चित्रों द्वारा समझें:

विवाह देर से होना (Late marriage)

1. यदि विवाह रेखा दो शाखाओं से प्रारम्भ हो : तो विवाह में देरी का कारण आर्थिक स्थिति, स्वास्थ्य का खराब होना या फिर विदेश में चले जाने के कारण होता है। यह आपसी गहरे प्रेम सम्बन्ध भी बताती है जो पहले किसी

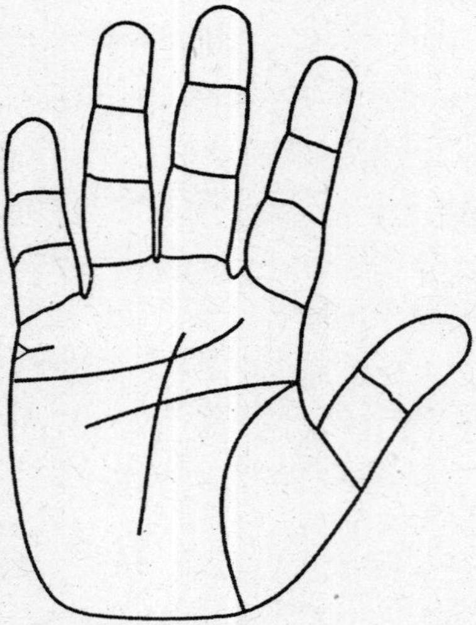

चित्र नं. 1

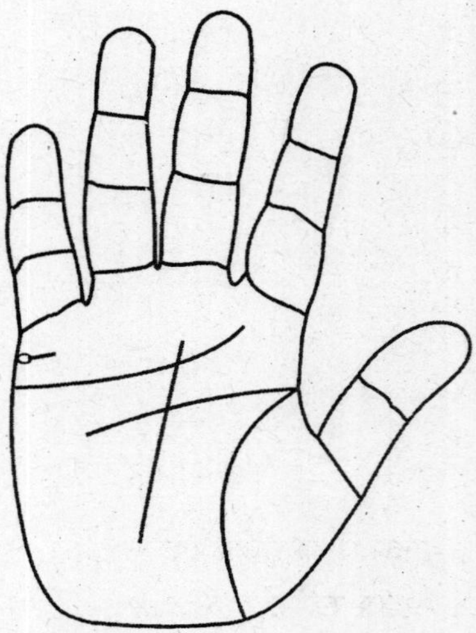

चित्र नं. 2

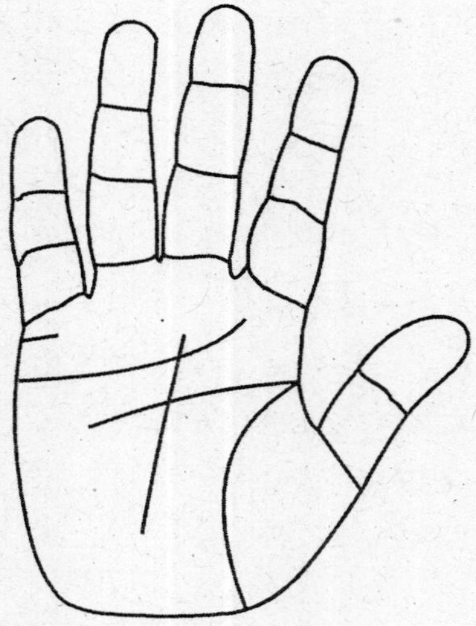

चित्र नं. 3

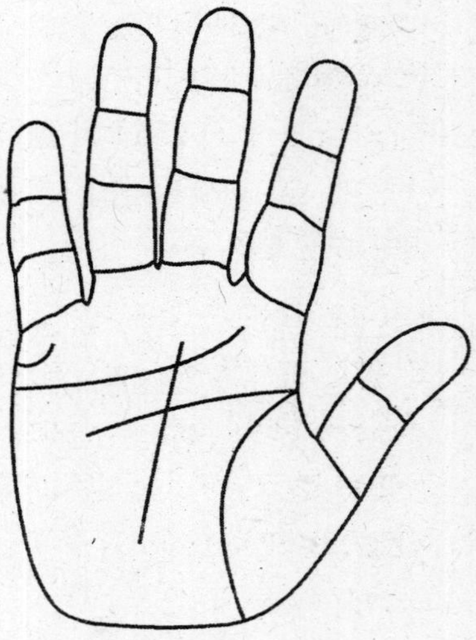

चित्र नं. 4

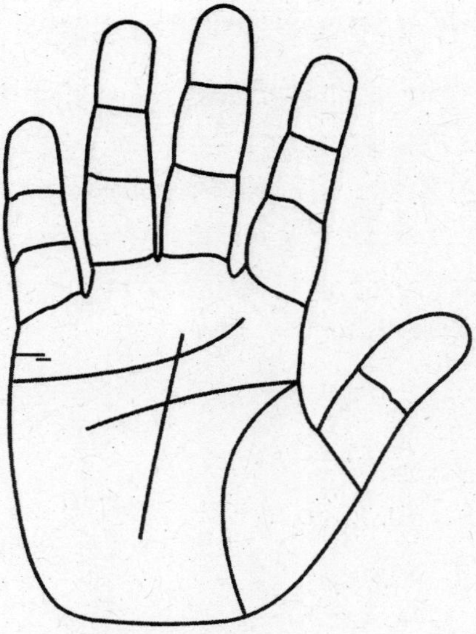

चित्र नं. 5

अवरोध या परेशानियों के कारण विवाह में तबदील नहीं हो सके हों। यदि व्यक्ति अलग रह रहा हो तो इसमें उसकी स्वयं की गलती होती है उसके साथी का इसमें कोई दोष नहीं होता।

2. विवाह रेखा का द्वीप से प्रारम्भ होना, विवाह से पूर्व सम्बन्धों में कड़वाहट बताती है, यह विवाह में विलम्ब या विवाह होते ही अलग हो जाने के संकेत देती है। यदि द्वीप के बाद से रेखा गहरी एवं स्पष्ट दिखाई देती है तो उनके आगे का वैवाहिक जीवन सुखमय हो जाता है।

3. विवाह रेखा जब हृदय रेखा से अधिक दूरी पर हो तो विवाह अधिक आयु में होता है।

4. विवाह रेखा जब ऊपर की तरफ बुध या सूर्य पर्वत की ओर मुड़ी हो तो ऐसे व्यक्ति विवाह नहीं करते।

5. विवाह रेखा के नीचे यदि छोटी समानान्तर रेखा, विवाह रेखा के साथ बनी हो तो व्यक्ति ने पहले जो शादी का प्रस्ताव ठुकरा दिया हो, पुनः उसी के साथ लगभग तीन माह में विवाह हो जाता है।

सफल विवाह (Successful marriage)

1. चन्द्र पर्वत से आती हुई गहरी रेखा जब भाग्य रेखा से मिलती है और विवाह रेखा भी साफ-सुथरी शुभ बनी हो तो अच्छे घराने में विवाह होता है।

2. जब चन्द्र पर्वत से रेखा a बिन्दु से प्रारम्भ हो, भाग्य रेखा के पास b बिन्दु तक पहुंचे फिर भाग्य रेखा के समानान्तर चलती हुई c बिन्दु तक पहुंचे ऐसे विवाह के बारे में निश्चित तौर पर नहीं बताया जा सकता क्योंकि इस प्रकार विवाह में वास्तविक प्रेम तो कम लेकिन विवाह बड़ी धूम-धम के साथ होता है।

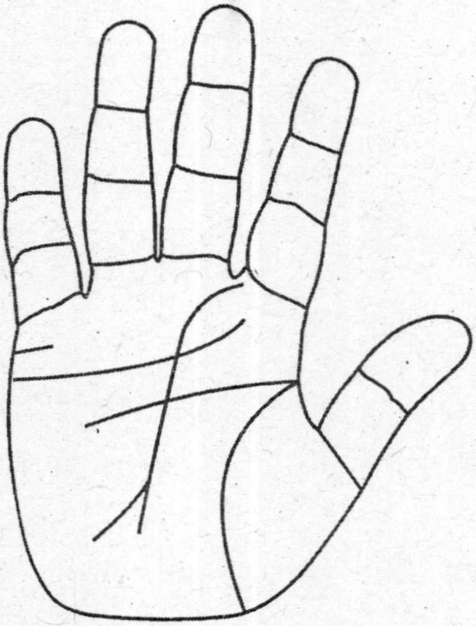

चित्र नं. 1

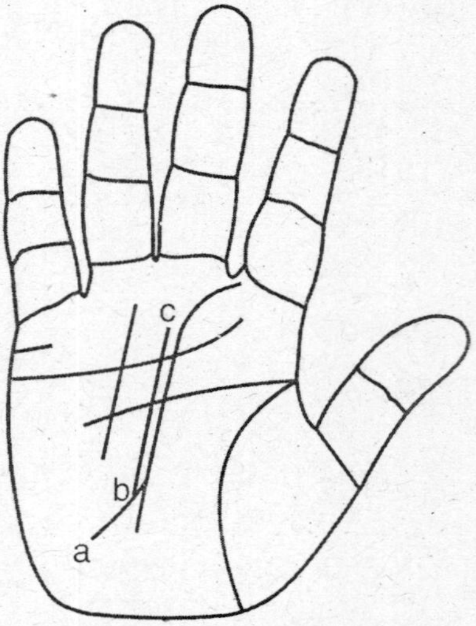

चित्र नं. 2

इस विवाह को हम इस प्रकार भी समझ सकते हैं कि पुरुष/स्त्री के जीवन में किसी अमीर या प्रसिद्ध स्त्री/पुरुष का प्रभाव तब तक बना रहेगा जब तक यह रेखा भाग्य रेखा के समानान्तर चलती रहेगी।

3. यदि चन्द्र पर्वत से रेखा a-b भाग्य रेखा में आकर मिले और यह रेखा भाग्य रेखा से अधिक गहरी हो तो व्यक्ति का जिनके साथ विवाह होना है उसका प्रभाव व्यक्ति पर अधिक पड़ता है।

4.(a) यदि कोई रेखा आयु रेखा से K बिन्दु से प्रारम्भ होकर भाग्य रेखा की तरफ L बिन्दु तक जाए तब और वहाँ से भाग्य रेखा के समानान्तर शनि पर्वत की ओर चलती हुई M बिन्दु तक पहुंचे तो व्यक्ति के जीवन में धन, दौलत व समृद्धि उसके अपने पक्के इरादे व मेहनत से प्राप्त होती है।

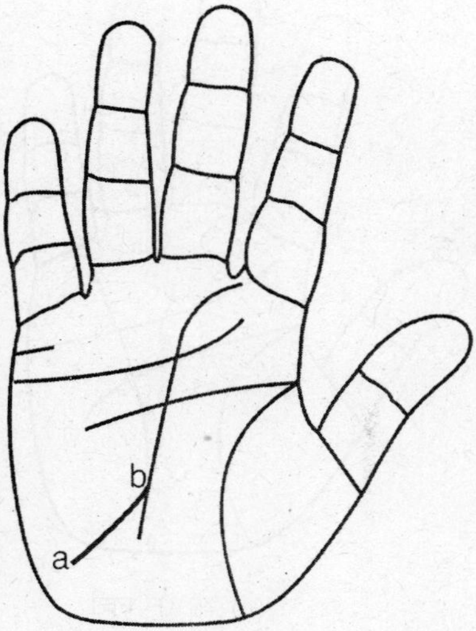

चित्र नं. 3

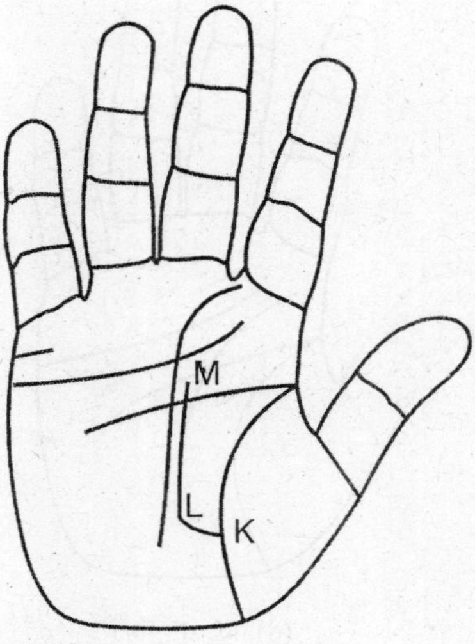

चित्र नं. 4 (a)

(b) भाग्य रेखा के साथ-साथ प्रभावित रेखा का समानान्तर चलना, शुभ एवं खुशहाल विवाह बताती है।

5. जब विवाह रेखा बहुत लम्बी हो और सूर्य रेखा अर्थात् प्रसिद्धि रेखा से जाकर मिलती हो तो शादी किसी बहुत जानी-मानी प्रसिद्ध हस्ती के साथ होती है।

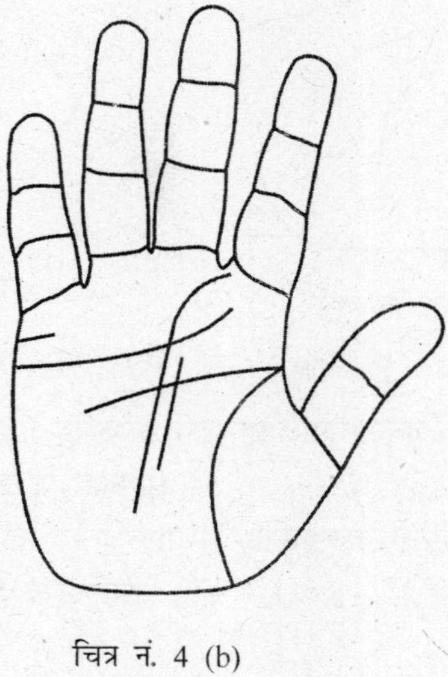

चित्र नं. 4 (b)

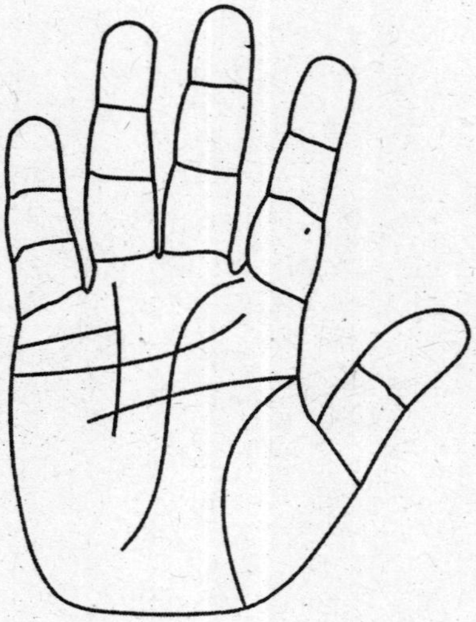

चित्र नं. 5 (a)

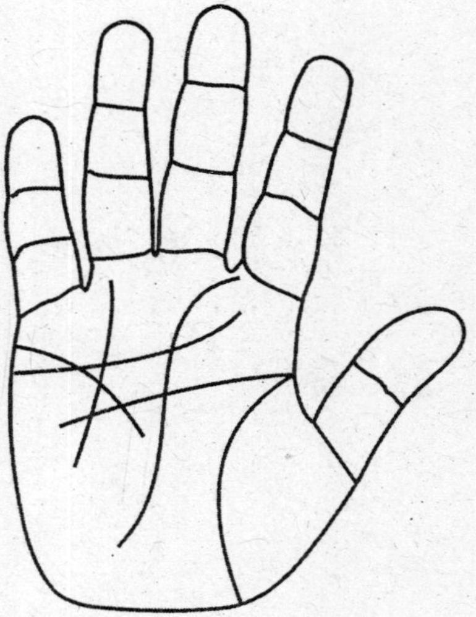

चित्र नं. 5 (b)

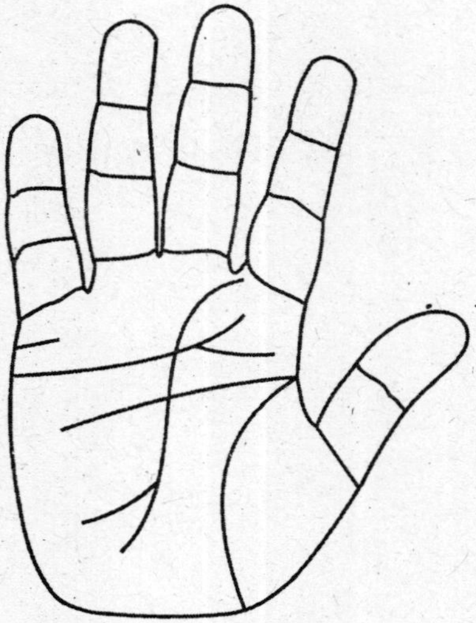

चित्र नं. 6 (a)

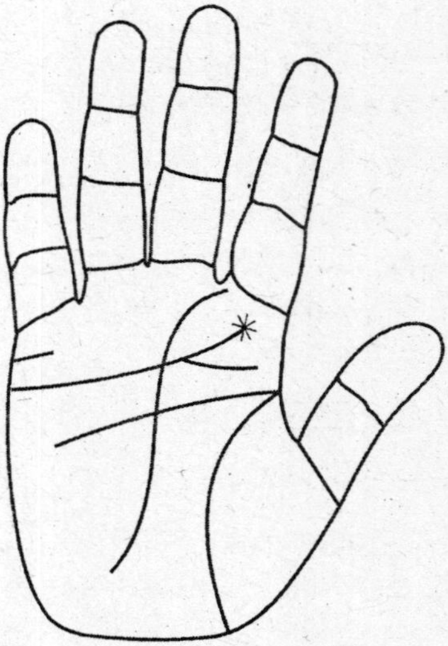

चित्र नं. 6 (b)

6.(a) जब प्रभावित रेखा चन्द्र पर्वत से प्रारम्भ होकर भाग्य रेखा से आकर मिलती हो और हृदय रेखा से शाखा निकलकर गुरु पर्वत पर पहुंचती हो तो व्यक्ति अपनी शादी से बहुत संतुष्ट होता है।

(b) हाथ पर भाग्य रेखा व विवाह रेखा शुभ बनी हो, हृदय रेखा तारे पर

समाप्त होती हो व हृदय रेखा से शाखा निकलकर गुरु पर्वत पर जाती हो तो शानदार और सफल विवाह होता है।

7. प्रभावित रेखा भाग्य रेखा से मिलती हो, भाग्य रेखा व विवाह रेखा शुभ बनी हो, गुरु पर्वत पर तारे व क्रॉस का चिह्न बना हो और एक रेखा आयु रेखा से निकलकर गुरु पर्वत पर जाती है तो व्यक्ति को विवाह उपरान्त प्रतिष्ठा एवं सम्मान भी प्राप्त होता है।

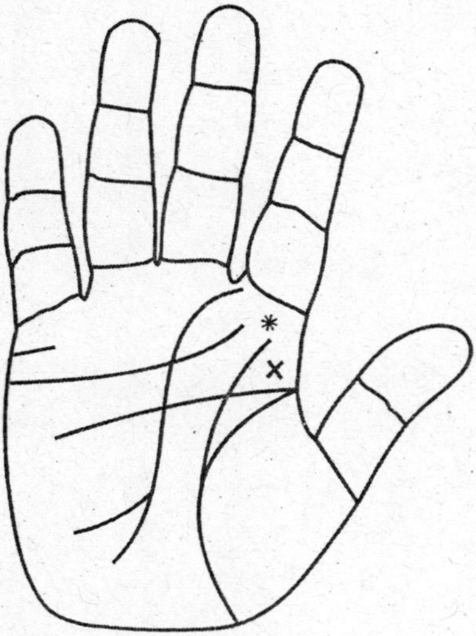

चित्र नं. 7

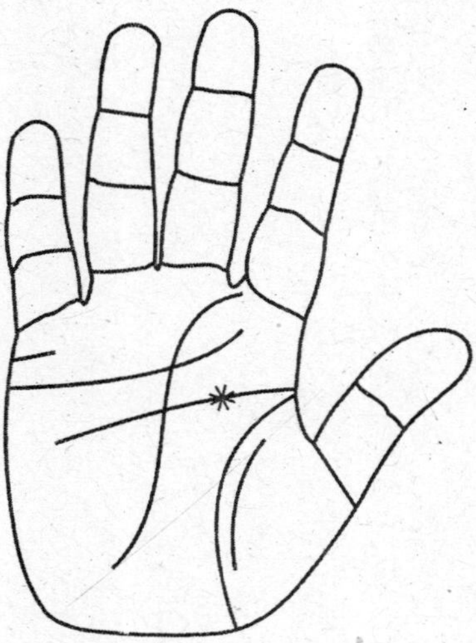

चित्र नं. 8

8. आयु रेखा के अन्दर की तरफ प्रभावित रेखा मंगल पर्वत से प्रारम्भ होकर आयु रेखा के समानान्तर चलती हुई विकसित शुक्र पर्वत तक पहुंचती हो और मस्तिष्क रेखा पर तारे का चिह्न हो तो सफल और सम्मानित विवाह होता है।

वैवाहिक समस्याएँ (Marriage troubles)

1. जब विवाह की रेखा ऊपर की तरफ मुड़ी हो तो ऐसे व्यक्ति विवाह नहीं करते।

2. यदि विवाह रेखा तो ठीक बनी हो पर इस पर से छोटी-छोटी शाखाएं निकल कर हृदय रेखा की ओर जाती हों तो जिस व्यक्ति के साथ विवाह होता है उसके रोग एवं स्वास्थ्य में परेशानी रहती है।

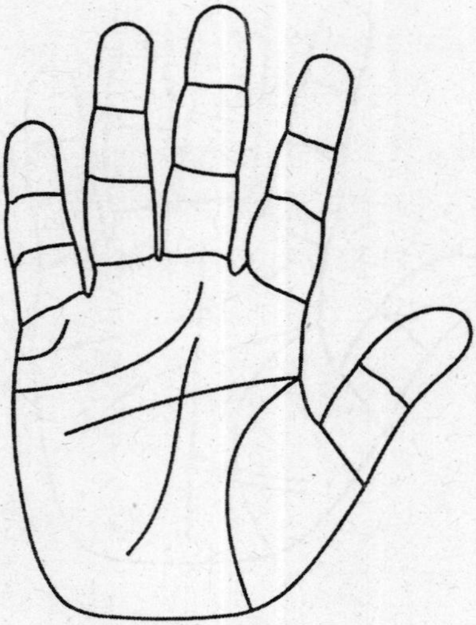

चित्र नं. 1

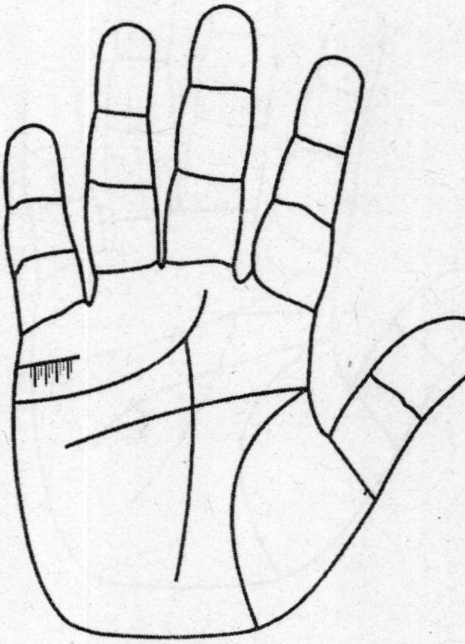

चित्र नं. 2

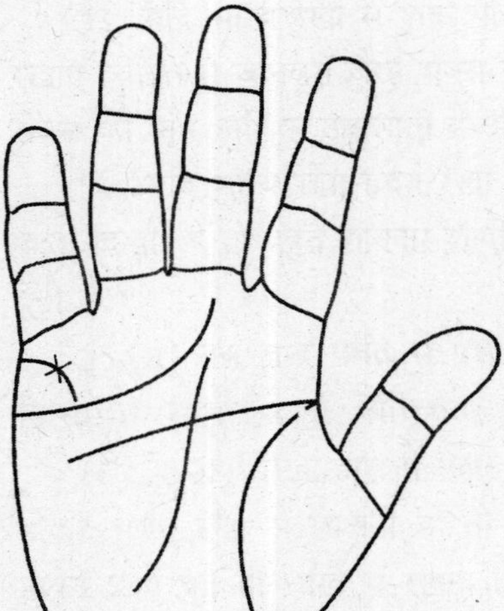

चित्र नं. 3

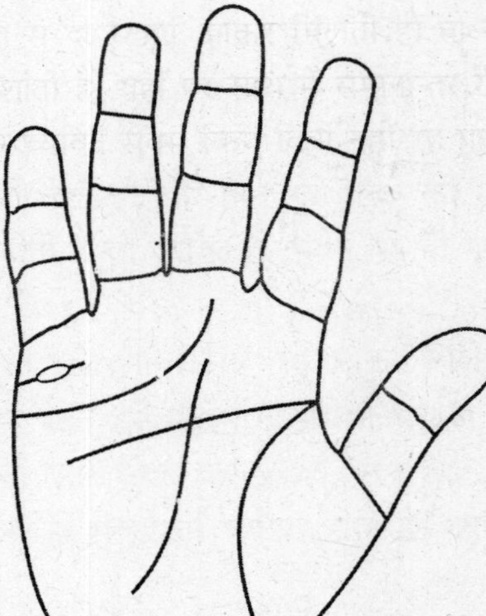

चित्र नं. 4

3. यदि विवाह रेखा नीचे की तरफ मुड़कर हृदय रेखा की तरफ जाती हो और इस पर क्रॉस का चिह्न बना हो तो यह रेखा दर्शाती है कि जिस व्यक्ति के साथ विवाह हुआ है उसकी दुर्घटना या बीमारी से अकस्मात मृत्यु होगी। यदि रेखा लम्बी हो और कम ढलान से नीचे से हृदय रेखा की ओर जाती हो तो जिस व्यक्ति से विवाह होता है उसकी मौत लम्बी बीमारी से होती है।

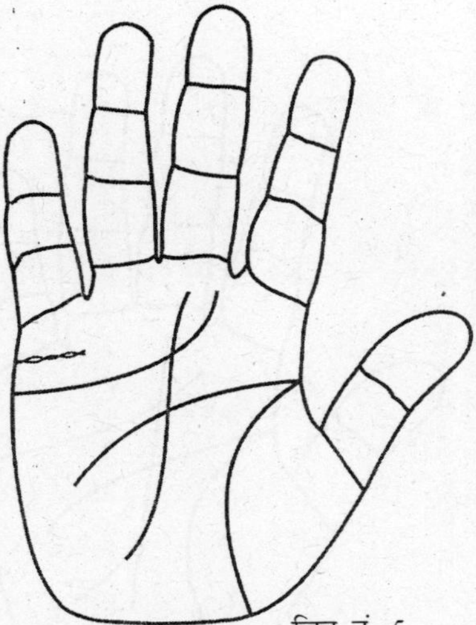

चित्र नं. 5

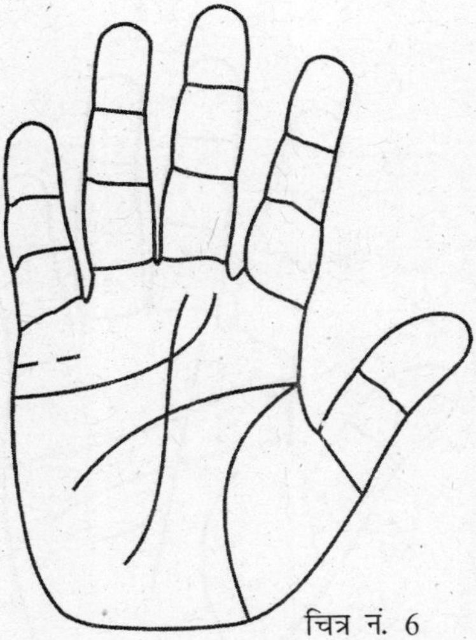

चित्र नं. 6

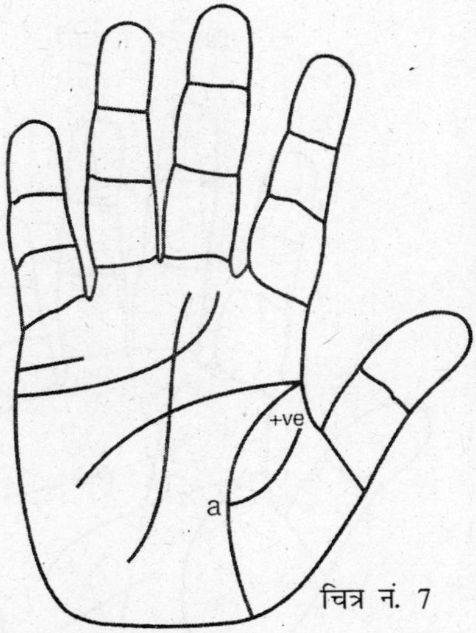

चित्र नं. 7

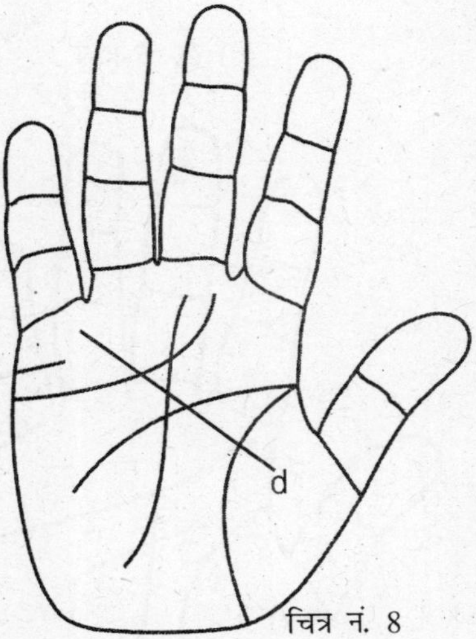

चित्र नं. 8

4. यदि विवाह रेखा पर द्वीप बना हो तो यह बड़ा दुर्भाग्य पूर्ण चिह्न है। ये वैवाहिक जीवन में भयंकर कष्ट देता है। पति-पत्नी को आपस में नहीं रहने देता, उन्हें अलग-अलग रहना पड़ता है। यदि द्वीप के बाद में यह रेखा शुभ बनी हुई दिखाई दे तो दोनों पुनः इकट्ठे हो जाते हैं उनमें आपसी सम्बन्ध सुधर जाते हैं।

5. यदि विवाह रेखा पर छोटे-छोटे द्वीप, यह शृंखला की तरह बनी हो या इसमें से छोटी-छोटी रेखाएं निकलती दिखाई दें तो ये रेखाएं व्यक्तियों को

चेतावनी देती हैं कि उन्हें कभी शादी नहीं करनी चाहिए, उनका वैवाहिक जीवन बहुत कष्टमय होगा।

6. यदि शादी की रेखा दो भागों में विभाजित होती हो तो अकस्मात वैवाहिक बन्धन टूटना।

7. आयु रेखा के भीतर मंगल पर्वत से रेखा प्रारम्भ होकर आयु रेखा को a बिन्दु पर मिलती हो तो स्त्री के हाथ में यह रेखा बताती है कि उसकी

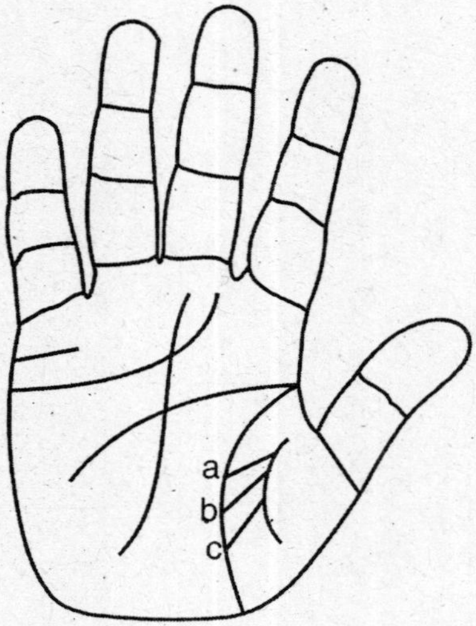

चित्र नं. 9

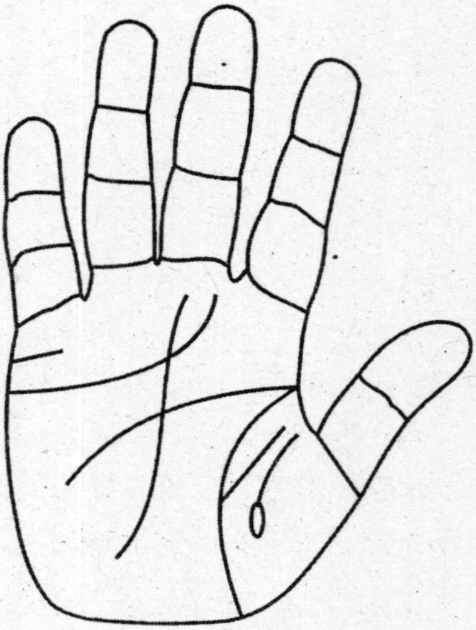

चित्र नं. 10

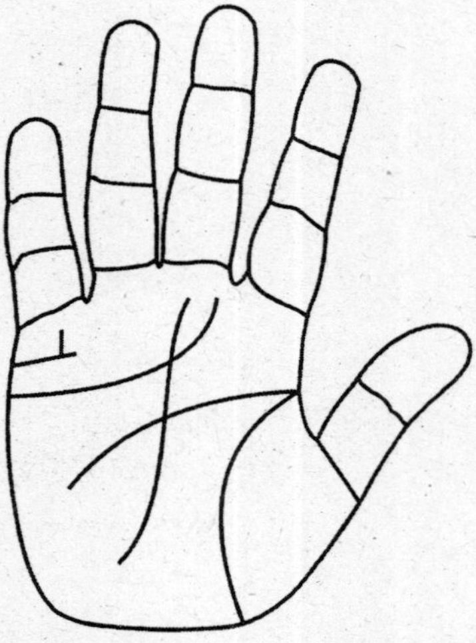

चित्र नं. 11

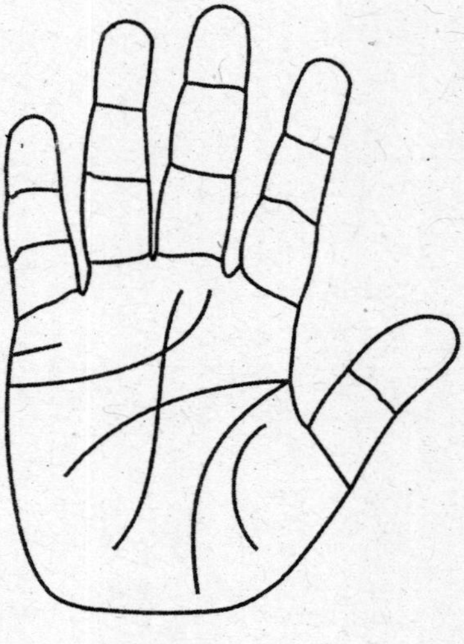

चित्र नं. 12

शुरुआती जिन्दगी में गलत व्यक्ति से सम्बन्ध जुड़ जाने के कारण उसका वैवाहिक जीवन कष्टमय रहा।

8. यदि कोई रेखा आयु रेखा के भीतर शुक्र पर्वत पर d बिन्दु से प्रारम्भ होती है और आयु, मस्तिष्क, भाग्य एवं हृदय रेखा को काटती हुई बुध पर्वत तक पहुंच जाती है तो यह रेखा व्यक्ति के वैवाहिक जीवन एवं सम्बन्ध में बाहरी हस्तक्षेप बनाती है।

9. यदि आयु रेखा के भीतर मंगल पर्वत से प्रभावित रेखा निकलकर आयु रेखा के समानान्तर बनी हुई हो और उस पर से थोड़े-थोड़े अन्तराल के बाद रेखाएं निकलकर आयु रेखा पर बिन्दु a, b, c पर टकराती हो तो स्त्री का पति दुष्ट स्वभाव का होता है। उसके साथ मार-पीट करता है व जानवरों जैसा व्यवहार करता है। a यहां पर मार-पीट की तो वह घर छोड़ कर चली गई। पुनः वापिस आने पर कुछ समय ठीक निकला फिर इसी प्रकार की घटना थोड़े-थोड़े अन्तराल के बाद बिन्दु b व c पर हुई।

10. आयु रेखा के भीतर यदि मंगल पर्वत से प्रभावित रेखा निकलकर आयु रेखा से मिलती हो और एक दूसरी प्रभावित रेखा उस पर्वत में निकलकर द्वीप पर समाप्त होती हो तो व्यक्ति के जीवन में पड़ने वाला प्रभाव दुःखों में बदल जाएगा। यह उसके साथ किसी बड़े काण्ड होने के कारण होगा।

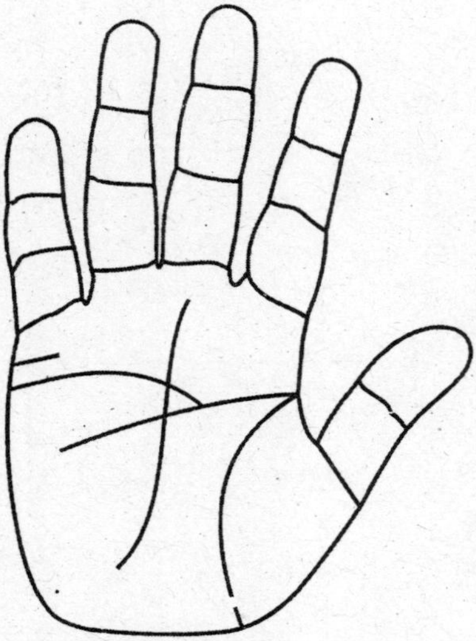

चित्र नं. 13

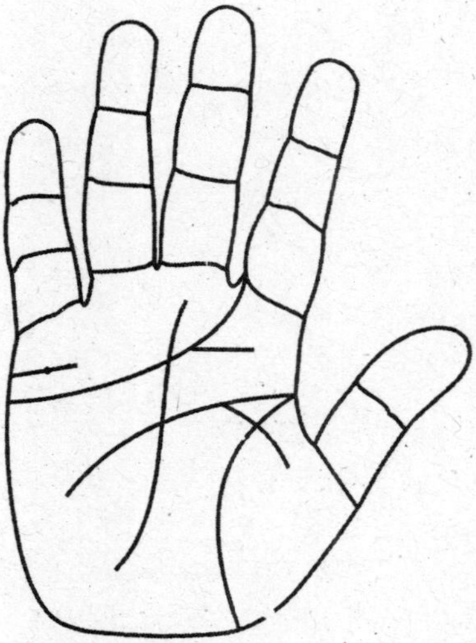

चित्र नं. 14

11. यदि विवाह रेखा पर एक गहरी छोटी रेखा आकर टकराती हो तो विवाह में बड़े अवरोध एवं समस्याएं आती हैं।

12. यदि आयु रेखा के भीतर मंगल पर्वत से प्रभावित रेखा आयु रेखा के साथ चलती हुई, धीरे-धीरे दूर होती चली जाए तो जिस व्यक्ति के साथ विवाह होगा उसका प्रभाव धीरे-धीरे कम होता चला जाएगा अर्थात् उसके प्रति उसका प्रेम एवं सहानुभूति कम होती चली जाएगी और वह उसकी जिन्दगी से दूर चला जाएगा।

13. यदि हृदय रेखा, मस्तिष्क रेखा को शनि पर्वत के नीचे मिलती हो तो विवाह के प्रारम्भिक दिनों में वैवाहिक जीवन सुखदायक नहीं होता।

14. आयु रेखा के भीतर से मंगल पर्वत से रेखा निकलकर मस्तिष्क रेखा से टकराती हो और हृदय रेखा से एक रेखा निकलकर गुरु पर्वत पर जाती हो तो मस्तिष्क रेखा से टकराने वाली रेखा वैवाहिक जीवन में लड़ाई-झगड़ों का कारण बताती है वो झगड़े उस समय की परिस्थितियों के कारण हों, उनके स्वयं के कारण हों या फिर माँ-बाप के हस्तक्षेप के कारण, उन्हें तो एक-दूसरे से

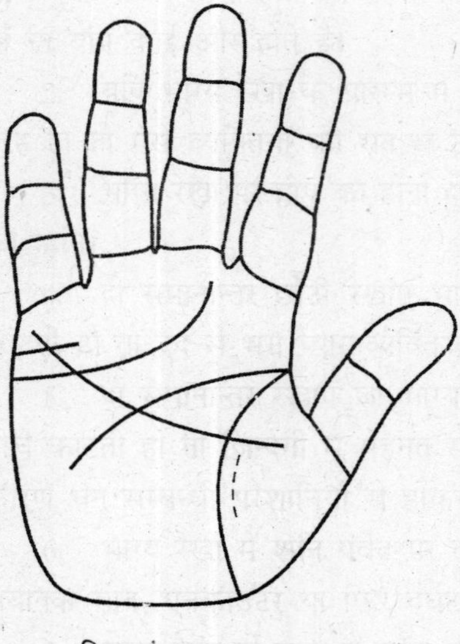

चित्र नं. 1

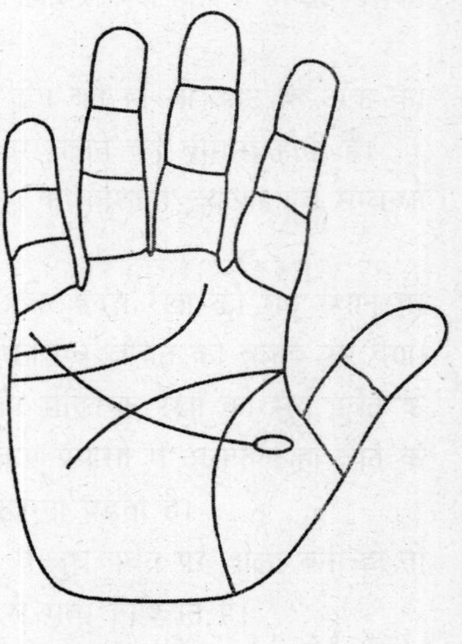

चित्र नं. 2

अलग रहना पड़ता है। लेकिन हृदय रेखा से गुरु पर्वत पर जाती रेखा उन दोनों को पुनः आपस में मिला देती है।

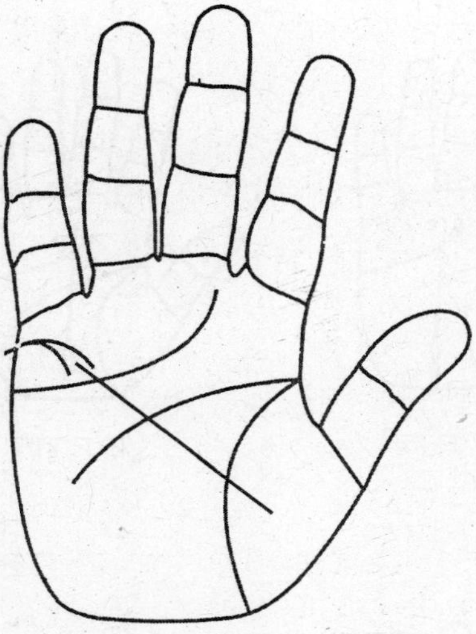

चित्र नं. 3

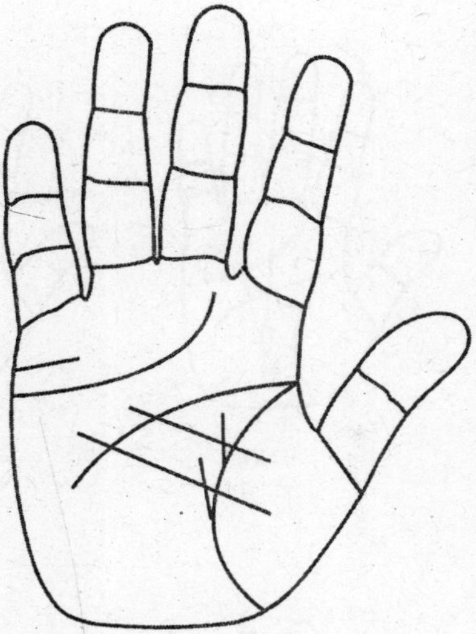

चित्र नं. 4

विवाह विच्छेद (Divorce)

1. जब आयु रेखा के भीतर मंगल (+ve) से रेखा निकलकर विवाह रेखा को काटती हो तो यह रेखा सम्बन्ध विच्छेद बताती है।

2. यदि मंगल (+ve) से प्रारम्भ रेखा जो विवाह रेखा को काटती हो। यदि, इसके प्रारम्भिक स्थान पर द्वीप बना हो तो जो व्यक्ति सम्बन्धों में समस्या पैदा करता है वह स्वयं ही किसी समस्या या काण्ड में फंस जाता या जाती है।

3. विवाह रेखा जब नीचे हृदय रेखा की ओर दो शाखाओं में जाती दिखाई दे तो सम्बन्ध विच्छेद बताती है। यदि शुक्र पर्वत से एक रेखा निकलकर इस शाखा वाली रेखा से मिलती है तो विच्छेद की पुष्टि हो जाती है।

4. आयु रेखा के अन्दर से रेखा निकलकर जब मस्तिष्क रेखा को काटती है तो बताती है कि विपरीत लिंग से दिमागी परेशानी पैदा हो रही है। यदि आयु रेखा से कोई रेखा ऊपर की ओर निकलकर इस रेखा को काट दे तो विवाह विच्छेद होने से दिमागी परेशानी समाप्त हो जाती है। चित्र में यह रेखा दो बार दिखाई गई है इसलिए ऐसी घटना दो बार होगी।

5. जब आयु रेखा के अन्दर शुक्र पर्वत से कोई रेखा निकलकर सीधी शनि पर्वत की ओर जाती दिखाई दे व आयु रेखा से ऊपर की ओर आती रेखा इसे काट दे और विवाह रेखा टूटी हुई हो तो विवाह विच्छेद होता है।

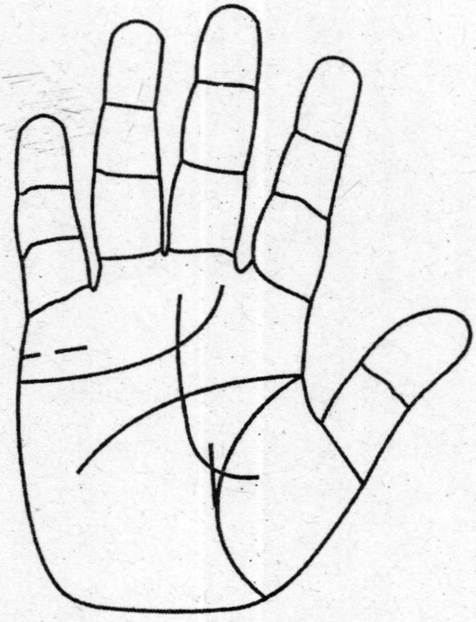

चित्र नं. 5

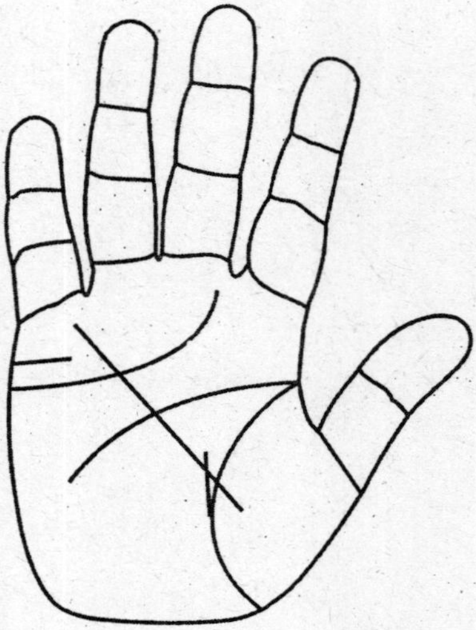

चित्र नं. 6

चित्र नं. 7

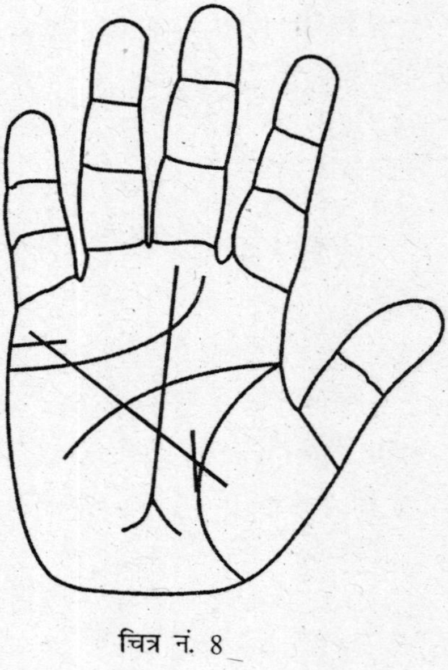

चित्र नं. 8

6. शुक्र पर्वत से रेखा निकलकर बुध पर्वत तक पहुंचती हो और आयु रेखा से एक रेखा ऊपर निकलकर इसे काटती हो तो सम्बन्ध विच्छेद हो जाता है।

7. शुक्र पर्वत से एक रेखा ऊपर की ओर उठती हुई जब हथेली के बीच से निकलकर विवाह रेखा को काटती है और हथेली के बीच इस रेखा पर द्वीप

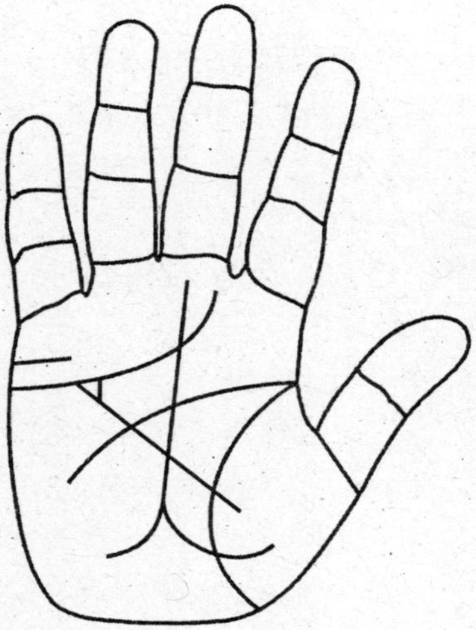

चित्र नं. 9

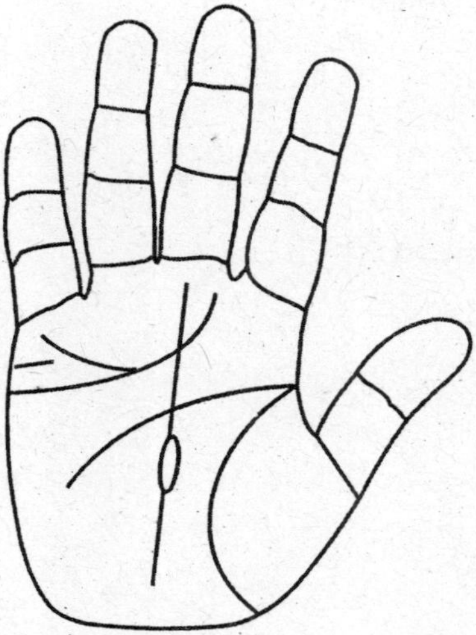

चित्र नं. 10

बना हो तो विवाह विच्छेद चाहने वाला व्यक्ति स्वयं ही किसी बड़ी समस्या में फंस जाता/जाती है।

8. भाग्य रेखा प्रारम्भ में दो शाखाओं से निकलती हो और शुक्र पर्वत से रेखा निकलकर विवाह रेखा को काटती हो और स्वयं आयु रेखा में ऊपर की ओर आती रेखा इसे काटती हो तो सम्बन्ध विच्छेद अर्थात् तलाक होता है।

9. एक रेखा चन्द्र पर्वत से व दूसरी रेखा शुक्र पर्वत से निकलकर भाग्य रेखा से मिलती हो : तो बताती है कि बहुत ही कामुक स्त्री या पुरुष शीघ्रता से अपने साथी बदलते रहते हैं। यदि शुक्र पर्वत से एक रेखा निकलकर हृदय रेखा को काटती हो तो सम्बन्ध विच्छेद। यदि एक शाखा इस काटने वाली रेखा से निकलकर हृदय रेखा में मिलती हो तो दूसरा विवाह होता है।

10. भाग्य रेखा पर द्वीप बना हो और हृदय रेखा से एक शाखा निकलकर बुध पर्वत पर जाती हो तो सम्बन्ध विच्छेद या साथी की मृत्यु होती है।

प्रेम विवाह और सेक्स सम्बन्ध

1. हृदय रेखा से शाखाएं निकलकर गुरु पर्वत को जाती हों तो यह दिल की उमंग को और बढ़ा देती है।

2. यदि हृदय रेखा गुरु पर्वत तक जाती हो तो ऐसे लोगों में वास्तविक प्रेम होता है जिसके साथ उनका विवाह होता है वह श्रेष्ठ, प्रसिद्ध व कम प्रेमी

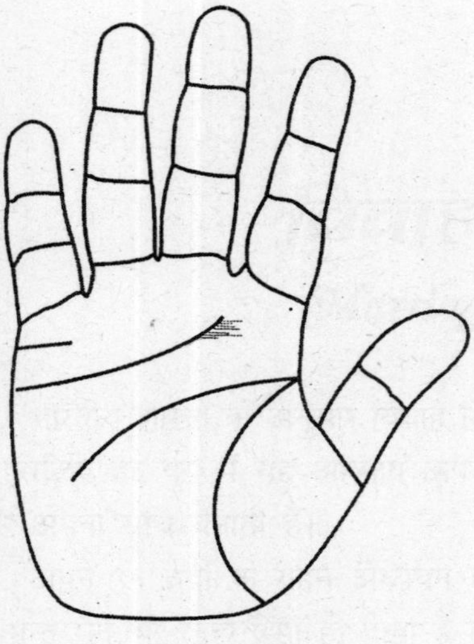

चित्र नं. 1

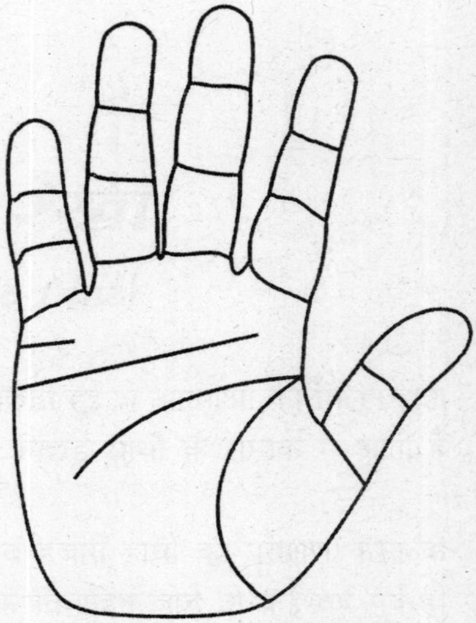

चित्र नं. 2

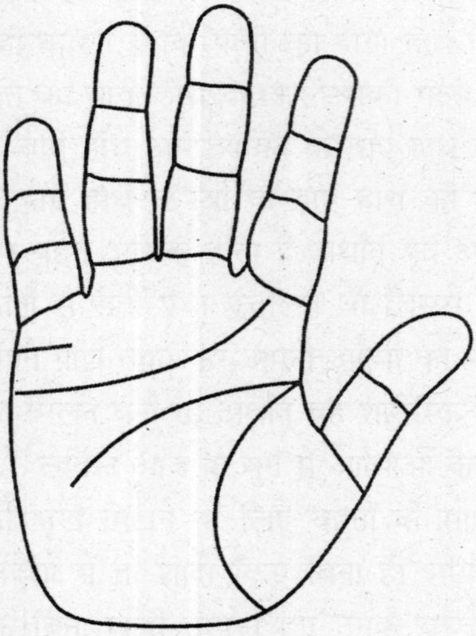

चित्र नं. 3

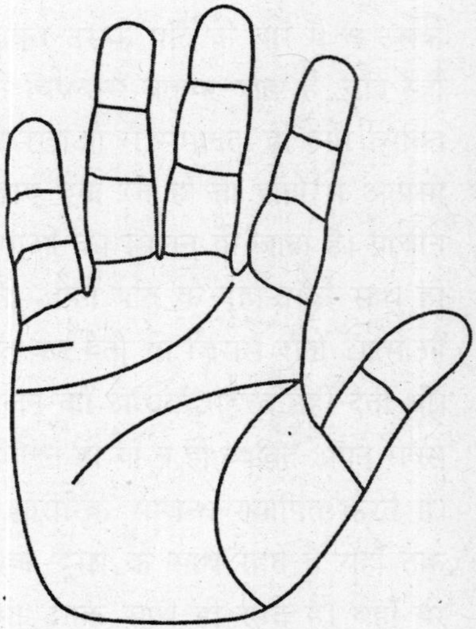

चित्र नं. 4

गतिविधियों से जुड़े होते हैं। इन्हें अपने साथी के चरित्र पर पूरा विश्वास होता है और यह श्रेष्ठ लोगों से ही अपने वैवाहिक सम्बन्ध बनाते हैं।

3. यदि हृदय रेखा गुरु पर्वत के आधार तक पहुंचती हो तो यह प्रत्येक चीज की अधिकता बताती है इनको अपने मित्र या जीवन साथी में कोई दोष नजर नहीं आता।

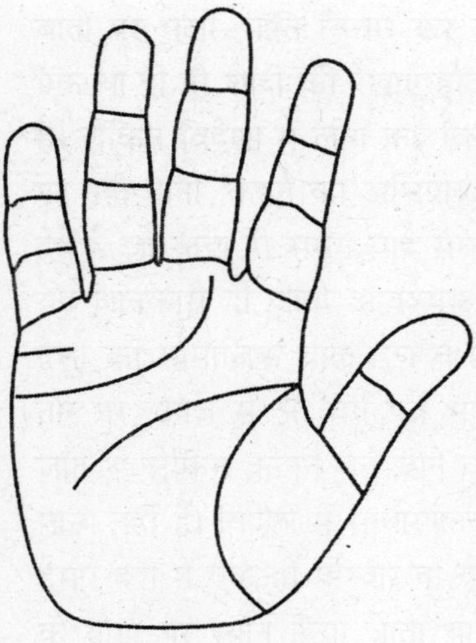

चित्र नं. 5

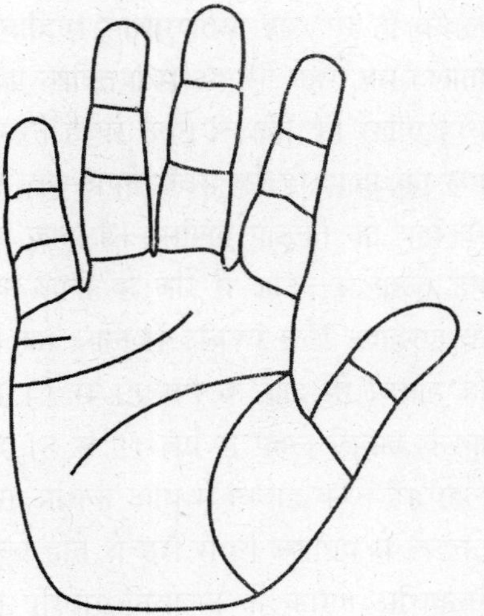

चित्र नं. 6

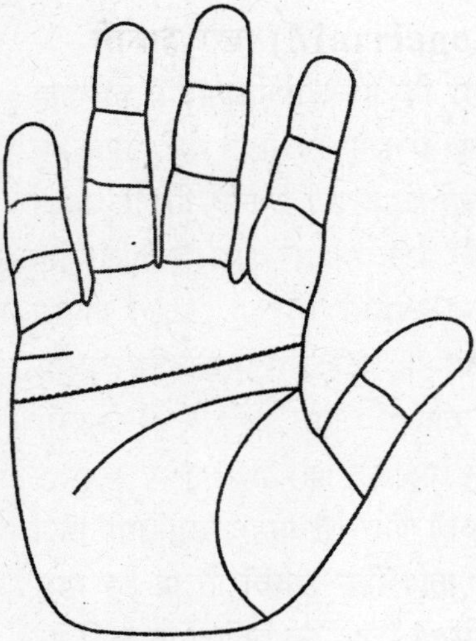

चित्र नं. 7

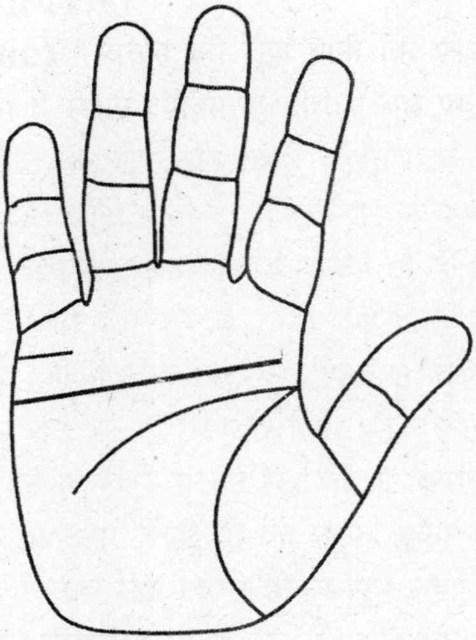

चित्र नं. 8

4. यदि हृदय रेखा गुरु व शनि पर्वत के बीच जाती हो तो यह लोग आत्म संयमी, शान्त प्रिय और गहरे सच्चे प्यार में विश्वास रखते हैं:

5. जब दिल की रेखा, शनि पर्वत के आधार तक जाती हो तो व्यक्ति स्वार्थी व कामुक होता है।

6. यदि दिल की रेखा शनि पर्वत के नीचे पहुंचती हो तो व्यक्ति अपने प्यार को पाने के लिए व्याकुल या फिर अधिक स्वार्थी होता है।

7. हृदय रेखा जब गुरु पर्वत को पार करती हो तो ऐसे व्यक्ति बहुत प्रेम करने के कारण ईर्ष्यालु प्रवृत्ति के होते हैं।

8. यदि गहरी हृदय रेखा गुरु पर्वत को लगभग पार करती हो तो व्यक्ति को अधिक प्रेम करने के कारण उसका खामियाजा भुगतना पड़ता है अर्थात् दूसरी तरफ से पूरा प्यार नहीं मिलता।

9. यदि हृदय रेखा से छोटी शाखाएं नीचे मस्तिष्क रेखा की ओर निकलती नजर आएं तो परिवर्तनशील मोहब्बत, कइयों के साथ प्रेम-प्रसंग, लेकिन किसी के भी साथ रिश्ते आखिर तक नहीं रहते।

10. यदि हृदय रेखा शनि पर्वत पर श्रृंखला के रूप में बनी हुई हो और पहली व दूसरी उंगली के बीच जाती हो तो उसका जीवन साथी उसके साथ दुर्व्यवहार करता है और उसे बेइज्जत करता है।

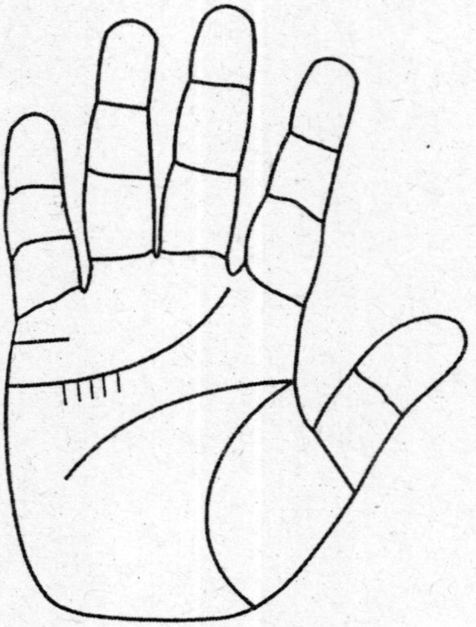

चित्र नं. 9

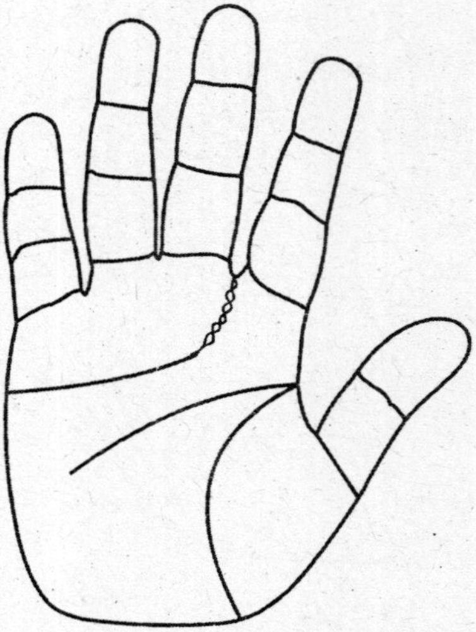

चित्र नं. 10

11. यदि हृदय रेखा दो शाखाओं में बंटती हो, एक शाखा पहली व दूसरी उंगली के बीच जाती हो और दूसरी रेखा गुरु पर्वत के नीचे पहुंचती हो तो व्यक्ति खुश मिजाज, भाग्यशाली और प्रेम सम्बन्धों में खुश रहने वाला होता है।

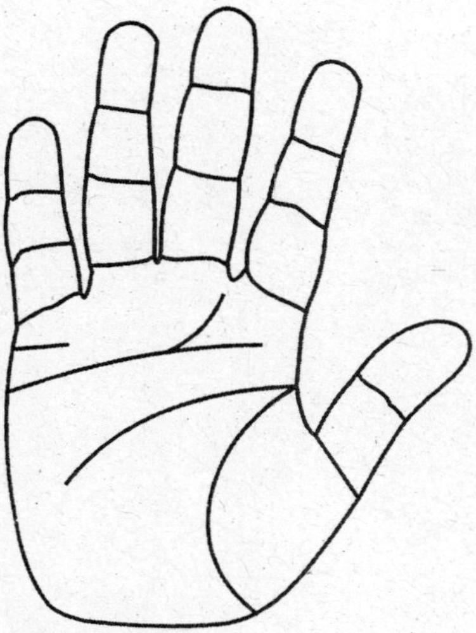

चित्र नं. 11

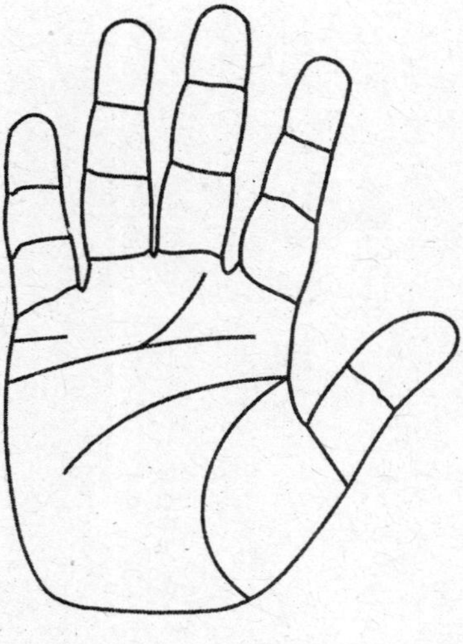

चित्र नं. 12

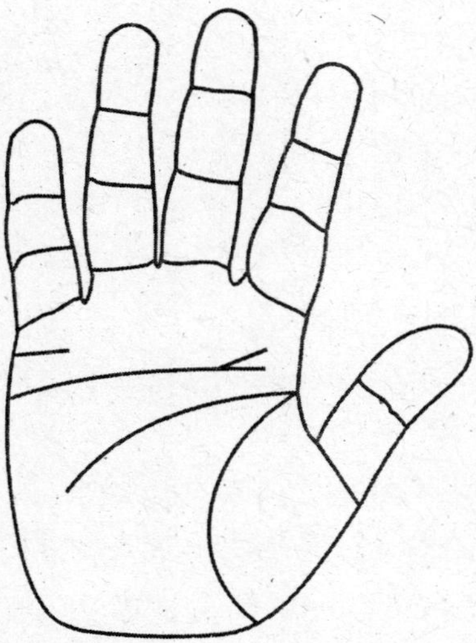

चित्र नं. 13

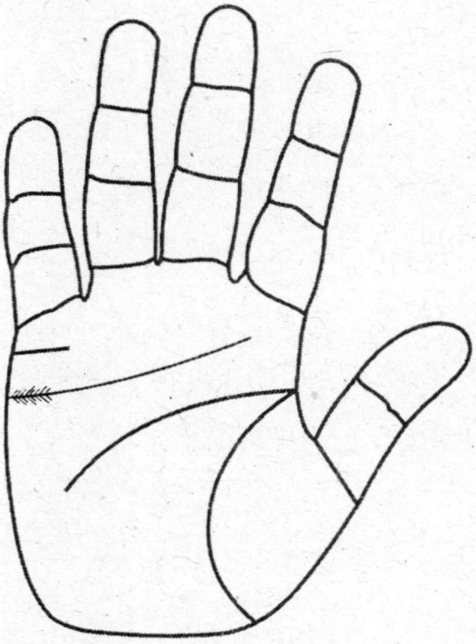

चित्र नं. 14

12. यदि हृदय रेखा की एक शाखा गुरु पर्वत पर पहुंचती हो और दूसरी शाखा शनि पर्वत के आधार तक पहुंचती हो अस्थिर सम्बन्ध, शादीशुदा जीवन सुख-दुःख भरा, व्यवहार में भी क्रुद्ध प्रवृत्ति के होते हैं।

13. हृदय रेखा की दो शाखाएं गुरु पर्वत पर पहुंचती हों तो सच्चा प्रेम, ईमानदार प्रवृत्ति और वह प्यार के प्रति उत्साहित होते हैं।

14. यदि पतली हृदय रेखा पर प्रारम्भ में छोटी-छोटी शाखाओं का गुच्छा-सा नजर आए तो ऐसे लोग प्यार की बहुत चाह लिए होते हैं।

15. हृदय की सीधी रेखा गुरु पर्वत को पार करती हो और शुक्र पर्वत कमजोर हो अर्थात् दबा हुआ हो तो यह बांझ की निशानी है, बच्चे उत्पन्न करने में समस्या आती है।

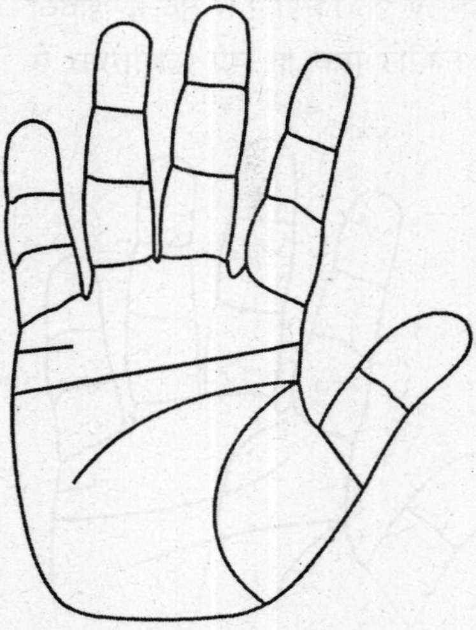

चित्र नं. 15

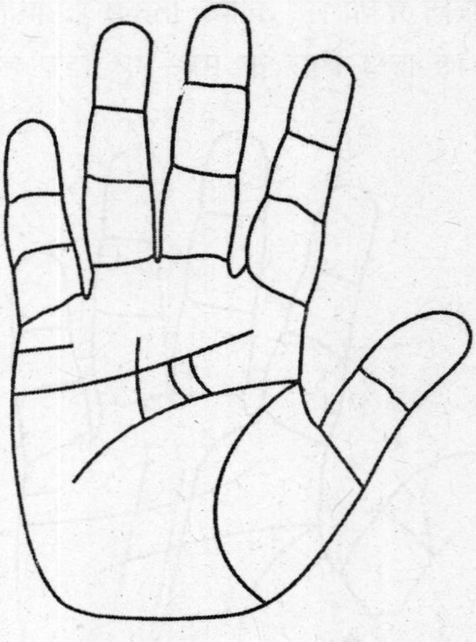

चित्र नं. 16

16. यदि मस्तिष्क रेखा से शाखाएं निकलकर ऊपर की तरफ हृदय रेखा में मिलती हों या इसे काटती हों तो व्यक्ति प्रभावित करते हैं या मस्तिष्क विचारों में हस्तक्षेप करता है।

17. यदि आयु, मस्तिष्क व हृदय रेखा एक ही बिन्दु पर गुरु पर्वत के नीचे मिलती हो यह आपसी सम्बन्धों के लिए बुरा चिह्न है। व्यक्ति अपनी इच्छापूर्ति के लिए किसी भी हद तक जा सकता है या सकती है।

18. यदि हाथ पर हृदय रेखा न हो तो व्यक्ति बड़ा कामुक होता है उसमें प्यार की कोई भावना नहीं होती। यदि हाथ मुलायम हो तो और भी अधिक कामुक होता है। यदि हाथ कड़ा हो तो कम कामुक और उसमें गहन प्रेम की भावना नहीं होती।

19. यदि हृदय रेखा बहुत हल्की, पतली व टूटी-फूटी हो तो प्यार में गहरी निराशा होती है, व्यक्ति दिल का कठोर व अजीब-सा व्यवहार करने वाला होता है।

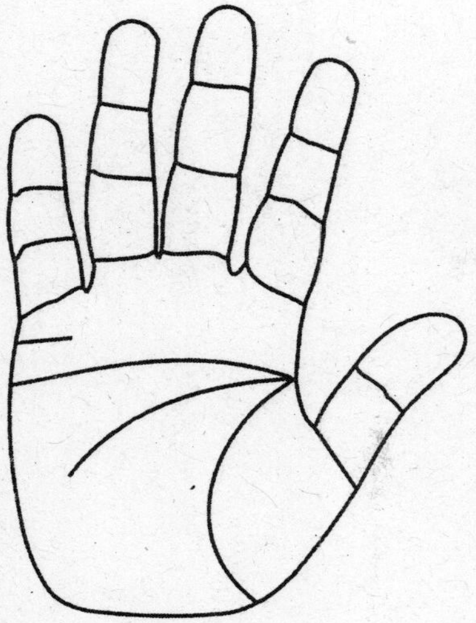

चित्र नं. 17

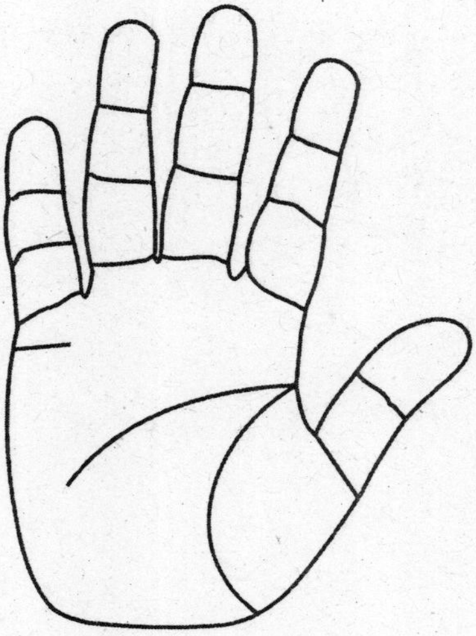

चित्र नं. 18

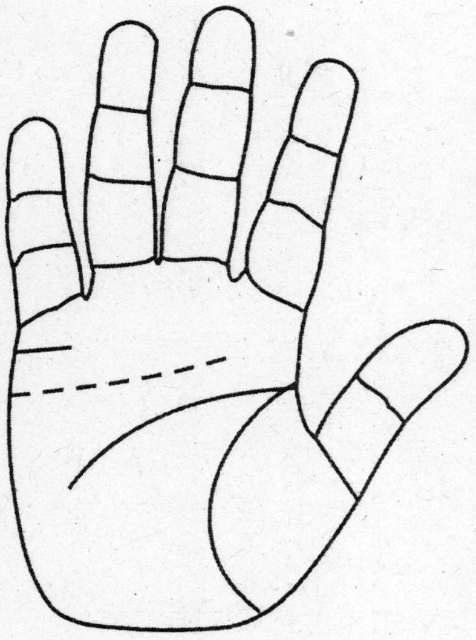

चित्र नं. 19

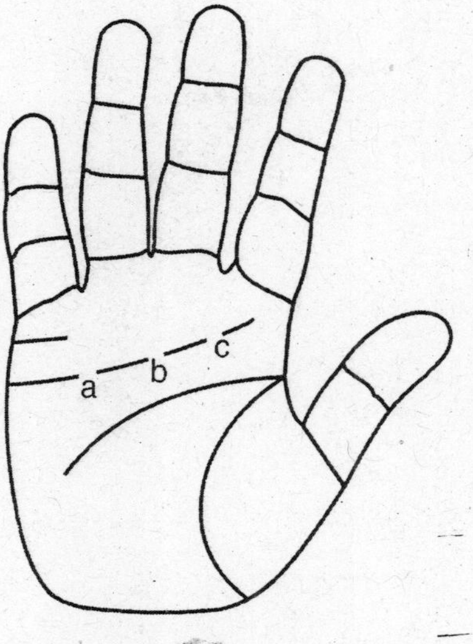

चित्र नं. 20

20.(a) यदि हृदय रेखा बुध पर्वत और सूर्य पर्वत के बीच में टूटी हो तो धन की बड़ी हानि, सम्बन्धों में बड़ी निराशा अर्थात् इच्छा पूर्ति नहीं होती।

(b) यदि सूर्य पर्वत व शनि पर्वत के बीच टूटी हो तो घमंड टूट जाता है।

(c) यदि शनि पर्वत व गुरु पर्वत के बीच टूटी हो तो दुर्भाग्य की मार पड़ती है।

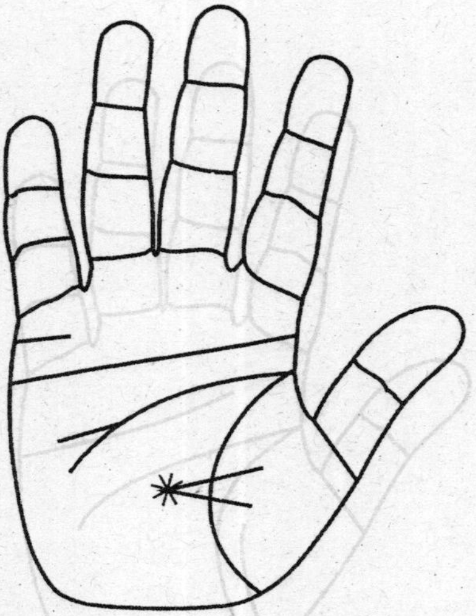

चित्र नं. 21

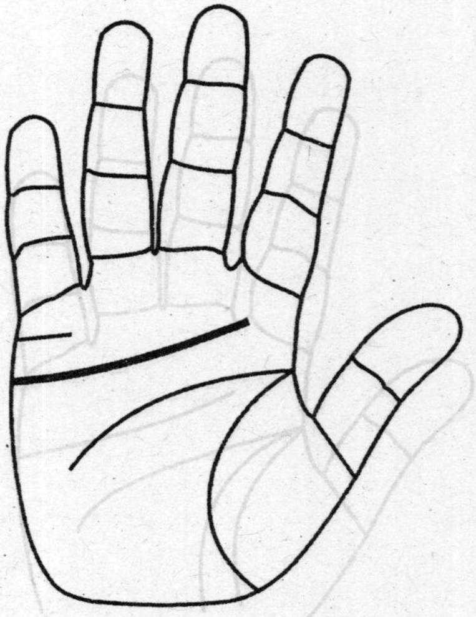

चित्र नं. 22

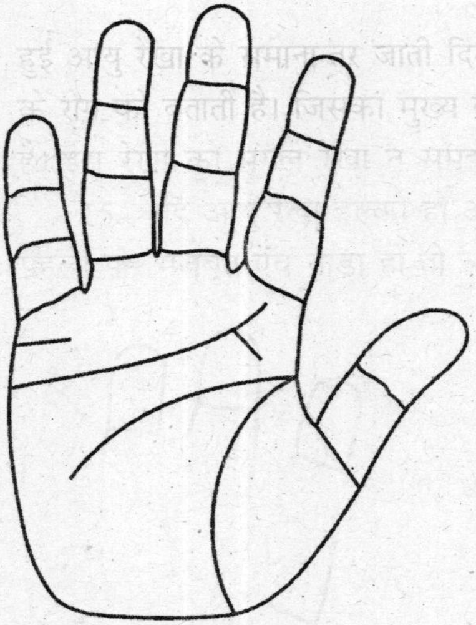

चित्र नं. 23

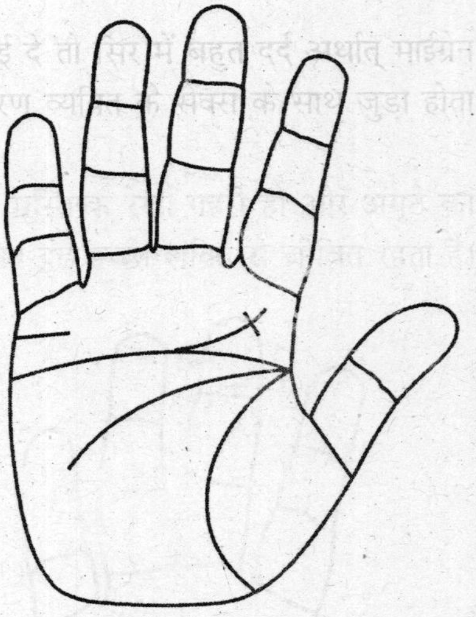

चित्र नं. 24

21. यदि दो अलग रेखाएं शुक्र पर्वत से निकलकर हथेली में आयु रेखा के बाहर तारे पर मिलती हों तो दो प्रेम सम्बन्ध एक साथ समानान्तर चलते हैं या प्रेम घटना पुनः दुबारा होती है।

22. यदि हृदय रेखा गाढ़ी, गहरी व चौड़ी हो तो मिर्गी का खतरा रहता है, मस्तिष्क पर बोझ होने का खतरा और बढ़ जाता है।

23. यदि हृदय रेखा दो शाखाओं में बंट जाए, एक शाखा गुरु पर्वत की ओर और दूसरी आयु रेखा की तरफ जाती हो तो ऐसे व्यक्ति स्वयं को धोखे में रखते हैं।

24. जब हृदय, मस्तिष्क और आयु रेखा एक ही बिन्दु पर मिलती हो और शनि पर्वत के नीचे हृदय रेखा से एक शाखा निकलकर गुरु पर्वत पर जाती हो और इसे एक छोटी-सी रेखा काटती हो तो प्रेम सम्बन्ध का बिछड़ना या गलत सम्बन्ध हो जाने को दर्शाती है।

25. यदि हृदय रेखा के नीचे एक छोटी-सी सहायक रेखा बनी हो तो बिछड़ा प्यार फिर से जुड़ जाता है।

26. एक तिरछी रेखा, मस्तिष्क रेखा से निकलकर हृदय रेखा को शनि पर्वत के नीचे मिलाती हो तो प्यार-मोहब्बत बड़ी सोच-समझ कर करते हैं। ऐसे अधिकतर लोग घर से भागकर विवाह करते हैं।

27. यदि दो हृदय रेखाएं हों तो गहरा प्यार जो गहरा दुःख देता है।

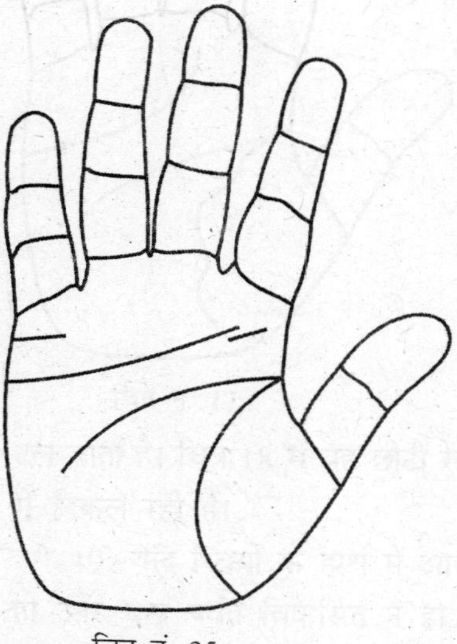

चित्र नं. 25

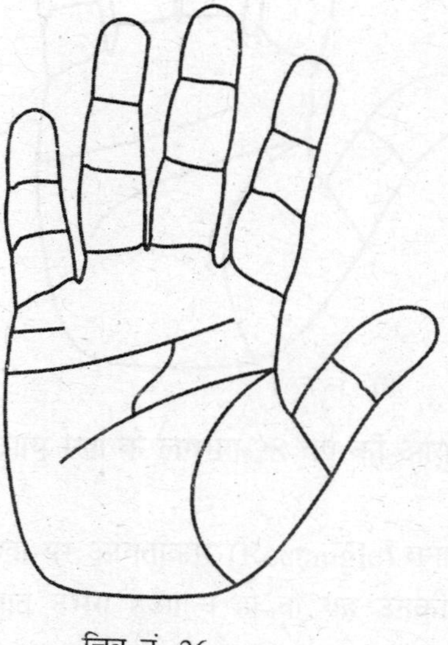

चित्र नं. 26

28. जब हृदय रेखा नीचे की तरफ मुड़कर मस्तिष्क रेखा में जा मिले और एक छोटी रेखा हृदय रेखा को काटती हो : तो गलत सम्बन्ध या बिछड़ा साथी गहरा दुःख देता है।

29. यदि हृदय रेखा बुध पर्वत के नीचे मस्तिष्क रेखा से निकलकर शनि पर्वत की तरफ मुड़कर जाती हो तो जवानी में ही मौत का होना बताती है।

30. हृदय रेखा पर शनि पर्वत के नीचे एक द्वीप बना हो और भाग्य रेखा पर भी द्वीप दिखाई दे तो गलत सम्बन्धों या प्यार के कारण व्यक्ति की उन्नति में अवरोध उत्पन्न होता है।

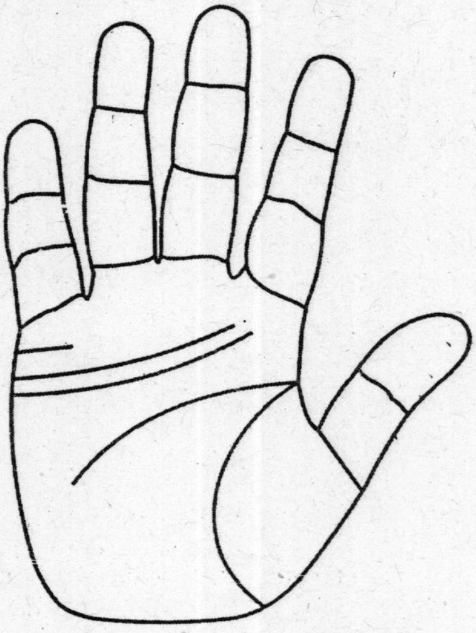

चित्र नं. 27

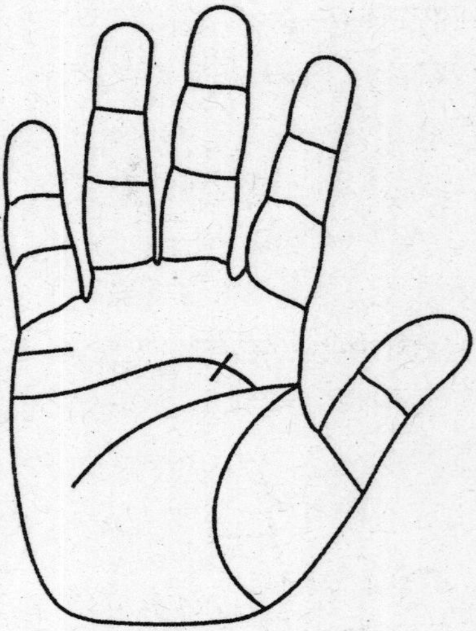

चित्र नं. 28

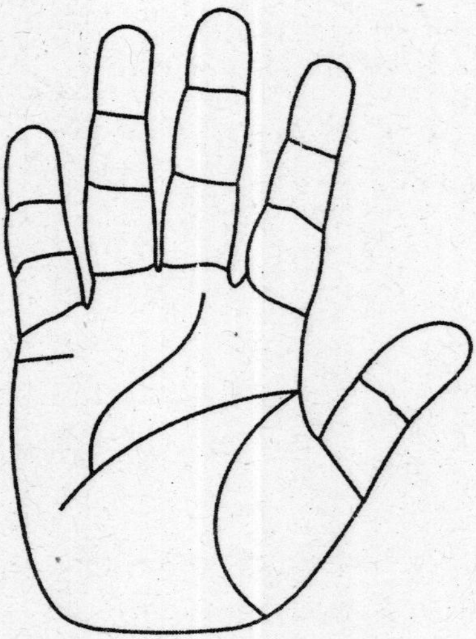

चित्र नं. 29

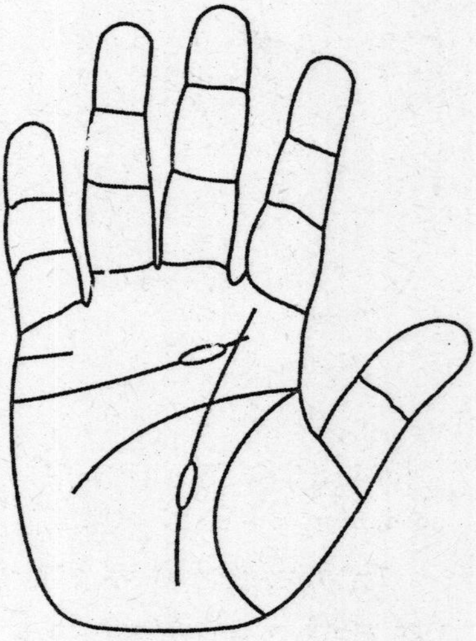

चित्र नं. 30

31. यदि हृदय रेखा पर शनि पर्वत के नीचे क्रॉस के चिह्न बने हों तो धन सम्बन्धी समस्याएं परेशान करती हैं जो अधिकतर प्यार-इश्क के कारण उत्पन्न होती हैं।

32. हृदय रेखा पर द्वीप का होना गलत प्रेम-प्रसंगों को बताता है। यदि एक छोटी रेखा द्वीप के साथ बाहर जाती दिखाई दे, तो बाहरी परिस्थितियों के कारण सम्बन्ध समाप्त हो जाते हैं। यदि सूर्य पर्वत के नीचे हृदय रेखा पर द्वीप बना हो जो सूर्य रेखा को रोकता हो तो प्रेमी साथी की अधिक मांगें होती हैं जो व्यक्ति की व्यक्तिगत एवं भावनात्मक हानि करती है।

33.(a) यदि एक गहरी रेखा हृदय और मस्तिष्क रेखा को काटती हो तो दिमागी परेशानी।

(b) यदि शनि पर्वत के नीचे से उठकर रेखा मस्तिष्क रेखा को छूती हो (रेखा b-b) भयंकर शारीरिक कष्ट की ओर संकेत देती है।

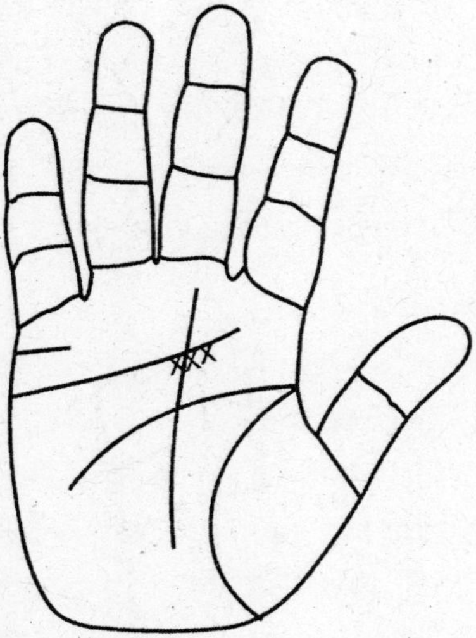

चित्र नं. 31

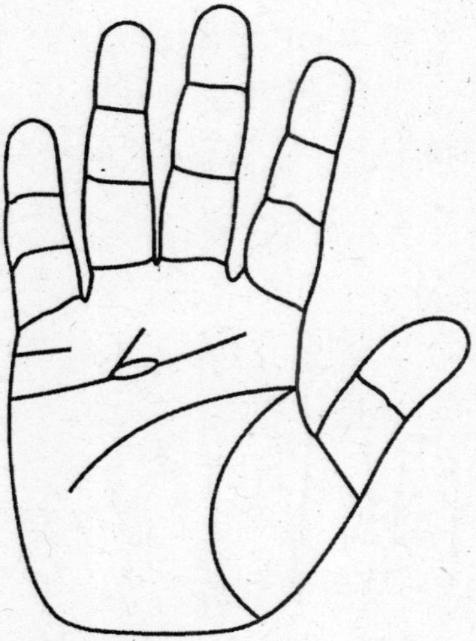

चित्र नं. 32

34.(a) एक लम्बी व हल्की शृंखलाबद्ध हृदय रेखा जो लगभग गुरु पर्वत पार कर गई हो ईर्ष्यालु व्यक्तियों की निशानी।

(b) यदि यह रेखा गुरु पर्वत पर पीछे की ओर मुड़कर लूप बनाती हो तो ईर्ष्या लड़ाई-झगड़े तक पहुंच जाती है।

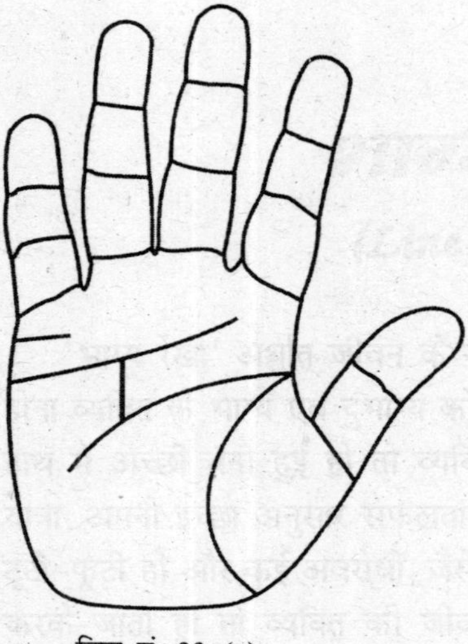

चित्र नं. 33 (a)

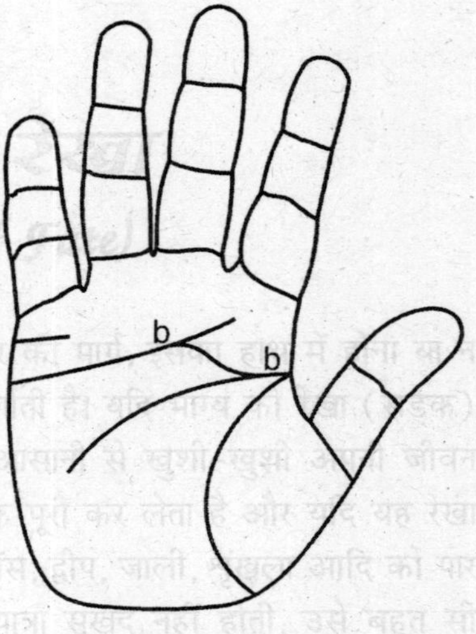

चित्र नं. 33 (b)

(c) यदि हृदय रेखा मस्तिष्क रेखा को काटती हो तो ईर्ष्या यहाँ तक होती है कि व्यक्ति दूसरों के या फिर स्वयं के प्रति हिंसात्मक हो जाता है।

35. हृदय रेखा से शाखा निकलकर गुरु, शनि, सूर्य और बुध पर्वत की ओर बिन्दु a, b, c, d से जाती हो। a. बिन्दु से जाती शाखा पूर्णतया ईमानदारी, दिल से प्रेम। b. बिन्दु से जाती शाखा धुंधली भावनाएं, कठोर व्यक्ति के साथ रहना

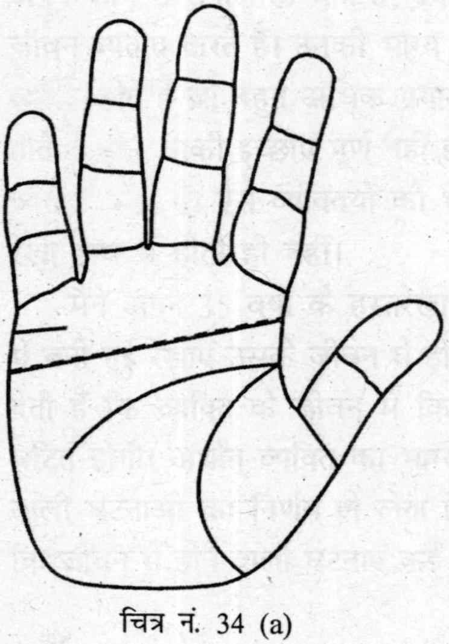

चित्र नं. 34 (a)

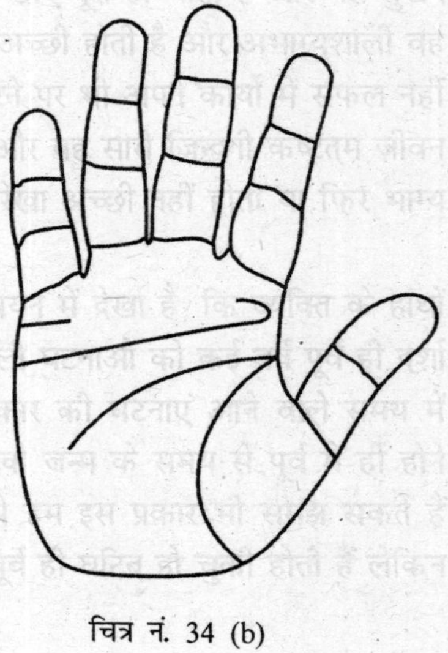

चित्र नं. 34 (b)

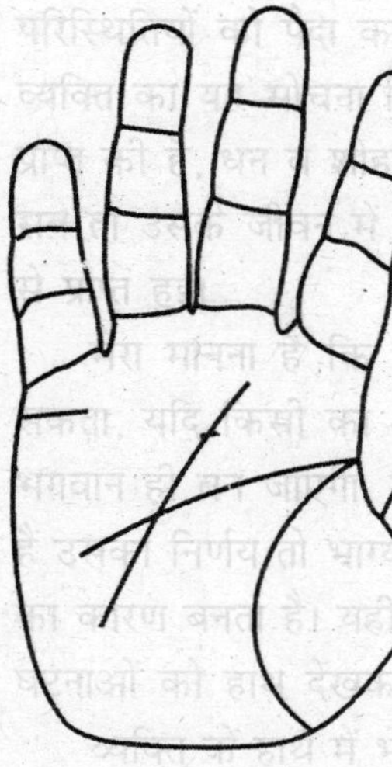

चित्र नं. 34 (c)

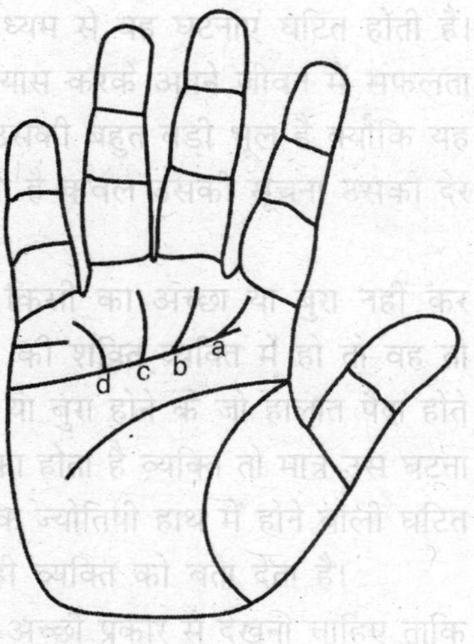

चित्र नं. 35

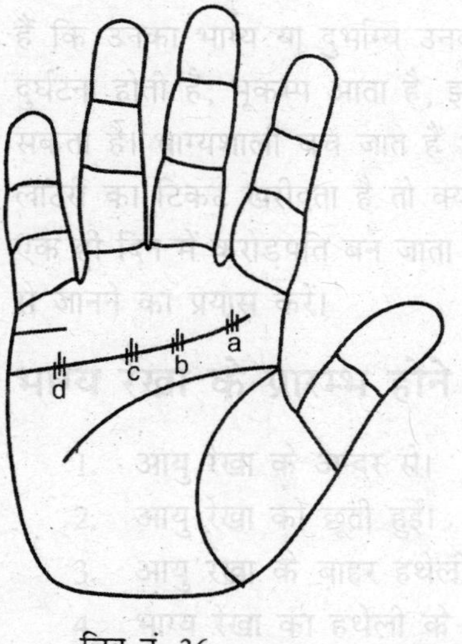

चित्र नं. 36

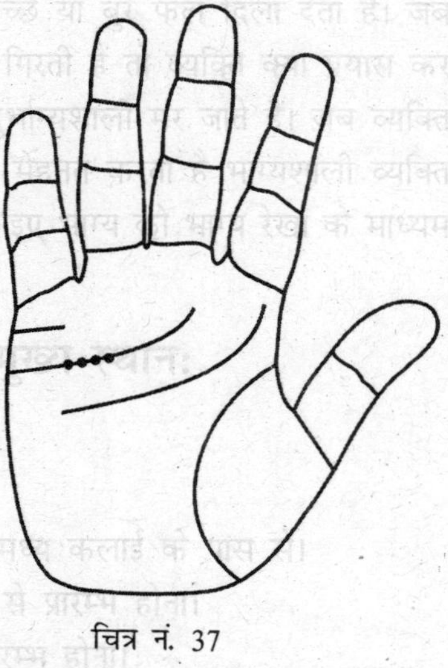

चित्र नं. 37

पड़ता है। c. बिन्दु से जाती शाखा चित्रकारी व कला के बाहरी प्रभाव से प्रेरित होते हैं व प्रसिद्धि प्राप्त लोगों से जुड़ते हैं। d. बिन्दु से बुध पर्वत की ओर जाती शाखा व्यापार व धन सम्बन्धी कार्यों में रुचि।

36. हृदय रेखा जब a, b, c, d बिन्दुओं पर गुरु, शनि, सूर्य एवं बुध पर्वत के नीचे छोटी-छोटी रेखाओं से काटी जाती हो तो a. भावनाओं को प्रभावित

करती है। b. विपरीत लिंग में अधिक रुचि। c. सेक्स में थोड़ी निराशा और d. प्यार, मोहब्बत व भावनाओं में हस्तक्षेप।

37. मस्तिष्क रेखा जब गुरु पर्वत के आधार से प्रारम्भ होती हो और हृदय रेखा पर धब्बे बने हों तो प्यार, मोहब्बत में दुर्भाग्यशाली, उसके दुर्भाग्य का कारण उसकी मूर्ख मांगों के कारण होता है। उदाहरण जैसे दहेज या कोई अन्य मांगें हों।

38. जब हृदय रेखा गुरु पर्वत को पार करती हुई प्रथम उंगली के तीसरे पोर में अन्दर तक घुस जाए तो सभी प्रकार के कार्यों में कम सफलता मिलती है।

39. यदि हृदय रेखा अन्त में गुरु पर्वत पर त्रिशंकु बनाती हो तो यह अच्छे भाग्य की निशानी है।

40. यदि हृदय रेखा बुध वाली उंगली के तीसरे पोर के भीतर से प्रारम्भ होती हो तो शान्त प्रिय और बहादुर होता है।

41. यदि हृदय रेखा अन्त में शनि पर्वत के नीचे दो शाखाओं में बंटी हो तो दृढ़ आत्मशक्ति।

42. यदि सूर्य पर्वत के नीचे हृदय रेखा से छोटी रेखाएं नीचे की तरफ आती दिखाई दें तो मित्रों से परेशानी, एक कार्य पर टिक कर न रहना अर्थात् कार्य बदलते रहना।

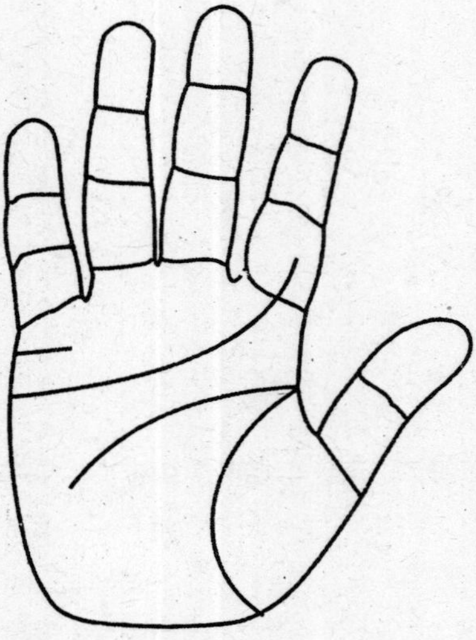

चित्र नं. 38

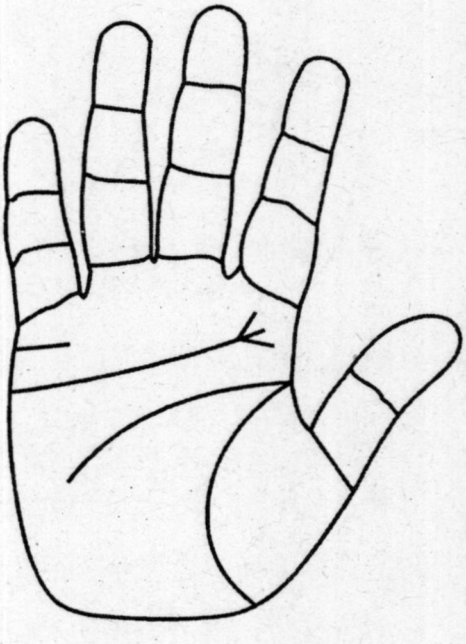

चित्र नं. 39

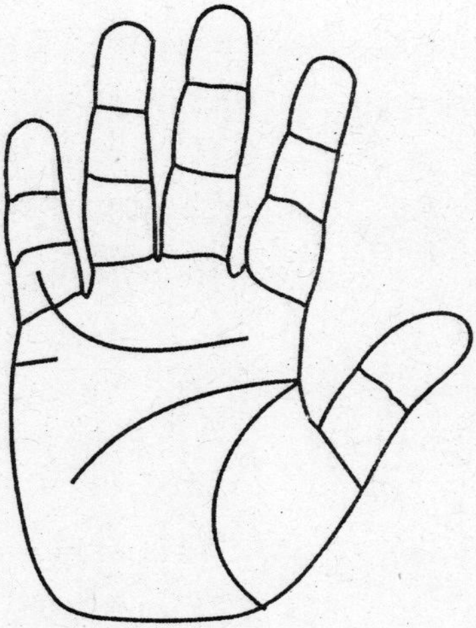

चित्र नं. 40

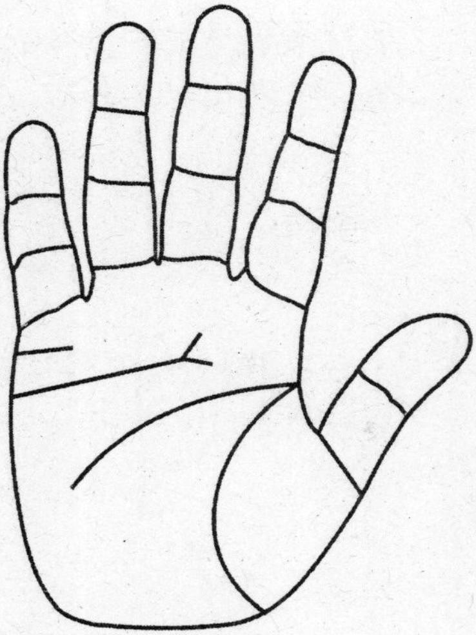

चित्र नं. 41

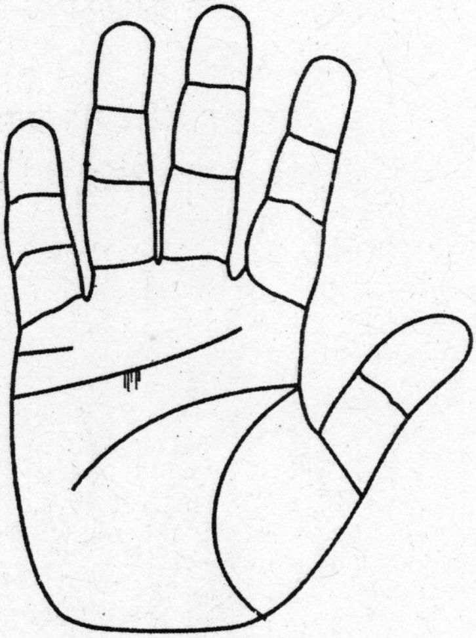

चित्र नं. 42

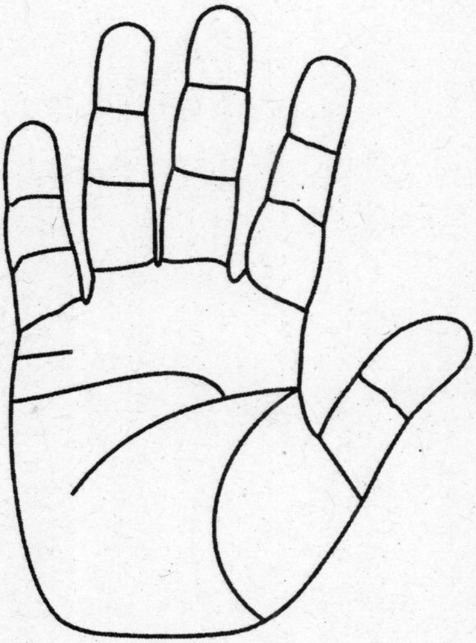

चित्र नं. 43

43. यदि हृदय रेखा, शनि पर्वत के नीचे मस्तिष्क रेखा को छूती हो तो विवेक या सोच में कमी के कारण विनाश होता है।

44. हृदय रेखा से शाखाएं नीचे की तरफ निकलती हों : प्यार में निराशा।

45. जब हृदय रेखा छोटी-छोटी रेखाओं के गुच्छे से निकलती हो अर्थात् फुंदनेदार रेखाओं से युक्त हो तो बहुत से प्रेम-प्रसंग, प्रेम-प्रसंगों में अनिश्चितता।

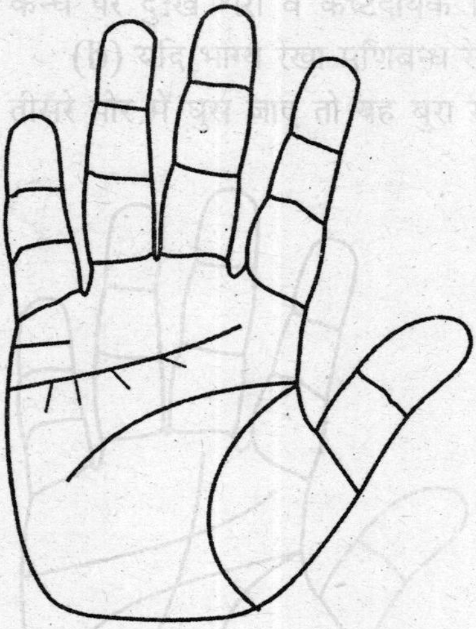

चित्र नं. 44

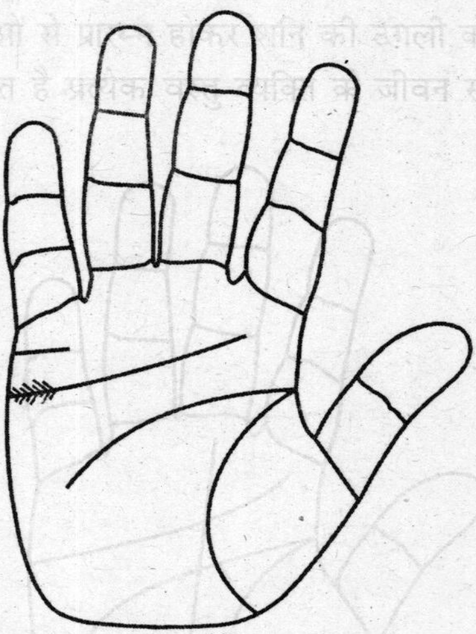

चित्र नं. 45

सूर्य रेखा

(Line of Sun)

सूर्य रेखा : यह सूर्य के प्रकाश की किरण, जिन्दगी में उजाले का प्रतीक, ख्याति एवं प्रसिद्धि की तरंग, मान-सम्मान एवं मान्यता दिलाने वाली रेखा होती है। यदि यह सूर्य पर्वत पर ऊपर से नीचे की तरफ जाती, गहरी, लम्बी व स्पष्ट रेखा हो तो व्यक्ति के जीवन को चमका देती है, उसकी जिन्दगी का अन्धेरा भाग जाता है, व्यक्ति संसार-भर में प्रसिद्ध हो जाता है, लोग उसकी प्रतिभा का गुणगान करते हैं। व्यक्ति कम पढ़ा-लिखा होकर भी प्रसिद्ध हो जाता है। कम मेहनत करके भी वह जीवन में सफल हो जाता है, मान-सम्मान व प्रतिष्ठा को प्राप्त कर लेता है जैसे कि राजनेता।

यदि हाथ पर सूर्य रेखा बिल्कुल न हो तो व्यक्ति कठोर परिश्रम करके भी संसार में मान्यता प्राप्त नहीं कर पाता। ऐसे व्यक्ति मान-सम्मान के हकदार होकर भी उससे वंचित रह जाते हैं। उनके द्वारा किए गए बड़े-बड़े कार्यों को मान्यता प्राप्त नहीं होती अर्थात् उनकी योग्यता (टैलेन्ट) को रोशन करने वाली प्रकाश की किरण नहीं होती, जिस प्रकार एक कमरे में बहुमूल्य चीजें पड़ी हों पर वहाँ पर रोशनी न हो तो वह सब बेकार हो जाती हैं क्योंकि वह नजर नहीं आतीं उसी प्रकार व्यक्ति में सभी गुण मौजूद होने पर भी सूर्य रेखा न होने से उसके गुण प्रकाशित नहीं होते और उसकी पहचान नहीं बन पाती।

भाग्य रेखा की तरह सूर्य रेखा का भी अपना महत्त्व है। यह भी दार्शनिक, नुकीले अथवा आदर्श हाथों पर पर्याप्त गहरी होने पर भी उतनी प्रभावशाली नहीं होती जितनी किसी वर्गाकार एवं कलात्मक हाथ पर होती है। जब यह रेखा भाग्य रेखा के समानान्तर चल रही हो तो इसे दोहरी भाग्य रेखा के रूप में देखा जाता है। यदि भाग्य रेखा खराब हो, टूटी-फूटी हो और समानान्तर सूर्य रेखा बनी हो तो वह भाग्य रेखा की कमियों को पूरा कर देती है।

मैंने अपने 35 वर्षों के हस्त अध्ययन के दौरान ऐसा महसूस किया है कि सूर्य रेखा को व्यक्ति की बुद्धिमत्ता व कठोर परिश्रम से कुछ लेना-देना नहीं। इसका तो केवल व्यक्ति की कला से सम्बन्ध है जो व्यक्ति में प्राकृतिक रूप

से ईश्वर की देन होती है। यदि व्यक्ति इस प्राकृतिक देन को जान ले और उसी दिशा में कार्य करे तो वह संसार-भर से ख्याति प्राप्त कर लेता है और यदि न जान पाए और दूसरी दिशा में कार्य करता रहे तो वह प्रसिद्धि से वंचित रह जाता है। उदाहरण के तौर पर फिल्मी गायक लता मंगेशकर की आवाज प्राकृतिक देन है। उसने संगीत में गानों को चुना और दुनियाभर में प्रसिद्ध हो गई। भारतीय हीरो अमिताभ बच्चन की आवाज व कला भी प्राकृतिक देन है उसने फिल्मों को चुना तो ख्याति प्राप्त कर ली। लेकिन जब यह व्यापार से जुड़ने लगा तो इसका घर तक नीलाम होने लगा, राजनीति में गया तो बदनाम होने लगा। इसके अलावा आज यदि क्रिकेट खिलाड़ी सचिन तेंदुल्कर प्रसिद्ध है तो अपने खेल के कारण यदि वह खेल के स्थान पर व्यापार या विद्या के क्षेत्र में जाता तो आज दुनिया में उसकी पहचान नहीं होती। चाहे वह कितना ही कठोर परिश्रम क्यों न करता।

आइए इसके महत्त्व को विस्तार से चित्रों द्वारा समझने का प्रयास करें।

1. सूर्य रेखा जब चन्द्र पर्वत के नीचे से प्रारम्भ होकर सूर्य पर्वत पर पहुंचती हो तो व्यक्ति की सफलता उसकी योग्यता पर कम और बाहरी व्यक्तियों के प्रभाव पर अधिक निर्भर करती है। ऐसे व्यक्ति योग्य पर बेफिक्र होते हैं।

2. सूर्य रेखा जब चन्द्र पर्वत से प्रारम्भ होती है तो व्यक्ति की सफलता एवं मान्यता दूसरे लोगों के प्रभाव पर निर्भर करती है।

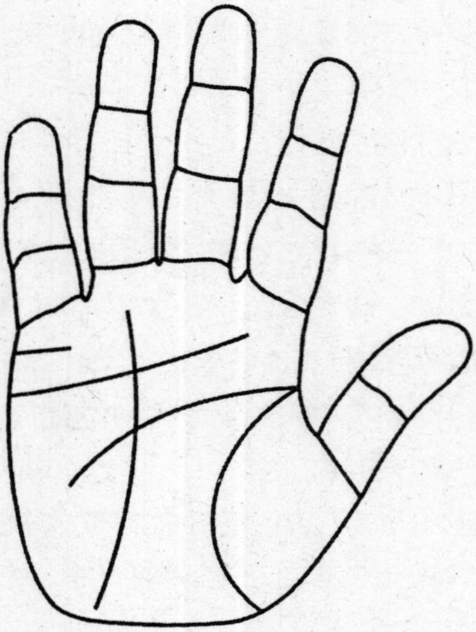

चित्र नं. 1

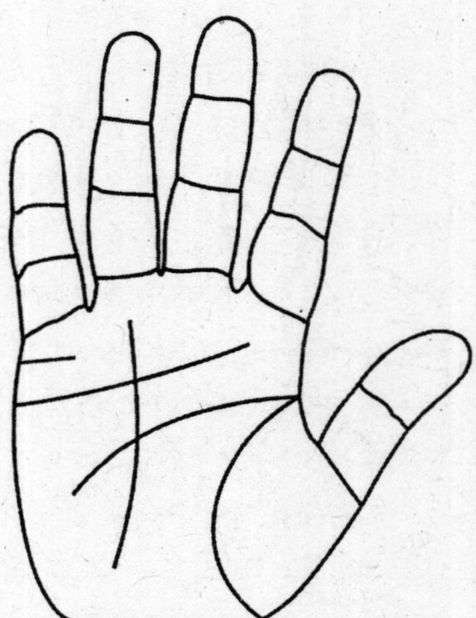

चित्र नं. 2

3. सूर्य रेखा जब चन्द्र पर्वत के बीच से प्रारम्भ होती है तो ऐसे व्यक्तियों की सफलता एवं प्रसिद्धि पूर्णतया दूसरे लोगों की मेहरबानी पर निर्भर करती है। वह उसके मित्र, रिश्तेदार, पति/पत्नी या वो लोग जिनके सम्पर्क में वह आता है। उदाहरण के लिए डॉक्टर की सफलता उसके मरीजों पर वकील की सफलता उसके ग्राहकों पर होती है। वह अकेला इनके बिना कुछ भी नहीं कर सकता।

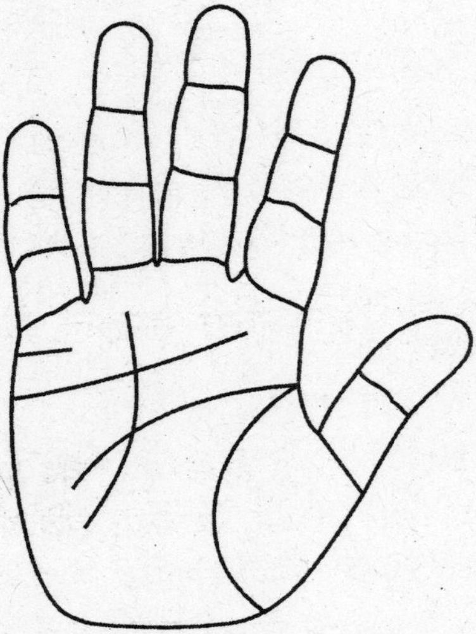

चित्र नं. 3

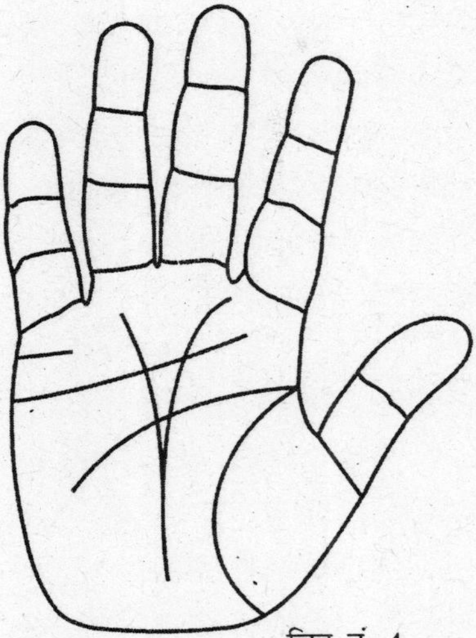

चित्र नं. 4

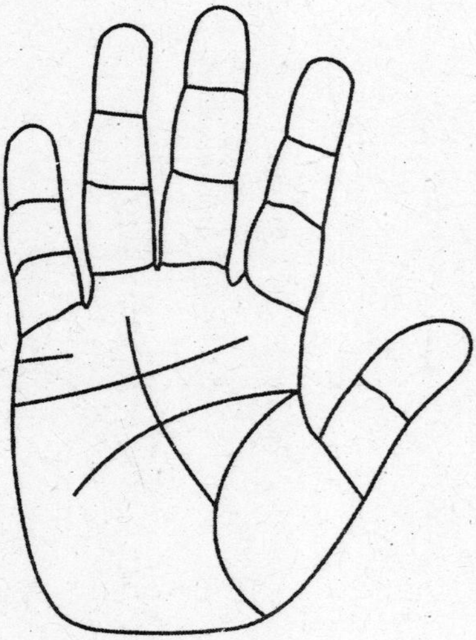

चित्र नं. 5

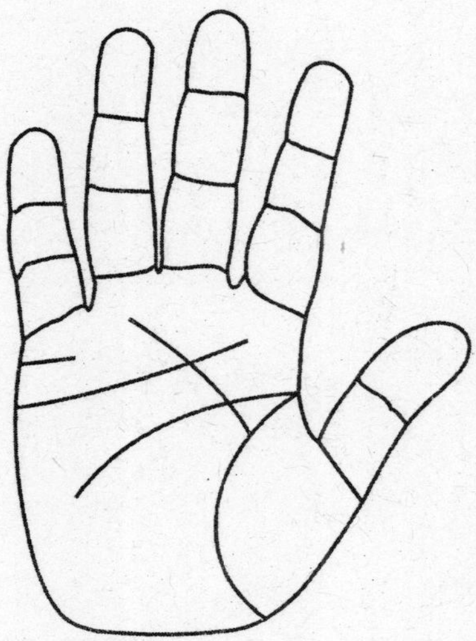

चित्र नं. 6

4. सूर्य रेखा जब भाग्य रेखा से प्रारम्भ होती है तो यह भाग्य रेखा से मिलने वाली सफलता में वृद्धि करती है अर्थात् व्यक्ति की सफलता में वृद्धि करती है। व्यक्ति की सफलता उसके हाथ की बनावट व उस पर बनी मस्तिष्क रेखा पर तो निर्भर करती ही है पर इससे उसकी कार्य के प्रति रुचि बढ़ जाती है। उदाहरण के तौर पर, कलात्मक हाथ वाला यदि संगीत व कला, पेंटिंग, फिल्म, फैशन डिजाइनिंग इत्यादि में, वर्गाकार हाथ वाला डॉक्टर सर्जरी में, इंजीनियर टैक्निकल कार्य में इसी प्रकार अन्य हाथों से उनसे जुड़े कार्यों को करने से विशेष सफलता मिलती है।

5. सूर्य रेखा जब आयु रेखा से प्रारम्भ हो तो व्यक्ति को कला एवं साहित्य के क्षेत्र में सफलता मित्रों या रिश्तेदारों की मदद से प्राप्त होती है। यह बात और भी अधिक स्पष्ट हो जाती है जब यह रेखा आयु रेखा के अन्दर से या शुक्र पर्वत से प्रारम्भ होती हो। इसके अलावा सफलता अपने प्रयासों पर या फिर खानदानी कारणों से होती है। उदाहरण के तौर पर व्यापारियों व फिल्मी हस्तियों के बच्चों की सफलता उनकी खानदानी साख के कारण होती है।

6. सूर्य रेखा जब मंगल पर्वत से प्रारम्भ होती हो तो व्यक्ति को कठिन परिश्रम करने के उपरान्त ही सफलता प्राप्त होती है।

7. सूर्य रेखा जब हथेली के बीच से प्रारम्भ होती हो तो सफलता बहुत कठिनाइयों व अवरोधों के पश्चात प्राप्त होती है।

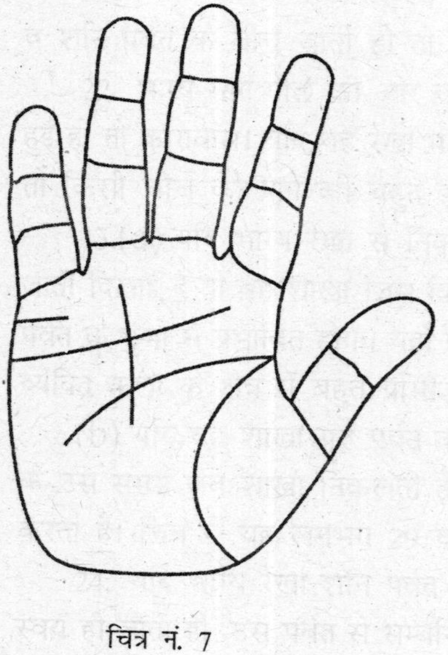

चित्र नं. 7

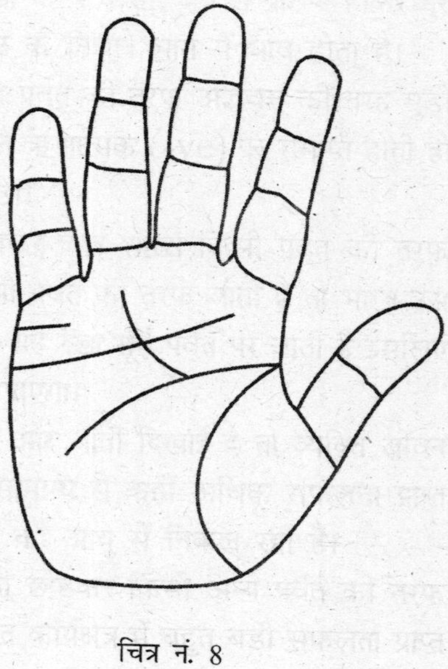

चित्र नं. 8

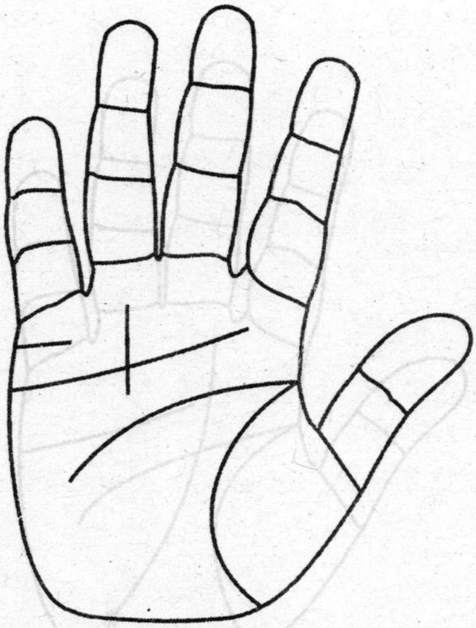

चित्र नं. 9

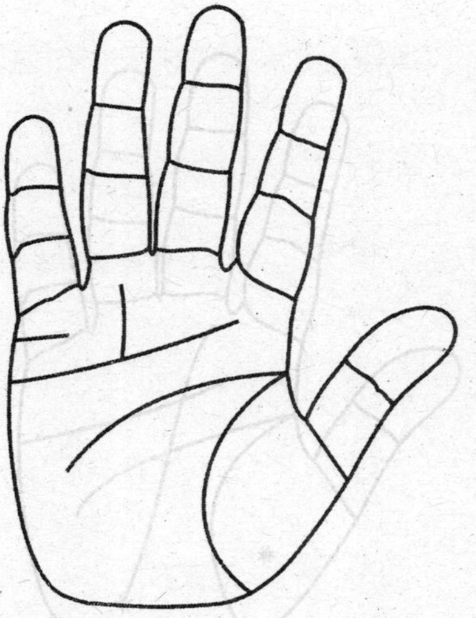

चित्र नं. 10

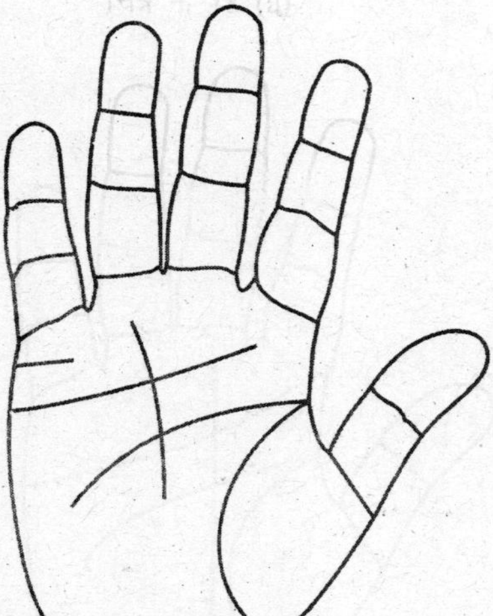

चित्र नं. 11

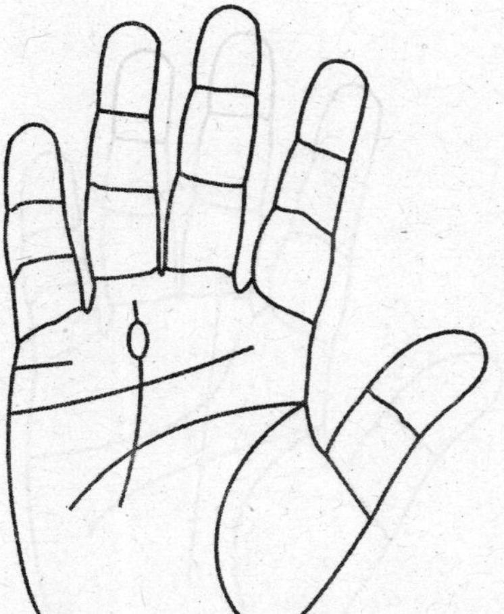

चित्र नं. 12

8. जब मस्तिष्क रेखा से प्रारम्भ होती हो तो व्यक्ति को दिमागी कार्यों में सफलता मिलती है जो कि अधिकतर विज्ञान एवं आविष्कार के साथ जुड़े होते हैं।

9. सूर्य रेखा जब हृदय व मस्तिष्क रेखा के बीच अर्थात् राहु क्षेत्र से

वायव्यमुखी भवन का मानचित्र

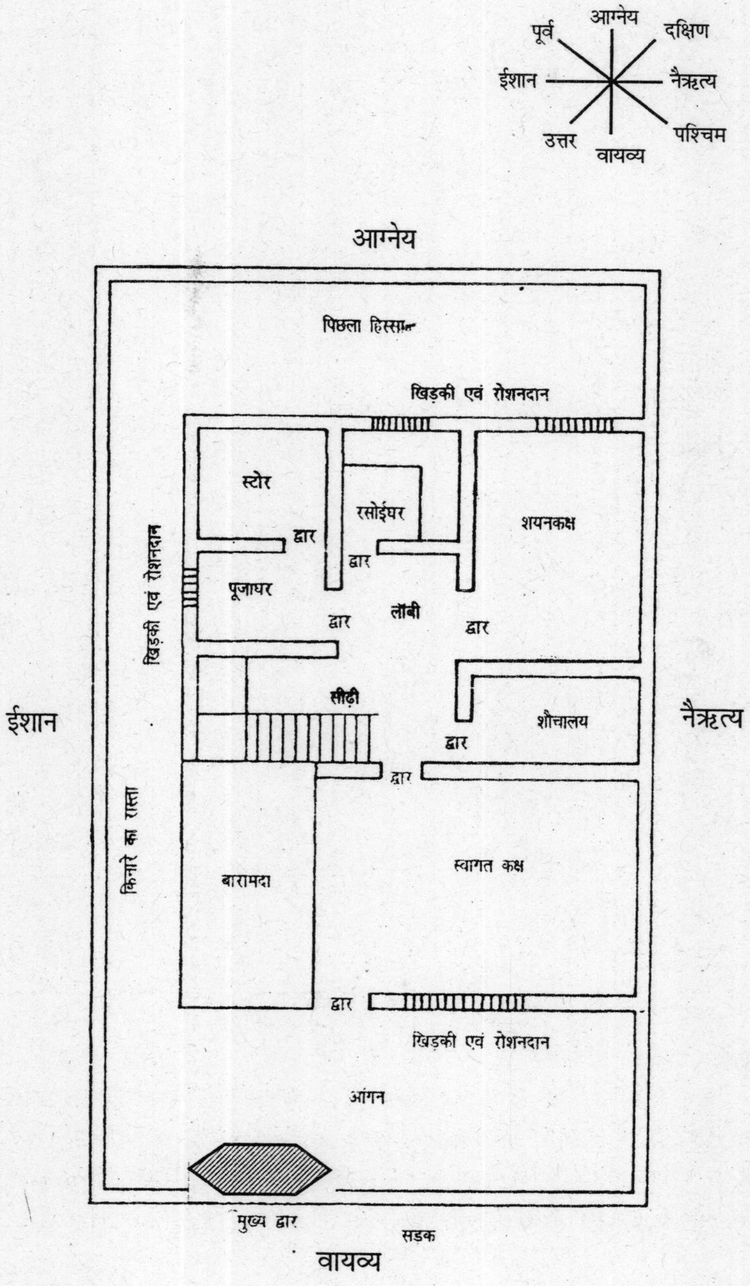

भाग - तृतीय

भवन के अन्दर की वास्तु

रसोईघर

1. खाना बनाते समय मुख पूर्व या दक्षिण में होना चाहिए।

2. गैस का चूल्हा और गैस का सिलेण्डर पूर्व, दक्षिण या पूर्व-दक्षिण (आग्नेय कोण) में रखना चाहिए।

3. खाली सिलेण्डर उत्तर-पश्चिम दिशा में स्टोर में रख सकते हैं।

4. पूर्व-दक्षिण (आग्नेय) कोने मैं स्लैब, अलमारी आदि बनानी निषेध है।

5. रसोई के बर्तनों की अलमारी दक्षिण-पश्चिम (नैर्ऋत्य) में बनानी चाहिए।

6. रसोई में पानी की सिंक उत्तर दिशा में लगवाएँ पर वहाँ पर खाने के झूठे बर्तन न धोएं, इन्हें दक्षिण दिशा की ओर धोना चाहिए।

7. ओवन, माईक्रोवेव, मिक्सी, स्टोव आदि बर्तन जो खाना गर्म करते हों, दक्षिण-पूर्व दिशा (आग्नेय-कोण) में रखने शुभ होते हैं।

8. रसोई का हल्का सामान पूर्व या उत्तर दिशा में रखें।

9. भारी सामान-दालें, आटा, चीनी, घी का टीन आदि दक्षिण या पश्चिम दिशा में रखें।

10. रसोई में यदि फ्रिज रखना है तो पश्चिम या उत्तर-पश्चिम दिशा में रखें।

11. रसोई में गैस का चूल्हा और पानी का नल साथ में नहीं होने चाहिए।

12. रसोई घर का स्टोर खाने-पीने के सामान के लिए उत्तर और भारी सामान के लिए पश्चिम वाली दीवार के साथ बनाना चाहिए।

चेतावनी

1. यदि रसोई उत्तर-पूर्व (ईशान) या उत्तर दिशा में है तो धन का सर्वनाश होगा। घर में तनाव, बीमारियों पर खर्च, अकारण खर्चे, व्यापार में हानि होगी। यह दिशा जल की है जो कि धन, सम्पत्ति है। यदि यहाँ पर आग जलेगी तो धन धीरे-धीरे इस प्रकार से समाप्त हो जाएगा जैसे अग्नि कुण्ड पर रखे पानी के बर्तन का पानी।

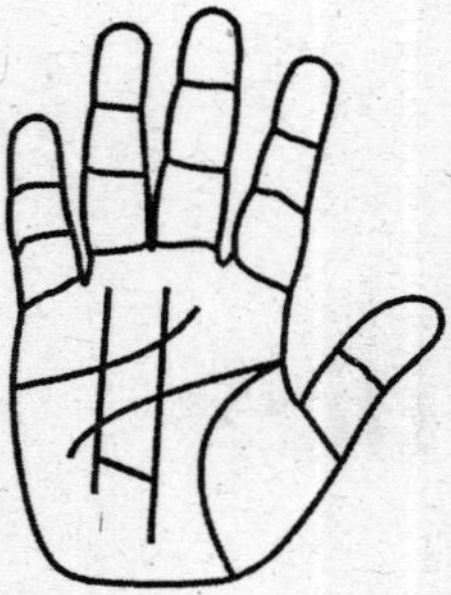

चित्र नं. 1

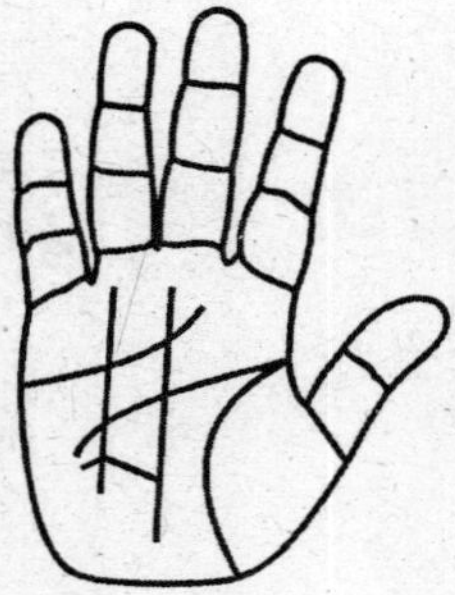

चित्र नं. 2

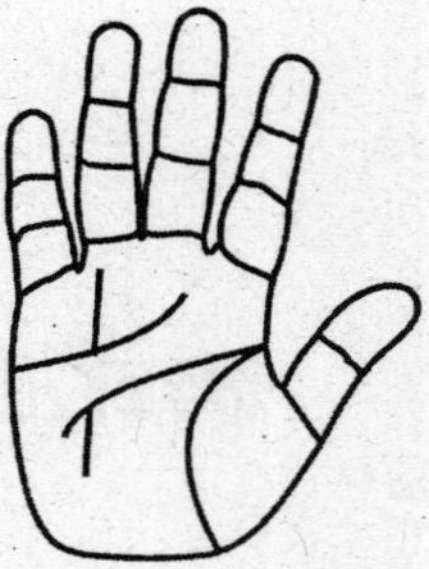

चित्र नं. 3

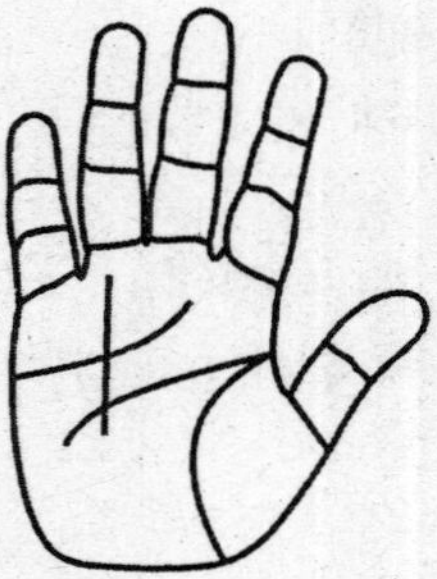

चित्र नं. 4

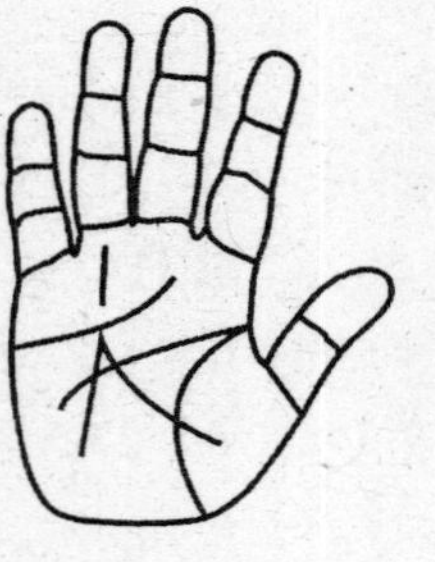

चित्रं नं. 5

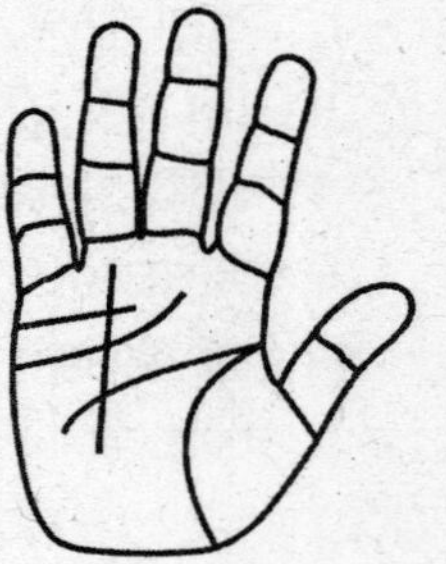

चित्र नं. 6

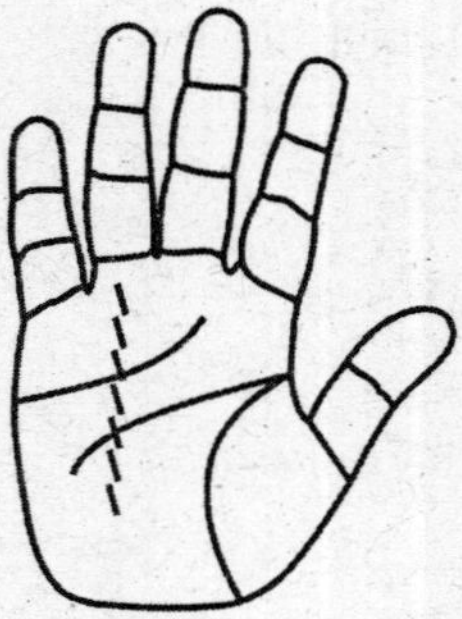

चित्र नं. 7

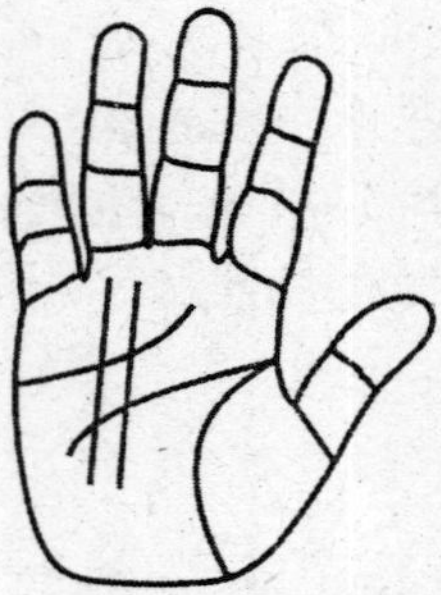

चित्र नं. 8

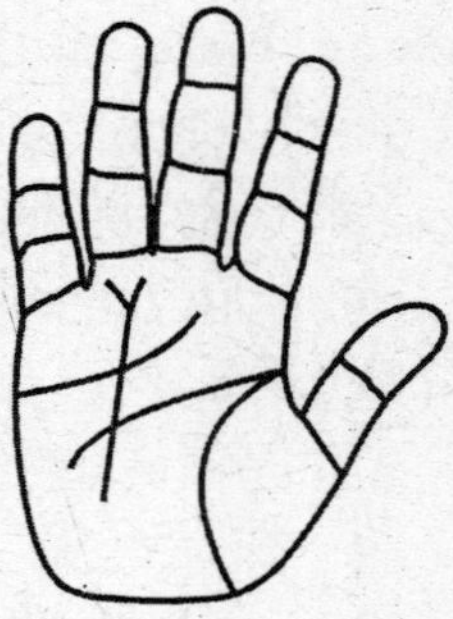

चित्र नं. 9

दिखाई देती है तो व्यक्ति अपनी हार्दिक इच्छा एवं आत्मशक्ति से अपने लक्ष्य की प्राप्ति कर लेता है।

4. सूर्य रेखा टूटी हुई हो तो साधारणतया हानि होती है जिस कारण कुछ समय के लिए विद्या, नौकरी, व्यापार आदि में रुकावटें आती हैं।

5. यदि सूर्य रेखा मस्तिष्क व हृदय रेखा के बीच कहीं टूटी हो और शुक्र

पर्वत से आती प्रभावी रेखा से मिलती हो तो लगातार जीवन में विपरीत लिंग से जुड़ी समस्याएं आती रहती हैं या फिर अपने ही मित्र, रिश्तेदार पंगा करते रहते हैं।

6. यदि विवाह रेखा सूर्य रेखा को काटती हो तो व्यक्ति दुर्भाग्यपूर्ण विवाह या सम्बन्धों के कारण बदनाम होता है।

7. एक शृंखलाकार या टूटी-फूटी सूर्य रेखा हो तो कार्य योग्यता में कमी के कारण या फिर घमण्ड एवं अधिक आशावादी होने के कारण असफल रहता है।

8. दो सूर्य रेखाओं का एक साथ हाथ में बना होना अचानक भाग्यशाली बनाता है जो लाटरी निकलने से प्रेम विवाह या पारिवारिक सम्पत्ति मिलने से होता है।

9. सूर्य रेखा के अन्त में दो शाखा बनी हो यह व्यक्ति का एक से अधिक योग्यता कार्य क्षेत्र बताती है।

10. सूर्य रेखा के अंत में तीन शाखाएं बनी हों तो यह शुभ चिह्न होता है इसकी महत्ता तारे के समान होती है।

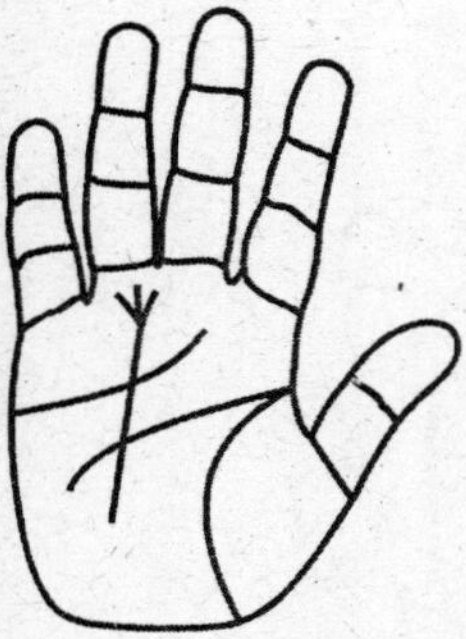
चित्र नं. 10

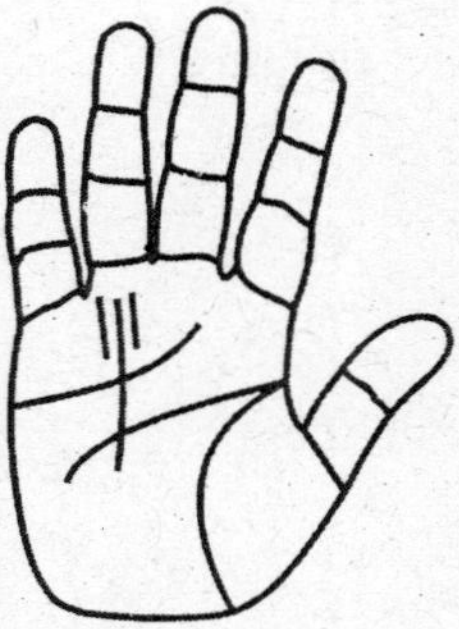
चित्र नं. 11

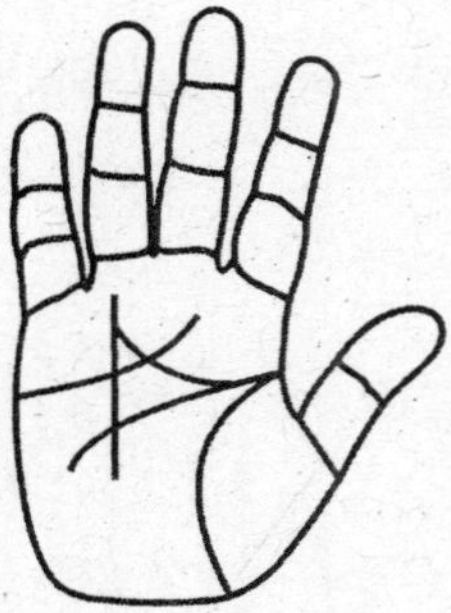
चित्र नं. 12

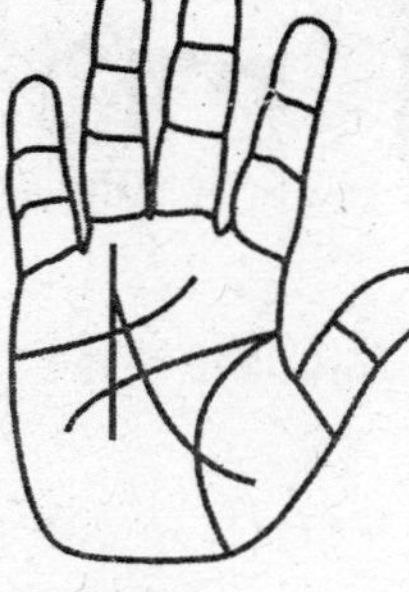
चित्र नं. 13

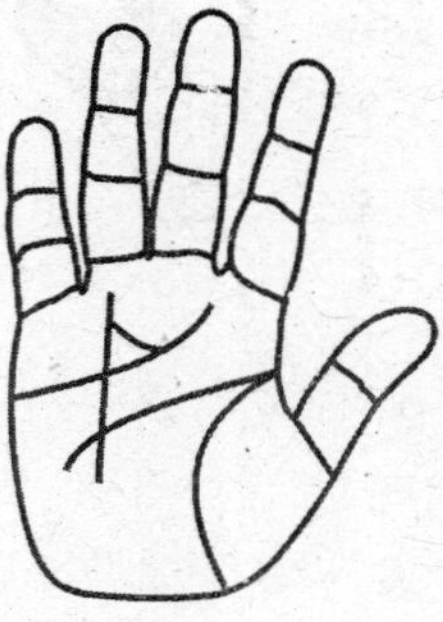
चित्र नं. 14

11. यदि सूर्य रेखा के दोनों ओर एक-एक रेखा बनी हो तो यह सूर्य रेखा की शक्ति बढ़ाती है।

12. यदि सूर्य रेखा से एक शाखा निकलकर मस्तिष्क रेखा से मिलती हो तो व्यक्ति की सफलता एवं प्रसिद्धि दिमागी शक्ति पर निर्भर करती है।

13. यदि सूर्य रेखा से एक शाखा निकलकर शुक्र पर्वत पर जाती हो तो व्यक्ति संगीत प्रेमी होता है। उसकी सफलता एवं प्रसिद्धि का कारण विपरीत लिंग अर्थात् उसकी मित्र या पत्नी होती है।

14. यदि सूर्य रेखा से शाखा निकलकर हृदय रेखा से मिलती हो तो व्यक्ति की सफलता उसके प्रयासों एवं इच्छा के कारण होती है।

15. यदि हृदय रेखा से कोई शाखा निकलकर सूर्य रेखा को काटती हो तो व्यक्ति का स्वयं का प्रेम या किसी से लगाव ही उसकी प्रसिद्धि एवं सफलता में आड़े आएगा।

16. सूर्य की लहराती हुई रेखा तो व्यक्ति में कम योग्यता को दर्शाती है। उसकी कार्य के प्रति अस्थिरता ही उसकी असफलता का कारण बनती है। (He is jack of all but master of none).

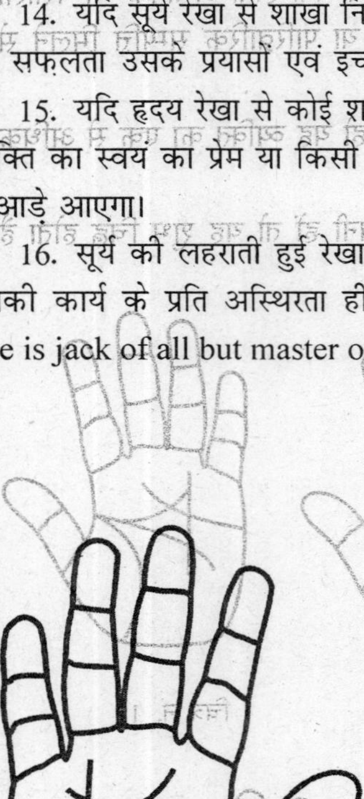

चित्र नं. 15

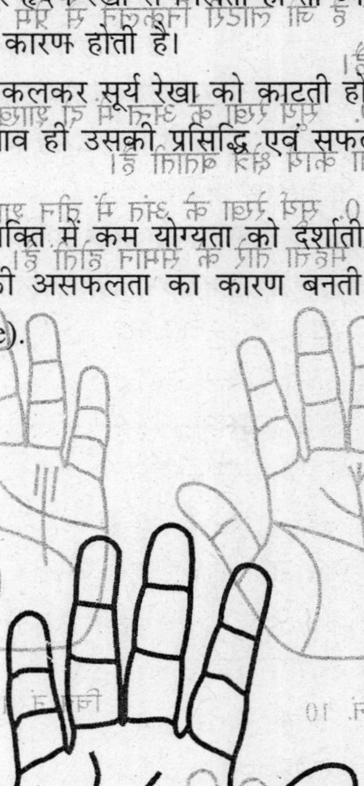

चित्र नं. 16

लीवर, बुध एवं स्वास्थ्य रेखा
(Line of Liver, Mercury and Health)

इस रेखा का सम्बन्ध व्यक्ति के स्वास्थ्य के साथ होता है। यह व्यक्ति के हाथ में बुध पर्वत से उदय होती है और हाथ में नीचे की तरफ सीधी आयु रेखा की तरफ जाती दिखाई देती है। जब यह रेखा आयु रेखा को छू लेती है, तो व्यक्ति के शरीर में रोग सम्बन्धी प्रतिक्रियाएं आरम्भ हो जाती हैं और गुप्त रूप से शरीर को हानि पहुंचने लगती है। यदि यह रेखा आयु रेखा को काटकर शुक्र पर्वत में प्रवेश कर जाए तो जहाँ पर यह आयु रेखा को काटती है वहीं पर व्यक्ति के जीवन की सीमा निर्धरित कर देती है अर्थात वह कटान बिन्दु व्यक्ति की आयु की समाप्ति का संकेत देता है भले ही उस बिन्दु के आगे अच्छी जीवन रेखा क्यों न बनी हो।

साधारणतया इस रेखा का हाथ में पाया जाना शुभ नहीं माना जाता। यदि यह रेखा आयु रेखा की तरह गहरी, स्पष्ट और सीधी रेखा में दिखाई दे तो व्यक्ति के अच्छे स्वास्थ्य को बताती है। यदि यह रेखा खराब हो, हल्की हो, टुकड़ों में या टेढ़ी-मेढ़ी हो तो व्यक्ति का स्वास्थ्य खराब रहता है, उसको पेट सम्बन्धी रोग अधिक होते हैं। यह रेखा बदहजमी, गैस का बनना, कब्ज, लीवर व ब्लेडर सम्बन्धी रोगों की जानकारी देती है।

इस रेखा का व्यक्ति के मस्तिष्क पर भी गहरा प्रभाव पड़ता है। यदि व्यक्ति का लीवर खराब हो तो उसे भारीपन महसूस होता है सिर में दर्द, दिमागी शांति भंग, ऊंचा या नीचा रक्त दाब, दांतों में दर्द और चिड़चिड़ेपन की शिकायत रहती है।

इस रेखा और स्वास्थ्य के बीच सम्बन्ध जानने के लिए व्यक्ति के हाथ पर बनी अन्य रेखाओं और पर्वतों के सम्बन्धों को भी जानना आवश्यक है। यदि व्यक्ति के हाथ में बदहजमी या चिड़चिड़ेपन को देखते हैं तो हम पाएंगे कि व्यक्ति जरूरत से अधिक खाता है। यदि उसके हाथ की उंगलियों के तीसरे पोर मोटे हों तो उसकी इस आदत की पुष्टि हो जाती है क्योंकि मोटे पोर वाले लोग खाने के बहुत शौकीन होते हैं। यदि मस्तिष्क रेखा में दोष है तो लीवर रेखा इसमें

अच्छी सहयोगी सिद्ध होती है क्योंकि पेट एवं लीवर की खराबी से ही सिर में दर्द या चिड़चिड़ापन आता है। दिल में कोई खराबी यदि गैस या बदहजमी के कारण होती है तो यह भी लीवर रेखा की ओर इशारा करती है। यदि हाथ में हृदय रेखा कमजोर हो और लीवर रेखा भी खराब बनी हो तो व्यक्ति को दिल का रोग होता है। मंगल पर्वत का कमजोर होना और लीवर रेखा का हाथ में खराब पाया जाना डिप्रेशन को बताता है जिसका मुख्य कारण पेट की खराबी, लीवर व बदहजमी का होना है, क्योंकि इससे पेट में बाईल नामक रसायन का रिसाव होता है जो खाना हजम करने का कार्य करता है, यही कम बनता है।

यदि व्यक्ति के हृदय में गहरी मंगल रेखा व अच्छी लीवर रेखा बनी हो तो व्यक्ति गंभीर रूप से रोग ग्रस्त होने पर भी जिन्दगी की लड़ाई जीत लेता है। डॉक्टर भी खाने का परहेज कराकर अच्छे स्वास्थ्य के लिए लीवर से निकलने वाले रसायन को ही सन्तुलित करते हैं।

लीवर रेखा की लम्बाई इसकी शक्ति को दर्शाती है। यदि व्यक्ति का शनि पर्वत खराब है और लहराती अर्थात् खराब लीवर रेखा हो तो व्यक्ति में चिड़चिड़ापन, डिप्रेशन व नसों में खराबी होती है। गुरु पर्वत खराब और लीवर रेखा भी खराब हो तो शरीर में गठिया रोग यदि सूर्य पर्वत खराब हो तो आंखों की रोशनी व दिल की बीमारी, यदि बुध पर्वत खराब हो तो बदहजमी, गैस, यदि मंगल पर्वत खराब हो तो गठिया रोग, खराब रक्तचाप, यदि शुक्र पर्वत खराब हो तो अधिक चिड़चिड़ेपन और बात-बात में लड़ने की बीमारी होती है जिसका मुख्य कारण सेक्स की अधिकता होती है। उदाहरण के तौर पर जब किसी की शादी होती है तो उसकी सैक्स गतिविधियां बढ़ जाती हैं, अधिक भूख के कारण अधिक खाया जाता है, मित्रों व रिश्तेदारों के यहाँ दावतें उड़ाते हैं जिसके कारण शरीर में भारीपन होता है, जिससे पाचन-क्रिया बिगड़ जाती है, वजन बढ़ने लगता है और गैस की समस्या उत्पन्न होने लगती है, जिससे खून के रक्तचाप में खराबी आने के कारण स्वभाव में तेजी आ जाती है।

आइए लीवर रेखा को चित्रों द्वारा समझने का प्रयास करें

1. लीवर रेखा जब आयु रेखा, मस्तिष्क रेखा और हृदय रेखा को पार करती है तब यह रेखा सेक्स भावना से जुड़ी हुई होती है, शरीर का कमजोर होना व स्वास्थ्य की नाजुकता बयां करती है।

2. जब बुध पर्वत के नीचे हृदय रेखा से प्रारम्भ होकर आयु रेखा को पार करती है तो हृदय सम्बन्धी रोग एवं हृदय की कमजोरी बताती है यदि दिखने

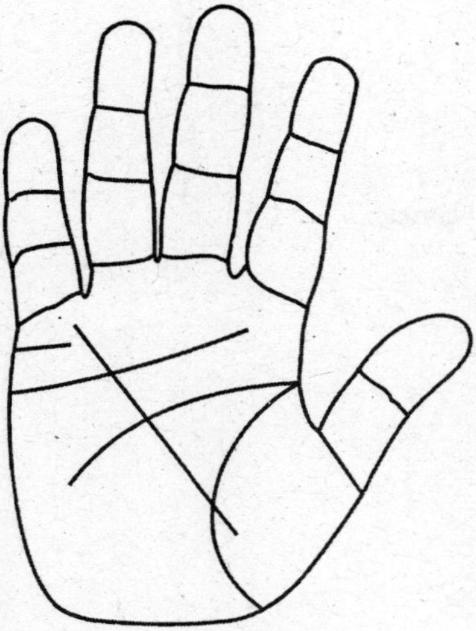

चित्र नं. 1

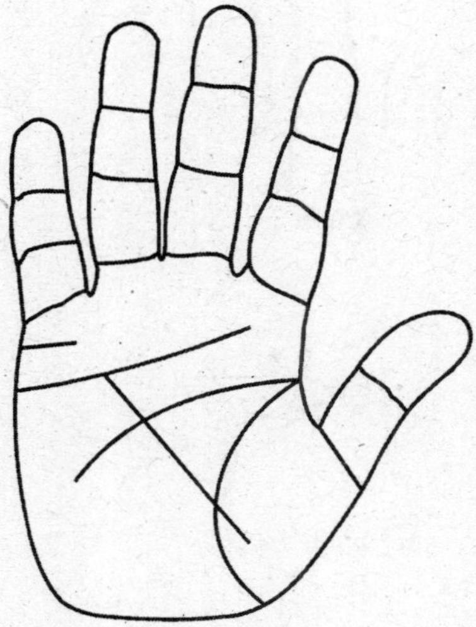

चित्र नं. 2

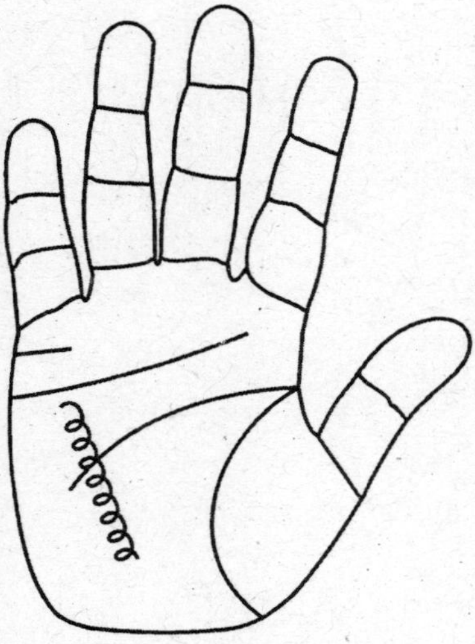

चित्र नं. 3

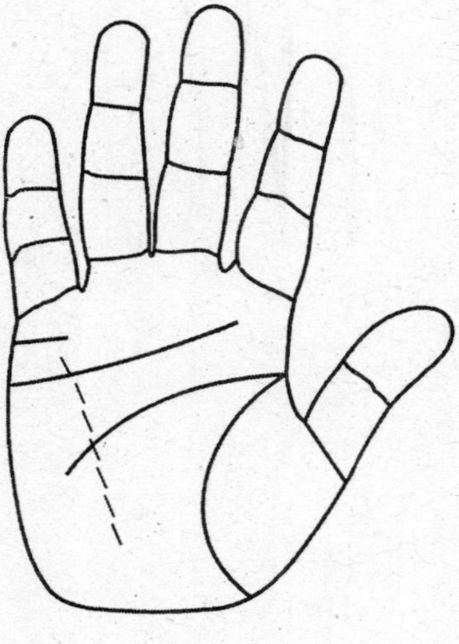

चित्र नं. 4

में पीली और चौड़ी लगे तो खराब रक्तचाप बताती है। यदि दिखने में लाल हो उंगलियों में नाखून छोटे व चपटे हों तो हृदय रोग होता है। यदि यह रेखा गहरे लाल रंग के धब्बे बने हों : तो व्यक्ति मे बुखार चढ़ने की प्रवृत्ति होती है।

3. जब लीवर रेखा स्प्रिंग की तरफ मुड़ी हुई हो तो व्यक्ति को लीवर की बीमारी होती है और स्वभाव चिड़चिड़ा हो जाता है।

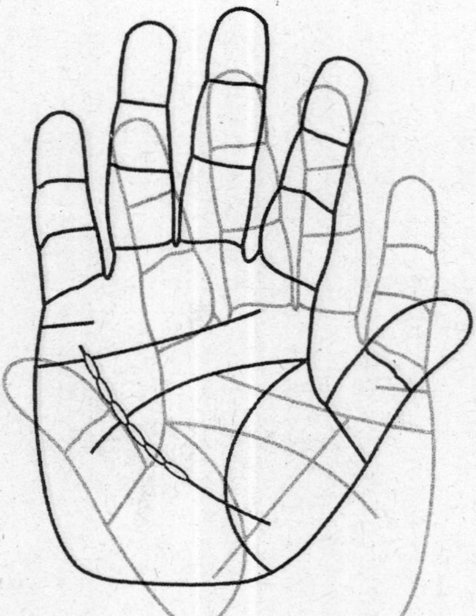

चित्र नं. 5

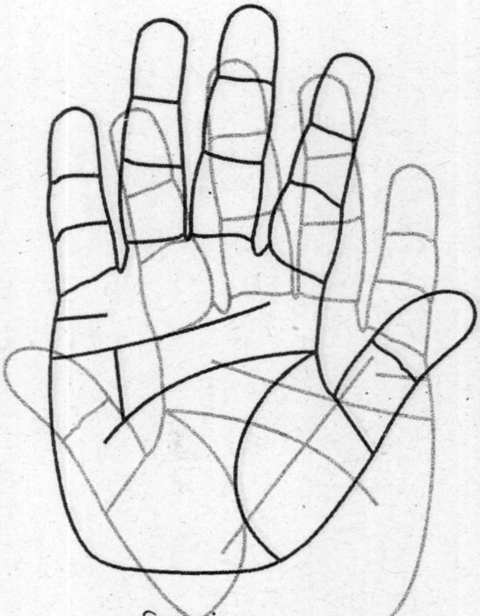

चित्र नं. 6

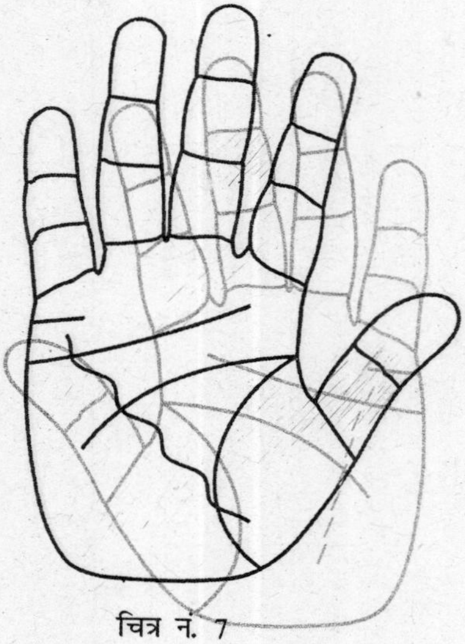

चित्र नं. 7

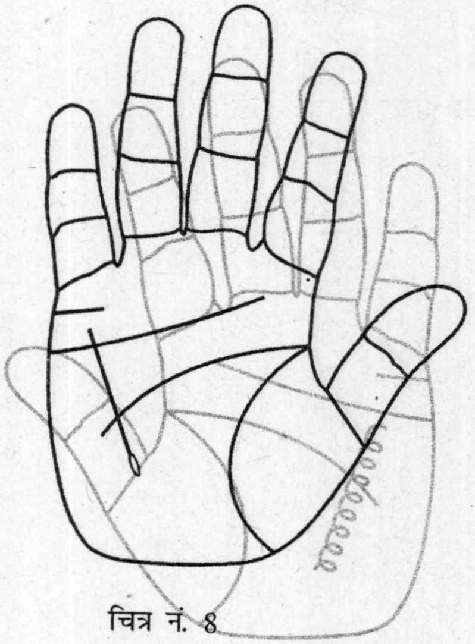

चित्र नं. 8

4. जब लीवर रेखा चन्द्र पर्वत से बुध पर्वत तक छोटे-छोटे टुकड़ों में बनी हुई हो तो खराब पाचन क्रिया और वायु विकार बताती है।

5. जब लीवर रेखा बुध पर्वत से नीचे की तरफ छोटे-छोटे द्वीपों में बनी हुई हो, आयु रेखा को पार करती हो और उंगलियों के नाखून लम्बे हों तो छाती

व फेफड़ों को खतरा बताती है। यदि यही रेखा हो और उंगलियों के नाखून गोल या चौड़े हों तो गले में खराबी होती है।

6. जब गहरी लीवर रेखा हृदय और मस्तिष्क रेखा को आपस में जोड़ती हो और इसके अलावा हाथ में कहीं न हो तो यह मस्तिष्क के बुखार की चेतावनी देती है।

7. लहराती हुई लीवर रेखा जब शुक्र पर्वत से प्रारम्भ होती हो तो यह सेक्स प्रतिक्रिया में अवरोध उत्पन्न करती है।

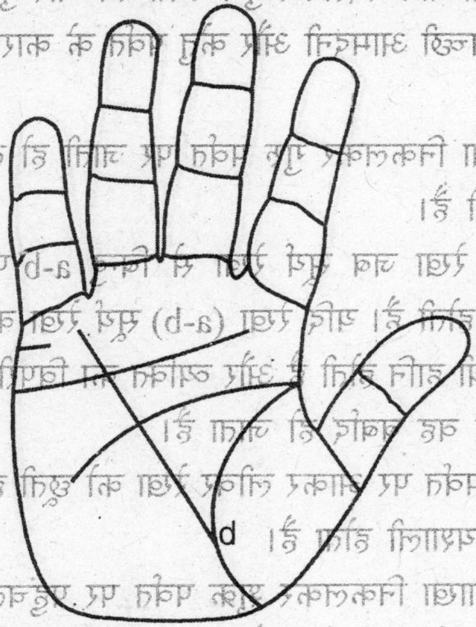

चित्र नं. 9

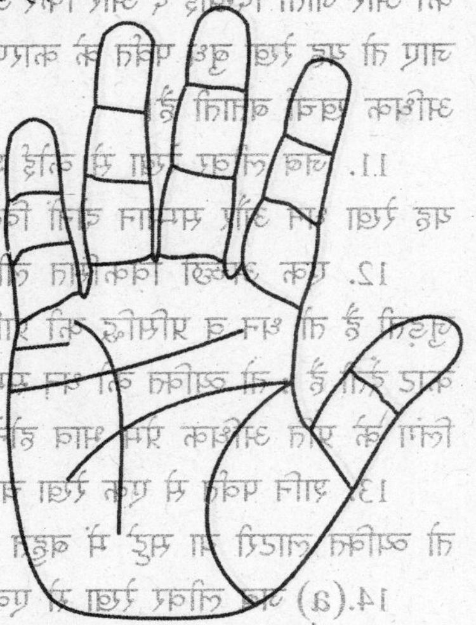

चित्र नं. 10

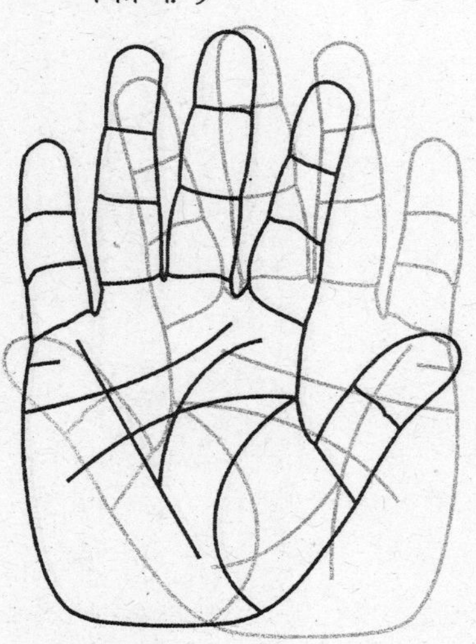

चित्र नं. 11

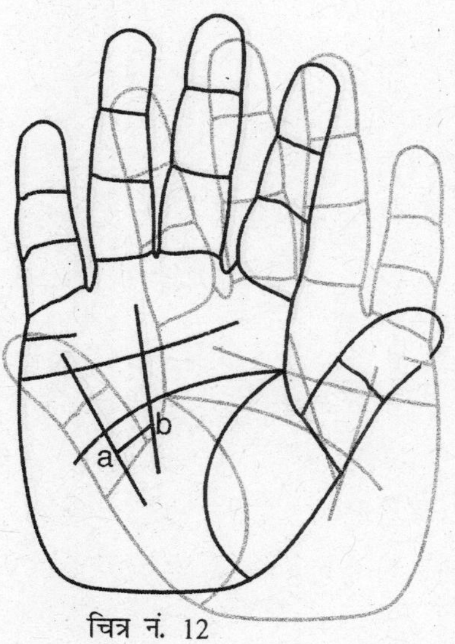

चित्र नं. 12

8. लीवर रेखा चन्द्र पर्वत पर बने द्वीप से प्रारम्भ होती हो तो व्यक्ति को रात में उठकर चलने की आदत होती है।

9. जब लीवर रेखा आयु रेखा को बिन्दु d पर छूती हो तो d बिन्दु मृत्यु का संकेत देता है अर्थात् इस बिन्दु से आगे व्यक्ति की आयु नहीं होती।

10. लीवर रेखा जब चन्द्र (-ve) (केतु) से प्रारम्भ होकर पहले सूर्य पर्वत की ओर जाती दिखाई दे और फिर अपना मार्ग बदलकर बुध पर्वत की ओर मुड़ जाए तो यह रेखा बुध पर्वत के कारण अच्छी आमदनी और केतु पर्वत के कारण अधिक खर्चा बताती है।

11. जब लीवर रेखा से कोई शाखा निकलकर गुरु पर्वत पर जाती हो तो यह रेखा धन और सम्मान दोनों दिलाती है।

12. एक अच्छी विकसित लीवर रेखा जब सूर्य रेखा से बिन्दु a-b पर जुड़ती है तो धन व प्रसिद्धि की प्राप्ति होती है। यदि रेखा (a-b) सूर्य रेखा को काट देती है : तो व्यक्ति को धन सम्बन्धी हानि होती है और व्यक्ति का विपरीत लिंग के प्रति अधिक प्रेम भाव होने से वह बर्बाद हो जाता है।

13. शनि पर्वत से एक रेखा चन्द्र पर्वत पर आकर लीवर रेखा को छूती हो तो व्यक्ति लाटरी या सट्टे में बहुत भाग्यशाली होता है।

14.(a) जब लीवर रेखा से एक शाखा निकलकर शुक्र पर्वत पर पहुंचती हो तो विपरीत लिंग से धोखे की बड़ी चेतावनी देती है। यह दूसरों पर अंध

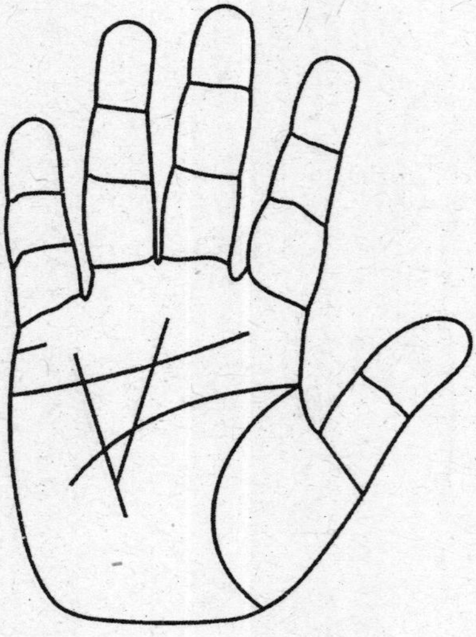

चित्र नं. 13

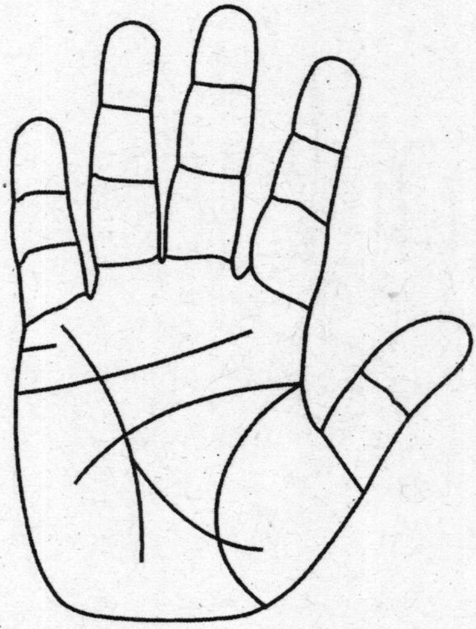

चित्र नं. 14 (a)

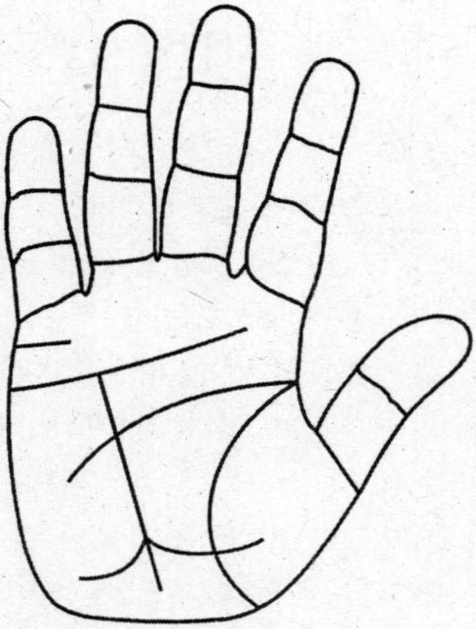

चित्र नं. 14 (b)

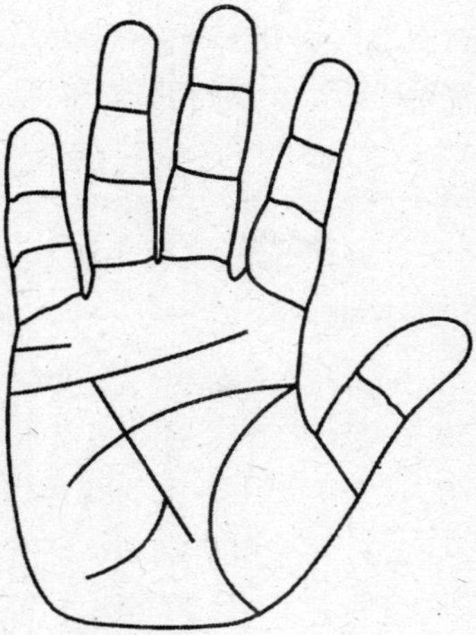

चित्र नं. 15 (a)

विश्वास या फिजूल खर्ची का परिणाम होता है, इसकी जांच भाग्य रेखा से भी की जा सकती है।

(b) यदि चन्द्र पर्वत से एक रेखा इसे आकर मिल जाए तो पुनः यह घटना को दोहराती है।

15.(a) यदि कोई गहरी रेखा चन्द्र पर्वत से आकर लीवर रेखा में मिले तो धन की प्राप्ति अनिश्चित कारणों से होती है।

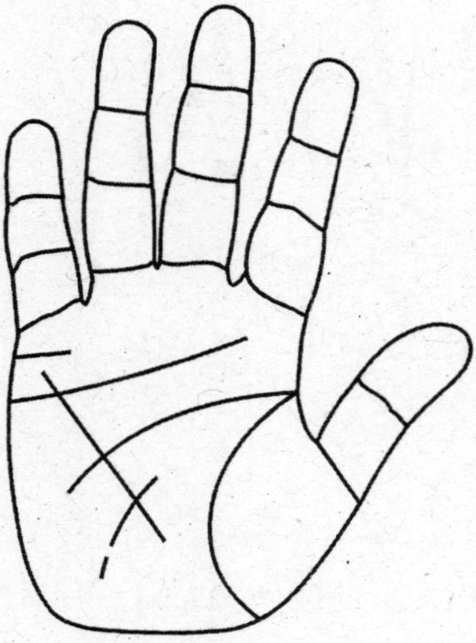

चित्र नं. 15 (b)

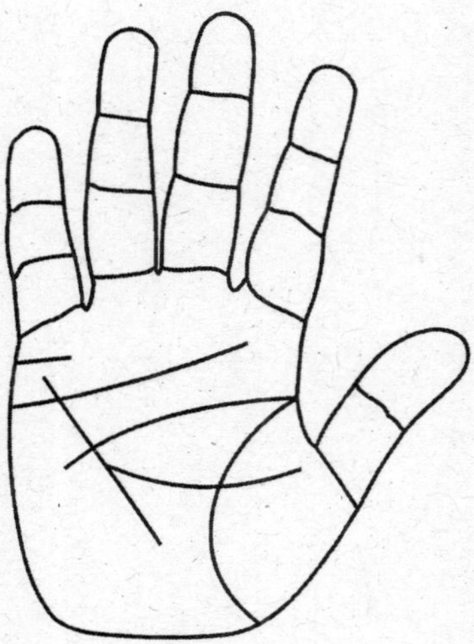

चित्र नं. 16

(b) यदि लीवर रेखा कमजोर हो और चन्द्र पर्वत से एक रेखा आकर इसको काट दें तो समुद्री यात्रा में खतरा होता है। यदि औरतों के हाथ में हो तो उन्हें बच्चा जनने में कठिनाई होती है।

16. जब मंगल पर्वत से एक रेखा आकर, लीवर रेखा को सूर्य पर्वत के नीचे छूती हो तो बहादुरी व दृढ़ विश्वास के कारण सफलता मिलती है।

17.(a) यदि लीवर रेखा मस्तिष्क रेखा पर जाकर रुक जाए तो बहुत बड़ी दिमागी परेशानी होती है।

(b) यदि मस्तिष्क पर जाकर रुकने वाली रेखा बिन्दु दर हो और आयु रेखा छोटी-छोटी रेखाओं से कटी नजर आए तो लीवर की खराबी के कारण व्यक्ति को दिमागी बीमारी हो जाती है।

(c) यदि मस्तिष्क पर रुकने वाली रेखा दो मुखी होकर मस्तिष्क रेखा से जुड़ती है और वहाँ पर त्रिभुज का आकार बनता हो तो व्यक्ति को प्रेम, सम्मान व शांति, तीनों का आनन्द प्राप्त होता है और उसकी ऑकल्ट साइंसिज में बहुत रुचि होती है।

18. जब वासना रेखा लीवर रेखा को काटती हो तो अधिक शराब, मीट और सेक्स के कारण लीवर खराब होने की बड़ी चेतावनी देती है।

19. यदि लीवर रेखा कमजोर हो और उसके साथ इनट्यूशन रेखा बनी हो जिस पर जगह-जगह पर कट लगे हों तो ऐसे व्यक्ति भविष्यवक्ता होते हैं इनमें E.S.P. (Extra Sensory Perception) अर्थात् छठी सैन्स होती है।

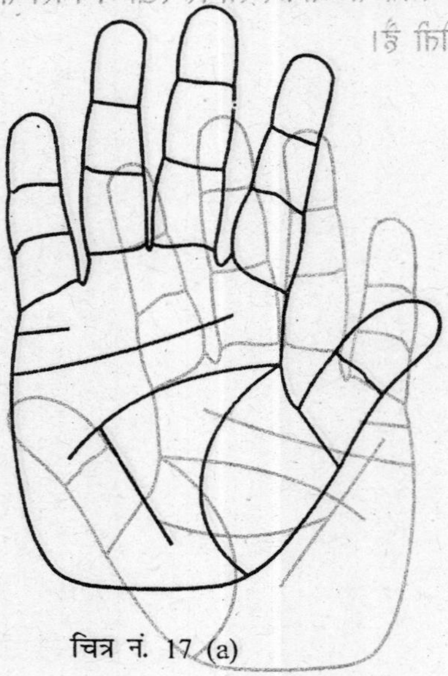

चित्र नं. 17 (a)

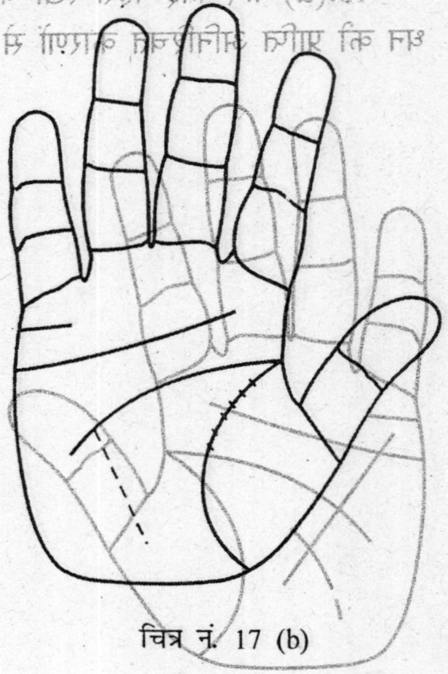

चित्र नं. 17 (b)

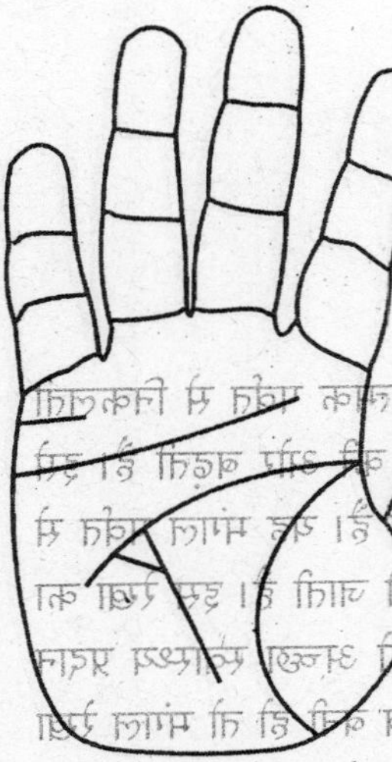

चित्र नं. 17 (c)

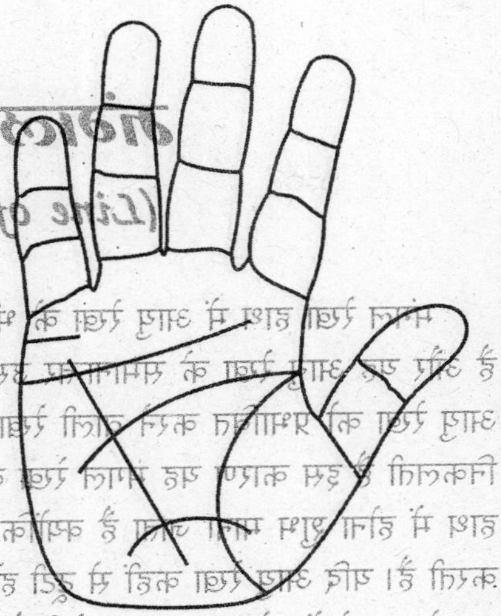

चित्र नं. 18

20. एक छोटी-सी खड़ी रेखा बुध पर्वत पर बनी हो : तो यह रेखा साधारणतया पूर्वजों की सम्पत्ति, घरेलू बंटवारे से प्राप्त धन-सम्पत्ति या फिर मुकदमेबाजी से तय हुई धन-सम्पत्ति की प्राप्ति बताती है।

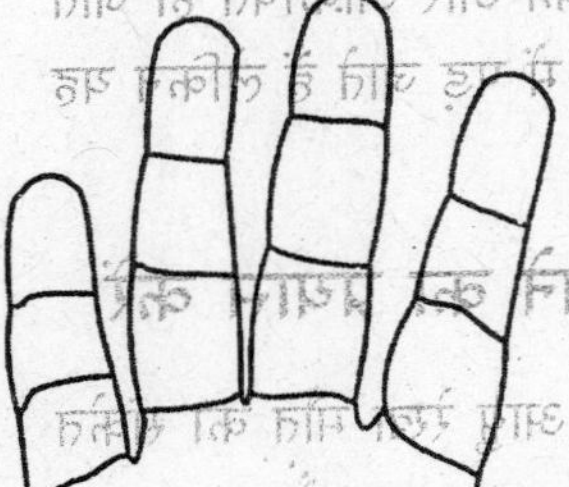

चित्र नं. 19

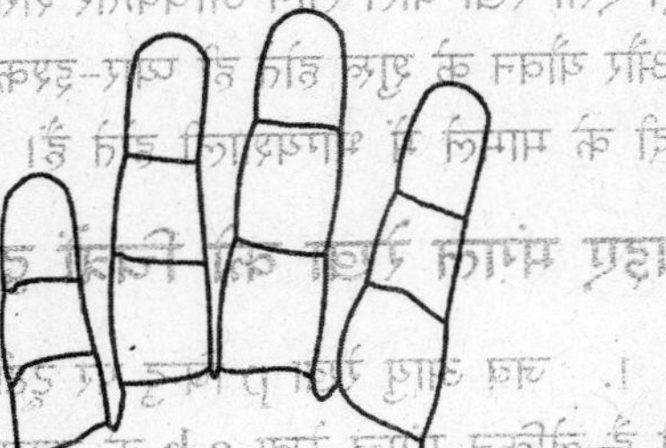

चित्र नं. 20

मंगल रेखा
(Line of Mars)

मंगल रेखा हाथ में आयु रेखा के भीतर मंगल धनात्मक पर्वत से निकलती है और यह आयु रेखा के समानान्तर उसके साथ आगे की ओर बढ़ती है। इसे आयु रेखा को प्रभावित करने वाली रेखा भी कहा जाता है। यह मंगल पर्वत से निकलती है इस कारण यह मंगल रेखा के नाम से जानी जाती है। इस रेखा का हाथ में होना शुभ माना जाता है क्योंकि यह व्यक्ति को अच्छा स्वास्थ्य प्रदान करती है। यदि आयु रेखा कहीं से टूटी हो या फिर खराब बनी हो तो मंगल रेखा उसके इन दोषों को समाप्त कर देती है और दूसरी आयु रेखा के रूप में आयु रेखा को बुरे समय में सहयोग करती है। मैंने अपने अनुभव में देखा है कि यदि आयु रेखा टूटी हुई हो और व्यक्ति उस समय गंभीर बीमारी से गुजर रहा हो, उसके बचने की कोई आशा न हो तो यह रेखा उसको शक्ति प्रदान कर उसे मरने नहीं देती। मैंने बहुत से ऐसे हाथों में इस रेखा को देखा है जिनके वाहन दुर्घटना में बुरी तरह से क्षतिग्रस्त हो गए लेकिन उनके हाथ में गहरी मंगल रेखा होने के कारण वह थोड़ी-सी चोट लगने से ही मौत के मुख से बाहर निकल गए। ऐसी रेखा वाले लोग अधिकतर शराब के नशे की ओर आकर्षित हो जाते हैं और यौवन के शुरू होते ही प्यार-इश्क के चक्कर में पड़ जाते हैं लेकिन यह शादी के मामले में भाग्यशाली होते हैं।

आइए मंगल रेखा को चित्रों द्वारा समझने का प्रयास करें

1. जब आयु रेखा p बिन्दु पर टूटी हुई हो तो आयु रेखा मौत का संकेत देती है लेकिन मंगल रेखा a b के कारण यह खतरा टल जाता है।

2. जब मंगल रेखा आयु रेखा के समानान्तर बनी हो तो इस रेखा का प्रभाव व्यक्ति के साथ अन्तिम समय तक रहता है।

3. जब मंगल रेखा आयु रेखा से दूर जाती दिखाई दे तो इस रेखा का प्रभाव जहाँ से यह मुड़ती है वहाँ से व्यक्ति के जीवन से दूर होता चला जाता है।

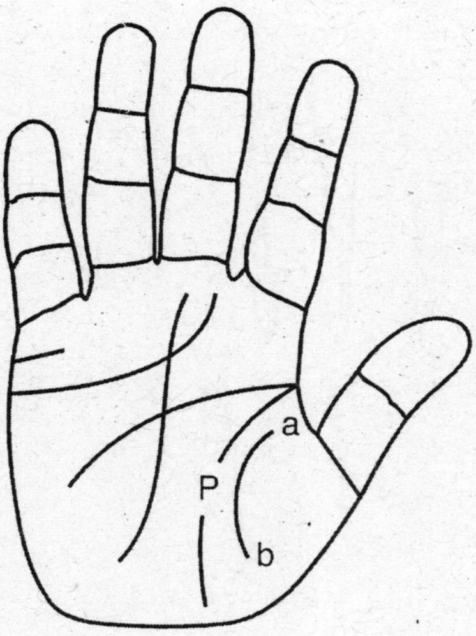

चित्र नं. 1

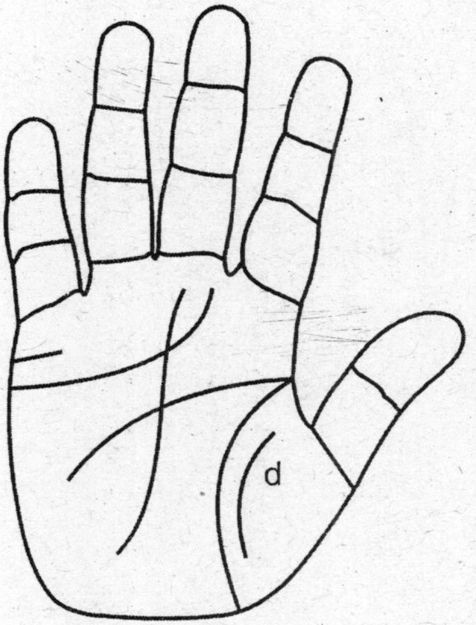

चित्र नं. 2

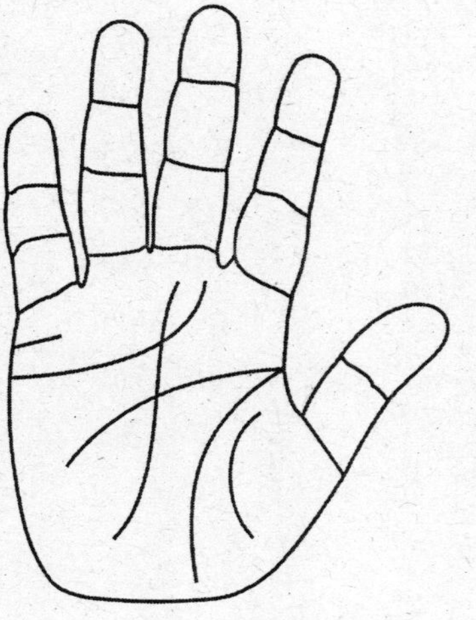

चित्र नं. 3

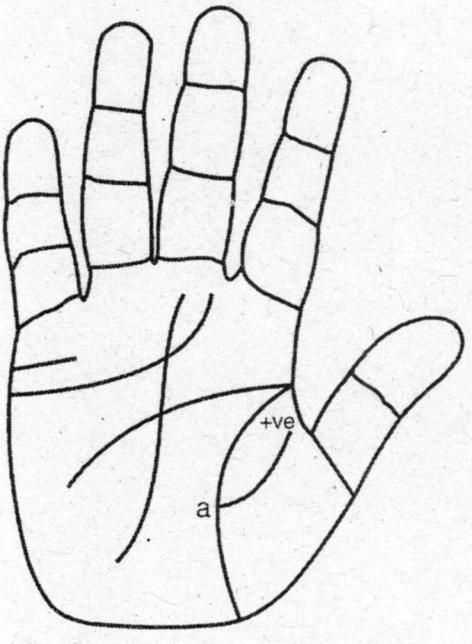

चित्र नं. 4

4. जब मंगल रेखा आयु रेखा से टकराती हो तो औरतों के हाथों में यह रेखा उनकी शादी किसी गलत व्यक्ति के साथ होने का संकेत देती है जो इनको मारता–पीटता है या फिर इनके साथ बुरा व्यवहार क़रता है। आगे चलकर जब इस रेखा का प्रभाव समाप्त हो जाता है तो फिर वह ऐसा व्यवहार नहीं करता।

5. यदि मंगल रेखा प्रारम्भ होकर आयु रेखा से टकराती है और दूसरी मंगल रेखा साथ में बनी हो और उसके आखिर में उस पर द्वीप बना हो तो उसके

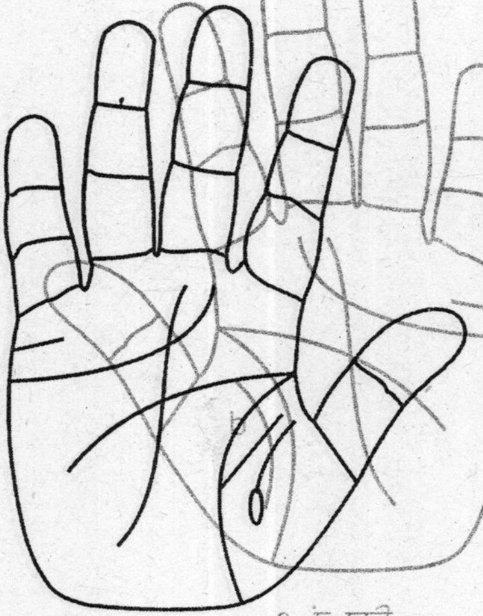

चित्र नं. 5

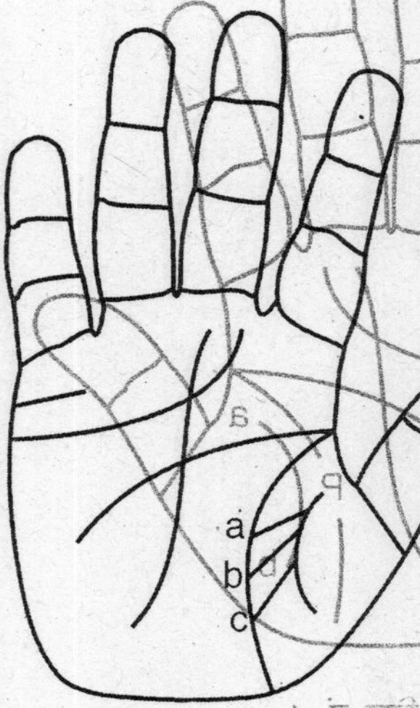

चित्र नं. 6

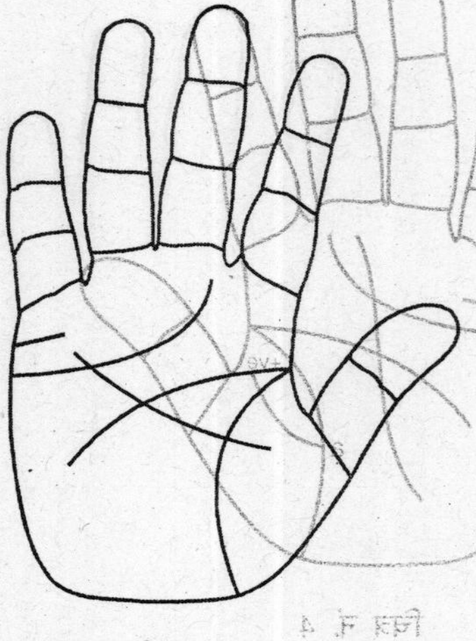

चित्र नं. 7

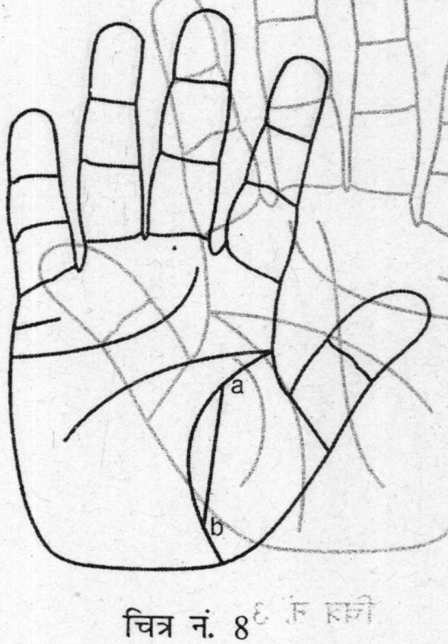

चित्र नं. 8

जीवन पर पड़ने वाला प्रभाव किसी काण्ड या बदनामी में बदल जाता है।

6. जब मंगल रेखा से शाखाएं थोड़ी-थोड़ी दूरी पर निकलती हों और आयु रेखा को बिन्दु a, b, c पर थोड़े अन्तराल के बाद टकराती हो तो औरत के हाथ में यह रेखा बताती है कि औरत का पति उसके साथ बुरा व्यवहार करता है कुछ समय ठीक रहता है फिर बुरा व्यवहार व मार-पीट करता है इस प्रकार स्त्री का जीवन नर्क बन जाता है।

7. जब मंगल रेखा, मंगल पर्वत से प्रारम्भ होकर आयु रेखा, मस्तिष्क रेखा और हृदय रेखा को काटती हो तो व्यक्ति की निजी जिन्दगी में किसी अवरोध के कारण दिमाग व दिल परेशान रहता है।

8. यदि मंगल रेखा आयु रेखा को एक सीधी रेखा a b द्वारा टकराए और आयु रेखा के साथ धनुष बाण-सा बनाती हो तो यह रेखा संकेत देती है कि

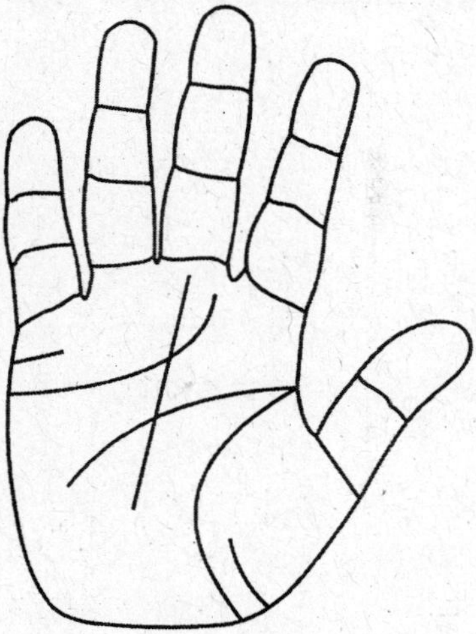

चित्र नं. 9

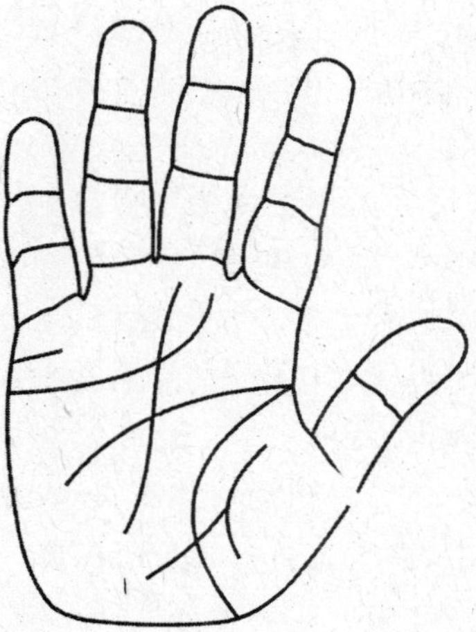

चित्र नं. 10

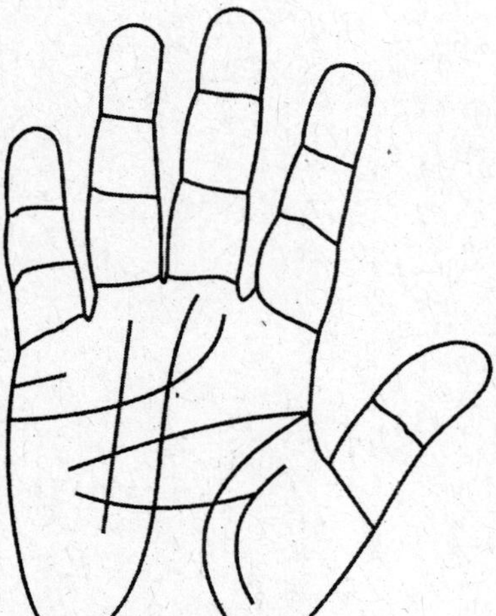

चित्र नं. 10 (b)

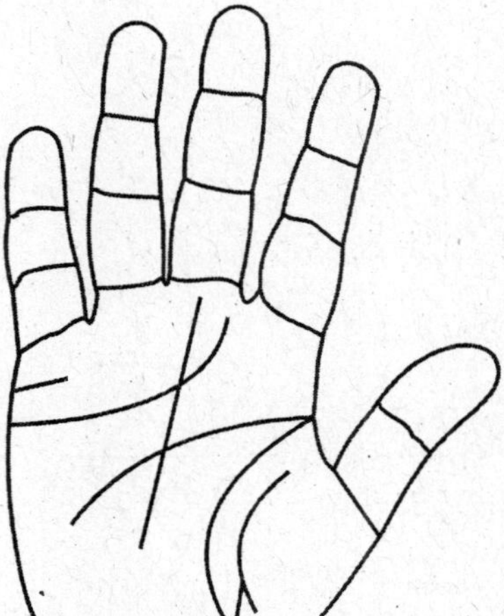

चित्र नं. 11

व्यक्ति का जीवन किसी धनवान व्यक्ति से बहुत प्रभावित है। इसको हम इस प्रकार भी समझ सकते हैं कि विवाह के पश्चात् व्यक्ति अपनी स्त्री के घर पर रहना प्रारम्भ कर दे अर्थात् घर जमाई बन जाए।

9. यदि मंगल रेखा आयु के आखिरी दिनों में आयु रेखा के साथ बनी हो तो व्यक्ति के हाथ में यह किसी का खून करने का संकेत देती है यदि खराब हाथ हो और यह रेखा गहरे लाल रंग की नजर आए तो खून करने की प्रवृत्ति और भी अधिक प्रबल हो जाती है। औरतों के हाथों में यह रेखा उनके हारमोन्स में परिवर्तन की ओर संकेत करती है।

10.(a) यदि मंगल रेखा से शाखा निकलकर चन्द्र पर्वत की ओर जाती हो तो यह रेखा अधिकतर उन यात्रियों के हाथों में होती है जो एक स्थान से दूसरे स्थान तक घूमते रहते हैं जैसे कि ट्रक ड्राइवर, यह रेखा इनमें शराब पीने और सेक्स करने की आदतें बताती है। जब यह रेखा आयु रेखा को काटती है तो उस समय इनके ऊपर गुस्से में खून सवार हो जाता है जो इनके लिए खतरे की घंटी है।

(b) यदि मंगल रेखा से शाखा निकलकर आयु रेखा को पार करती हुई भाग्य रेखा व सूर्य रेखा को काट दे जब यह आयु रेखा को पार करती है तो जीवन को ऊपर उठाती है, जब भाग्य रेखा को काटती है तो जीवन में अवरोध उत्पन्न करती है और जब सूर्य रेखा को काटती है तो प्रसिद्धि एवं प्रतिष्ठा को

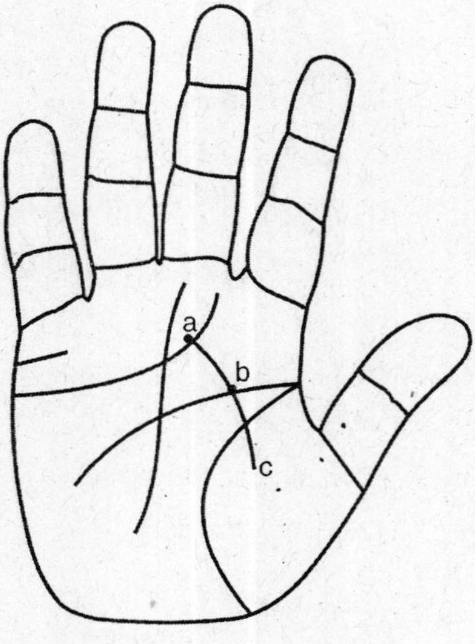

चित्र नं. 12 (a)

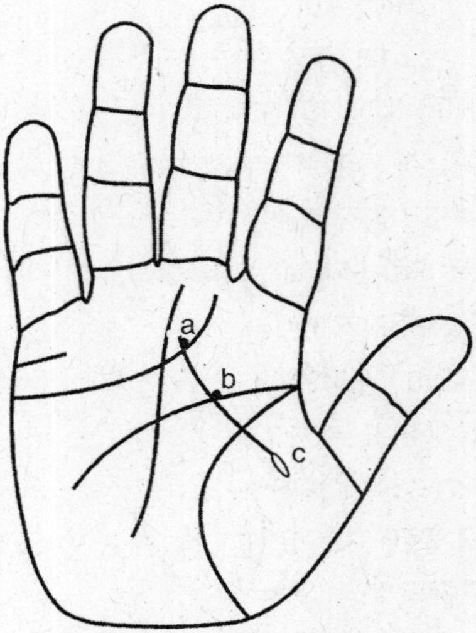

चित्र नं. 12 (b)

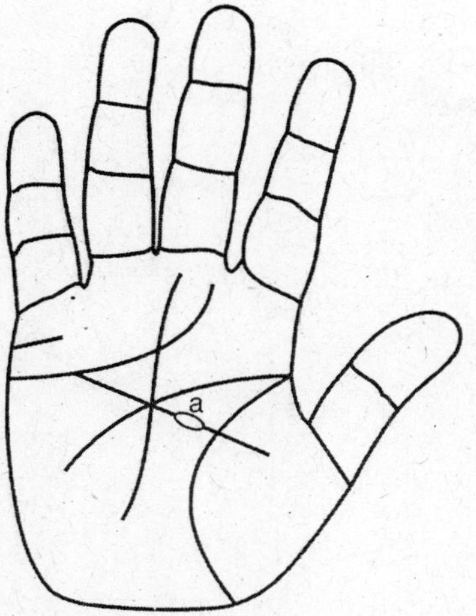

चित्र नं. 12 (c)

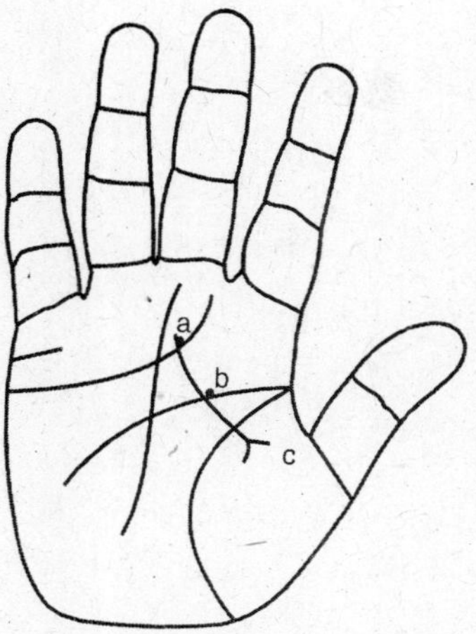

चित्र नं. 12 (d)

क्षति पहुंचाती है और यह रेखा कभी-कभी दुर्भाग्यपूर्ण वैवाहिक जीवन भी बताती है।

11. यदि मंगल रेखा दो शाखाओं पर समाप्त हो तो यह रेखा और भी तीव्र होती है और हाथ में बने अन्य बुरे संकेतों के साथ खून करने की प्रवृत्ति की ओर संकेत देती है।

12.(a) यदि मंगल पर्वत से एक रेखा निकलकर मस्तिष्क रेखा पर टकराए अर्थात् चोट करे तो मस्तिष्क पर चोट लगने की ओर संकेत देती है। यदि मस्तिष्क रेखा पर किसी बिन्दु का निशान हो तो अवश्य ही उस व्यक्ति के सर में गहरा घाव होता है। चित्र में b बिन्दु मस्तिष्क रेखा पर बना हुआ है यदि यह रेखा आगे निकलकर हृदय रेखा को a बिन्दु पर छूती है तो अकस्मात् बुरी खबर, कोई शौक लगता है।

(b) यदि यह रेखा मंगल पर्वत पर द्वीप से प्रारम्भ होती हो तो मस्तिष्क पर चोट लगना या किसी का शौक व दु:ख होना टल जाता है।

(c) यदि मंगल रेखा के बीच a स्थान पर द्वीप बना हो और यह मस्तिष्क और हृदय रेखा को काटती हो तो किसी चाहने वाले की मौत का शौक, दु:ख टल जाएगा।

(d) यदि मंगल रेखा आयु रेखा के अन्दर से दो शाखाओं c से प्रारम्भ होती हो, मस्तिष्क रेखा पर a बिन्दु व हृदय रेखा पर b बिन्दु पर धब्बे का निशान बना

हो तो यह रेखा दर्शाती है कि दुर्घटना के समय दो व्यक्तियों के साथ हादसा हुआ था अर्थात् घटना के समय दो व्यक्ति एक साथ थे। यदि द्विशाखा, आयु रेखा के बाहर की ओर बनी हो और मस्तिष्क व हृदय रेखा पर a, b बिन्दुओं पर बने धब्बों के निशान न हो तो एक ही प्रकार की घटना दो बार होती है अर्थात् दुबारा होती है। उदाहरण के तौर पर यदि कोई मित्र, रिश्तेदार या परिवार के सदस्य की बीमारी या ऑपरेशन से दिल व दिमाग परेशान रहा हो तो चार-पाँच साल बाद अर्थात् द्विशाखा की चौड़ाई के अनुसार वह घटना दुबारा घटेगी। यदि द्विशाखा की चौड़ाई कम है तो दो वर्ष में भी घट सकती है।

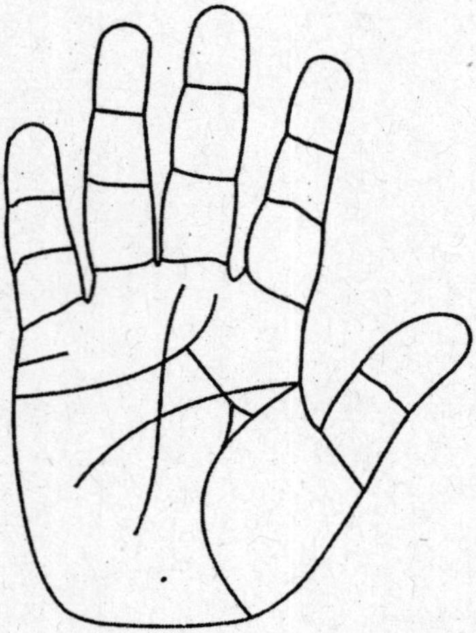

चित्र नं. 12 (e)

यात्रा रेखा
(Line of Travel)

चन्द्र ग्रह को यात्रा का प्रतीक माना जाता है इसलिए चन्द्र पर्वत पर बनी रेखाएं यात्रा की रेखाएं होती हैं। जो रेखाएं चन्द्र ऋणात्मक (-ve) अर्थात् केतु के ऊपर से प्रारम्भ होकर चन्द्र धनात्मक (+ve) की ओर अर्थात् उंगलियों की तरफ जाती दिखाई देती वह रेखाएं सफल यात्राएं कराती हैं और जो रेखाएं चन्द्र ऋणात्मक (-ve) से प्रारम्भ होती हैं अर्थात् मणिबन्ध रेखाओं से प्रारम्भ होती हैं और चन्द्र पर्वत की ओर नहीं जातीं, वह रेखाएं असफल यात्रा का प्रतीक हैं। अर्थात् या तो यात्रा ही नहीं होगी और यदि होगी तो इनके परिणाम शुभ नहीं होंगे।

ज्योतिष शास्त्र भी यही बताता है कि यात्रा करते समय जिस तरफ चन्द्र हो उसी दिशा में यात्रा करना शुभ होता है और चन्द्र की विपरीत दिशा में यात्रा करने से हानि होती है। अर्थात् चन्द्र पर्वत के विपरीत दिशा केतु पर्वत पर बनी रेखाओं अनुसार यात्रा नहीं करनी चाहिए।

आइए उदाहरणों में चित्रों द्वारा इस रेखा को समझने का प्रयास करें:

1. पहले हाथ पर चन्द्र पर्वत धनात्मक (+ve) और चन्द्र पर्वत ऋणात्मक (-ve) की स्थिति स्पष्ट कर लें। देखिए चित्र-1

2. जब व्यक्ति के हाथ में चन्द्र (-ve) से चन्द्र (+ve) की तरफ जाती हुई यात्रा रेखाएं दिखाई दे तो शुभ यात्राएं होती हैं। चित्र में बनी रेखा b चन्द्र (-ve) से चन्द्र (+ve) की तरफ जाती दिखाई गई है जो कि शुभ है।

3. जो रेखाएं हथेली पर अन्य स्थानों से उदय होकर चन्द्र (-ve) अर्थात् केतु की ओर अर्थात् मणिबन्ध रेखाओं की तरफ जाती दिखाई दे अर्थात् चन्द्र (+ve) के विपरीत दिशा में हो तो ऐसी रेखाएं यात्रा के लिए शुभ नहीं होती हैं। चित्र में देखें, रेखाएं r, s, t, u और v चित्र में u और v रेखाएं चन्द्र (+ve) के विपरीत दिशा में जाती दिखाई देती हैं इसलिए यात्रा में शुभ नहीं। रेखा s पर द्वीप बना है इसलिए यात्रा दुर्भाग्यपूर्ण होगी, r रेखा पर क्रॉस बना हुआ है,

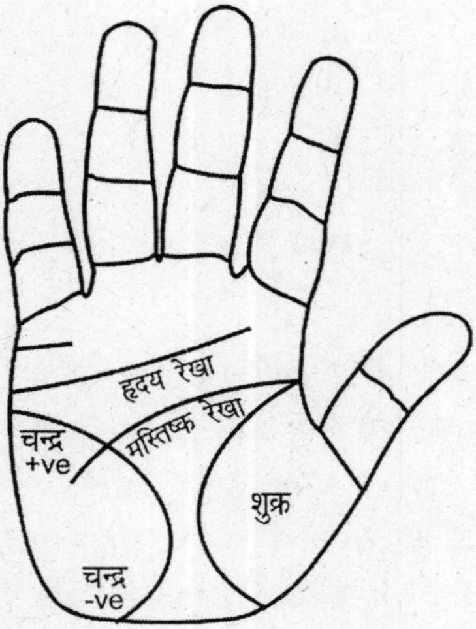

चित्र नं. 1

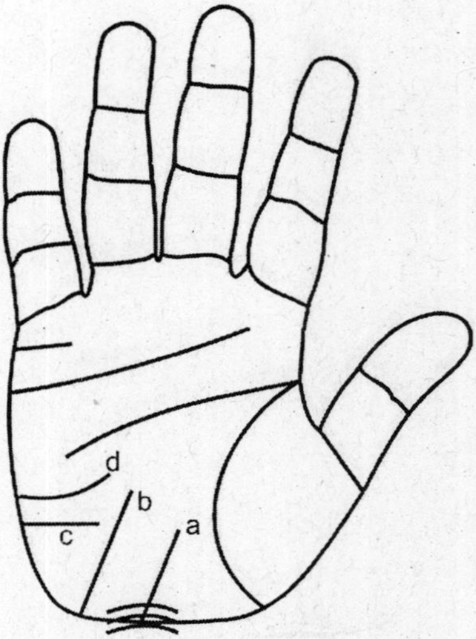

चित्र नं. 2

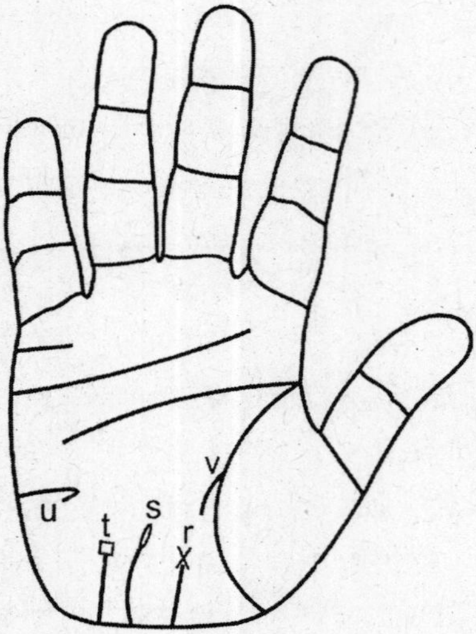

चित्र नं. 3

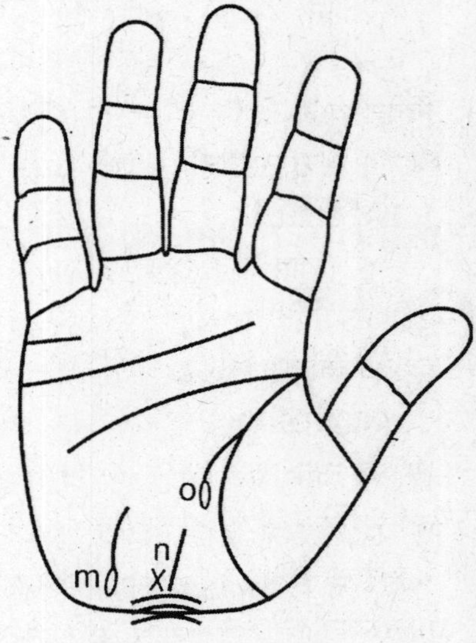

चित्र नं. 4

यात्रा में निराशा होगी और रेखा t पर वर्ग बना हुआ है जो यात्रा में रक्षा करेगा एवं हानि से बचाएगा।

4. इस चित्र में रेखाएं m, n और o देखें। रेखा m पर द्वीप बना हुआ है जो दुर्भाग्य की निशानी है अत: दुर्भाग्यवश या खराब परिस्थितियों के कारण वह

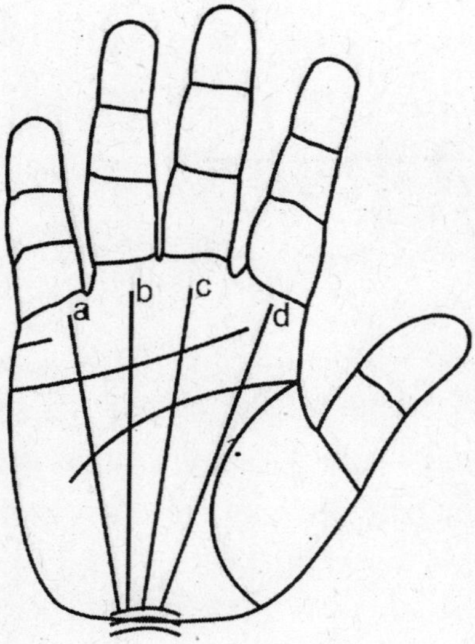

चित्र नं. 5

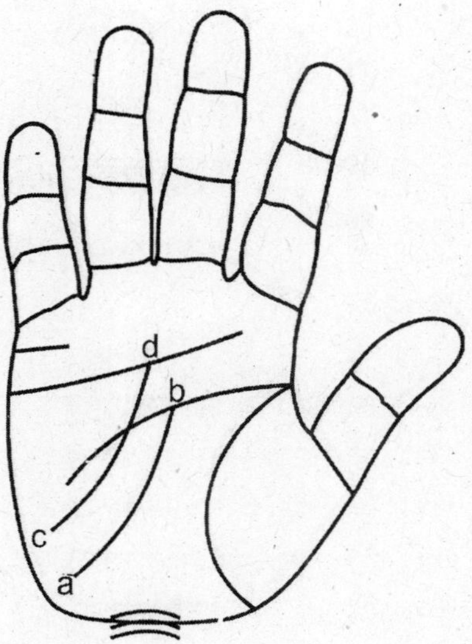

चित्र नं. 6

विदेश यात्रा नहीं होगी। n रेखा पर क्रॉस बना है अर्थात् घर की परिस्थितियों के कारण यात्रा नहीं होगी। रेखा o इस पर भी द्वीप बना है अत: यात्रा निराशा से समाप्त होगी।

5. जब यात्रा रेखाएं मणिबन्ध रेखाओं से प्रारम्भ होकर हाथ को पार करती हुई गुरु पर्वत पर पहुंचे। चित्र में d रेखा यह बहुत लम्बी यात्रा बताती है और व्यक्ति को इससे सम्मान और लाभ प्राप्त होता है। यदि शनि पर्वत की ओर जाती है, देखें रेखा c तो यह दुर्भाग्य की निशानी है ऐसा व्यक्ति यात्रा से लौटकर वापिस नहीं आता। यदि रेखा सूर्य पर्वत की ओर जाए देखें रेखा b तो व्यक्ति को सरलता के साथ प्रसिद्धि, खुशहाली एवं धन की भी प्राप्ति होती है। यदि यह रेखा बुध पर्वत की ओर जाती दिखाई दे, चित्र में देखें रेखा a व्यक्ति अकस्मात् धनवान बनता है।

6. यदि यात्रा रेखा चन्द्र पर्वत से a बिन्दु से प्रारम्भ होकर मस्तिष्क रेखा पर b बिन्दु पर जाकर रुक जाती है तो यात्रा में कोई बड़ी समस्या आती है या व्यक्ति के सिर पर चोट का खतरा होता है। यदि दिल की रेखा पर जाकर बिन्दु d पर रुक जाए तो यात्रा में कोई दु:खद घटना या दिल सम्बन्धी समस्या आती है।

बच्चों की रेखाएं

(Lines of Children)

साधारणतया यह रेखाएं बुध पर्वत पर विवाह रेखा से ऊपर की ओर निकलती दिखाई देती हैं। यह रेखाएं पुरुषों के हाथों की अपेक्षा स्त्रियों के हाथों में अधिक स्पष्ट नजर आती हैं। जो रेखाएं मोटी एवं स्पष्ट होती हैं वह लड़कों की, और जो पतली एवं हल्की होती हैं वह लड़कियों की होती हैं। आइए चित्रों द्वारा समझें:

1. मोटी और चौड़ी रेखा जो विवाह रेखा के ऊपर, बुध पर्वत पर बनी हुई है लड़के की और पतली रेखा लड़की की।

2. यदि रेखा के प्रथम आधे भाग पर द्वीप बना हो तो बच्चे अस्वस्थ पैदा होते हैं या शुरू से उनका स्वास्थ्य ठीक नहीं रहता।

3. यदि रेखा के अन्तिम भाग पर द्वीप बना हो तो बच्च जीवित नहीं रहता।

4. यदि रेखा द्वीप की शक्ल में नजर आए अर्थात् पूरी रेखा पर द्वीप बना हो : तो ऑपरेशन से जो बच्चा पैदा होता है वह मरा हुआ होता है या स्त्री का अपने आप ही बच्चा गिर जाता है। ऐसी रेखा होने पर स्त्री स्वयं अपनी इच्छा से भी कई बार बच्चे को गिरवा (Abortion) देती है।

कितने लड़के होंगे या लड़कियाँ यह जानने के लिए जितनी गाढ़ी व मोटी रेखाएं होती हैं उतने लड़के होते हैं और जितनी पतली रेखाएं होती हैं उतनी लड़कियाँ होती हैं। व्यक्ति के हाथ में बच्चे की गहरी रेखाओं का बना होना बताती है कि पिता को बच्चों से बहुत प्रेम है।

मैंने अपने अनुभव में पाया है कि स्त्री के बाएं हाथ में दाएं हाथ की अपेक्षा यह रेखाएं अधिक स्पष्ट होती हैं जबकि व्यक्ति के हाथ में यह रेखाएं बहुत हल्की होती हैं। व्यक्ति सन्तान को जन्म नहीं देता, सन्तान को जन्म केवल स्त्री ही देती है चाहे पहले विवाह की सन्तान हो, दूसरे, नीसरे की या फिर अवैध सम्बन्धों को, बच्चों का लेखा-जोखा तो स्त्री के ही हाथ में होता है।

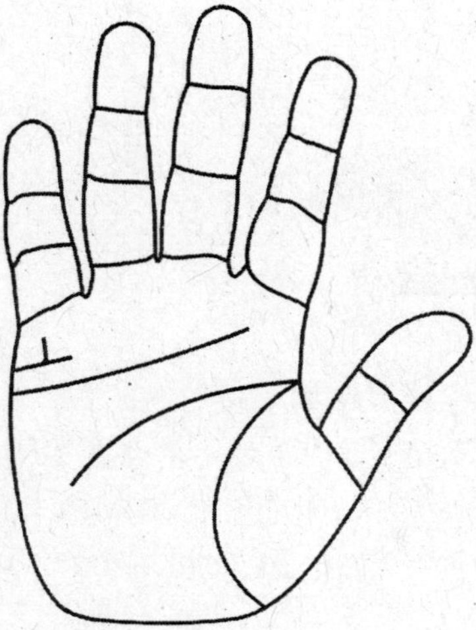

चित्र नं. 1

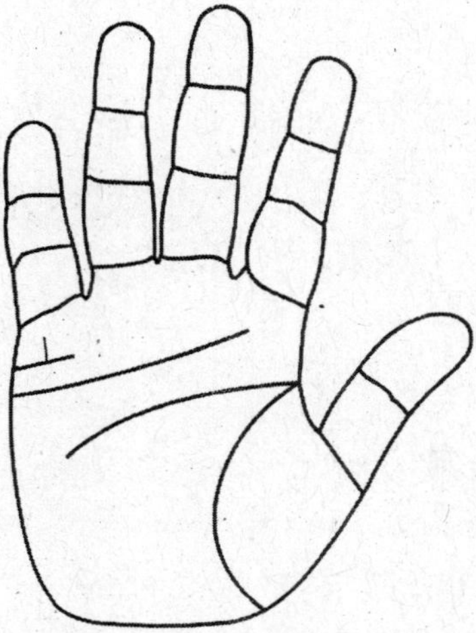

चित्र नं. 2

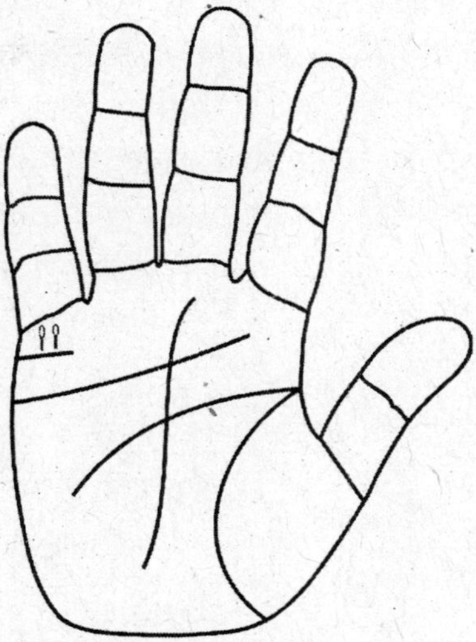

चित्र नं. 3

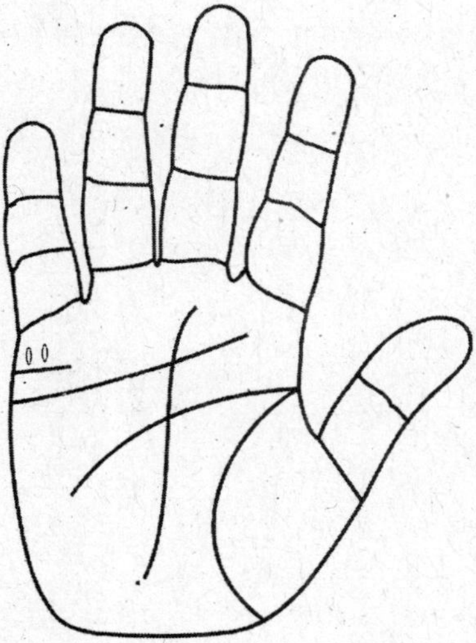

चित्र नं. 4

वासना रेखा

(Via-Lasciva)

वासना रेखा अर्थात् सेक्स की भूख, कहीं-कहीं इसे लीवर रेखा को प्रभावित करने वाली रेखा भी कहते हैं। जब वासना रेखा, शुक्र पर्वत से प्रारम्भ होकर, चन्द्र पर्वत के ऊपर जाती है तो यह व्यक्ति की आयु को कम कर देती है, जिसका कारण उसका वासना में लिप्त रहना होता है। आइए उदाहरणों में चित्रों द्वारा समझने का प्रयास करें।

1. जब यह रेखा चन्द्र पर्वत (+ve) से प्रारम्भ होकर बुध पर्वत पर जाती हो यदि यह रेखा दोनों हाथों में समान रूप से बनी है तो व्यक्ति को धन कमाने की भूख होती है। वह तरह-तरह के कार्यों से धन कमाता है और उसे अपनी मौज-मस्ती के लिए खर्च करता है। वह अपनी सेक्स की भूख के लिए अपने दोस्तों, रिश्तेदारों या फिर अन्य तरीकों से भी धन प्राप्त करता है।

2. चन्द्र (-ve) से प्रारम्भ होकर सीधे बुध पर्वत पर जाना : यहाँ पर चन्द्र (-ve) (केतु) सेक्स व बुध, बदल-बदल कर लोगों के साथ करने से है। इनमें

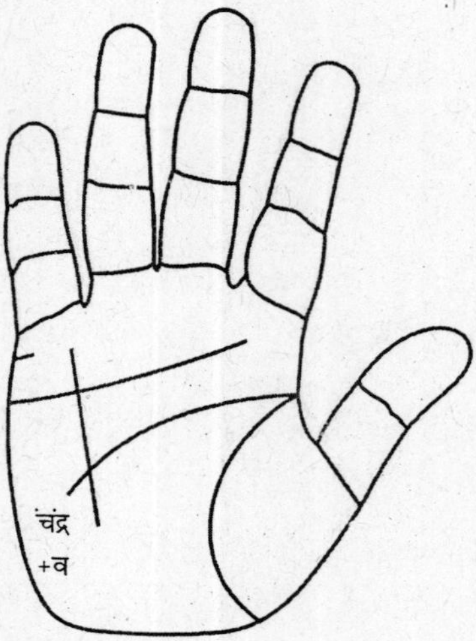

चित्र नं. 1

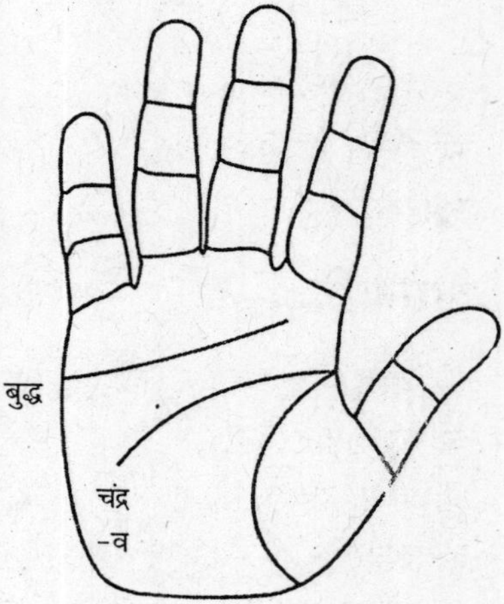

चित्र नं. 2

जानवरों जैसा सेक्स होता है अर्थात् यह अपने ही लिंग के लोगों के साथ सेक्स में रुचि रखते हैं (Homosexuality) अर्थात् इन्हें अंग्रेजी में (Gay) कहते हैं।

3.(a) जब वासना रेखा शुक्र पर्वत से चन्द्र पर्वत पर अर्द्धवृत्त के रूप में जाती है : तो जानवरों जैसी सेक्स की भूख होती है। यहाँ पर वृत्त का एक किनारा जो शुक्र पर्वत (-ve) से प्रारम्भ होता है : नीच सेक्स, अर्थात् जानवरों के साथ भी सेक्स करना या जानवरों जैसा सैक्स करना और वृत्त का दूसरा चन्द्र (-ve) पर जाने से साथी बदल-बदल कर सेक्स करने से है। ये लोग अपने सेक्स साथी को इस प्रकार बदलते हैं जैसे लोग दिन में कपड़े बदलते हैं। ऐसी रेखा अधिकंतर कॉल गर्ल या वेश्याओं के हाथों में पाई जाती है।

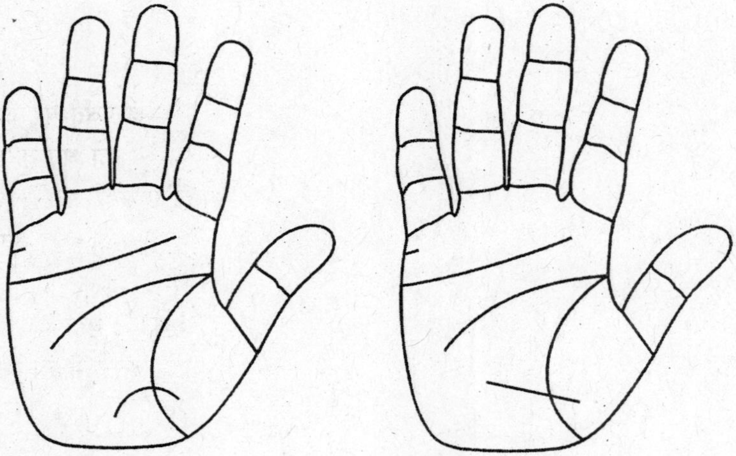

चित्र नं. 3 (a) चित्र नं. 3 (b)

(b) जब यह शुक्र पर्वत (-ve) से प्रारम्भ होकर चन्द्र पर्वत पर सीधी रेखा की शक्ल में जाती हो तो यह व्यक्ति की सेक्स में अधिकता के कारण आयु कम कर देती है।

वासना रेखा का अन्य रेखाओं से सम्बन्ध

हाथ में इस प्रकार की रेखा का होना धन एवं सम्मान की हानि बताती है। व्यक्ति अपनी वासना तृप्ति के कारण बदनाम हो जाता है। इस प्रकार के लोग अधिकतर शराब व औरतों में डूबे रहते हैं। अपनी वासना की भूख के लिए बलात्कार तो करते ही हैं साथ में बलात्कार के बाद खून तक कर डालते हैं।

आइए इस रेखा को थोड़ा विस्तार से हाथ पर अन्य चिह्नों के साथ समझें

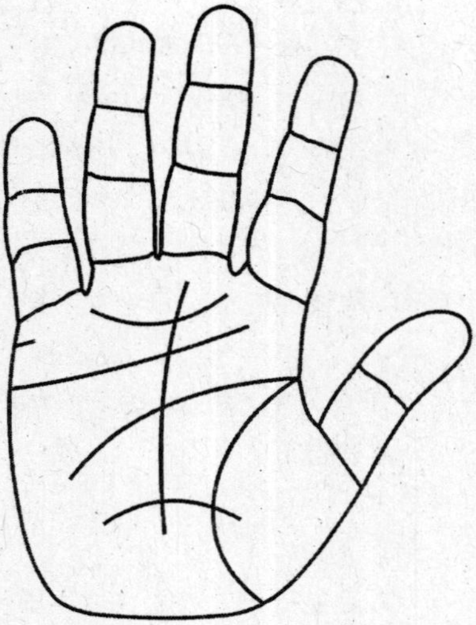

चित्र नं. (a)

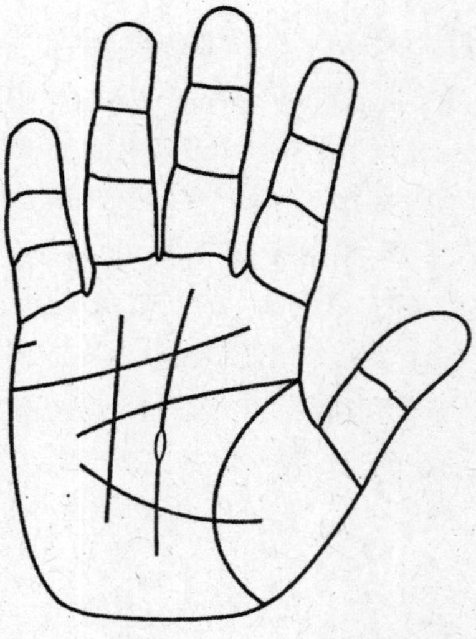

चित्र नं. (b)

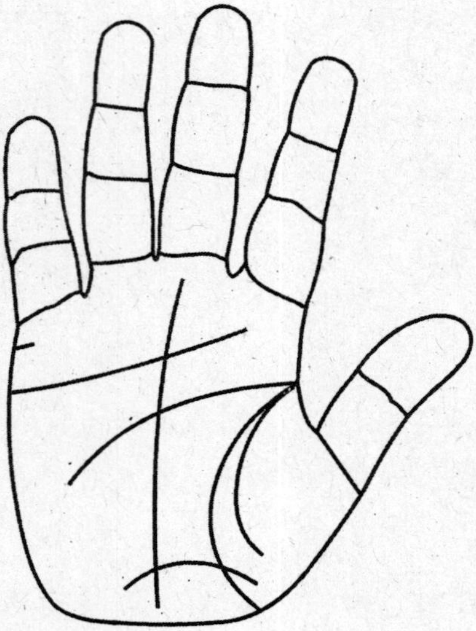

चित्र नं. (c)

a. यदि वासना रेखा शुक्र पर्वत (-ve) से प्रारम्भ होकर, चन्द्र पर्वत पर जाती हो और हाथ में शनि पर्वत के नीचे शुक्र मेखला (Girdle of Venus) बनी हो : तो यह सेक्स को और भी बढ़ा देता है। व्यक्ति हमेशा शराब व औरतों

के बीच वासना में लिप्त रहता है। इसी प्रकार औरतों के लिए समझें। (देखें चित्र-a)

b. चित्र -b में वासना रेखा शुक्र पर्वत से प्रारम्भ होकर सूर्य रेखा को काट रही है और हाथ में भाग्य रेखा पर द्वीप बना हुआ है। यह रेखा यहाँ पर भारी धन की हानि व बदनामी बताती है।

c. यदि वासना रेखा गहरी बनी हो और शुक्र पर्वत भी उभरा हुआ और कड़ा हो और मंगल रेखा भी आयु रेखा के समानान्तर बनी हो चित्र-c तो ऐसे लोग बलात्कार करते हैं, यदि अंगूठा चमचाकार (Clubbed) हो-तो उन पर सेक्स का भूत सवार होता है। वह बलात्कार और खून दोनों कर देते हैं यह अपनी वासना की भूख मिटाने के लिए किसी भी हद तक जा सकते हैं।

अन्तर्ज्ञान रेखा

(Line of Intution or Prophecy)

यह रेखा अधिकतर केवल दार्शनिक, नुकीले एवं आदर्श हाथों में पाई जाती है। यह हाथ पर बुध पर्वत व चन्द्र पर्वत के बीच अर्द्धवृत्त के रूप में होती है। पाठकों को यहाँ पर ध्यान देना है कि वह इस रेखा को गलती से लीवर रेखा न समझ लें क्योंकि वह भी इसी प्रकार से इस स्थान पर बनी होती है।

1. हाथ पर यह रेखा अर्द्धवृत्त के रूप में बनी होती है। यह चन्द्र पर्वत व बुध पर्वत को आपस में जोड़ती है। जैसा कि आप जानते हैं कि चन्द्र व्यक्ति की काल्पनिक सोच शक्ति को बढ़ा देता है और बुध अपनी शीघ्रता से बदलती भावनाओं (Fluctuating tendency) से उसे कई गुना बढ़ा देता है जिस कारण व्यक्ति को दृश्य नजर आते हैं जो उसके मस्तिष्क व इन्द्रियों की सोच से परे होते हैं। उसे दूसरों के प्रति अन्तर्ज्ञान द्वारा उनके भविष्य में होने वाली घटनाओं का पूर्वाभास हो जाता है। जिस समय इन घटनाओं का पूर्वाभास होता है उस समय वह आधा सोया और आधा जागा होता है अर्थात् अपने अन्तर्ध्यान में खोया हुआ होता है और उसे अहसास तक नहीं होता कि उसने यह सब कब देखा था। चित्र-1 देखें

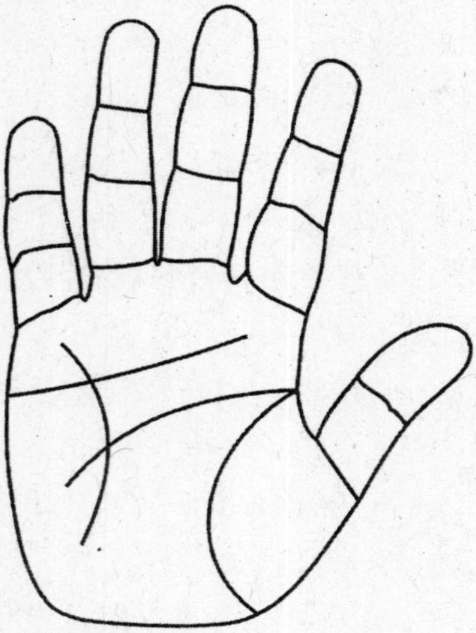

चित्र नं. 1

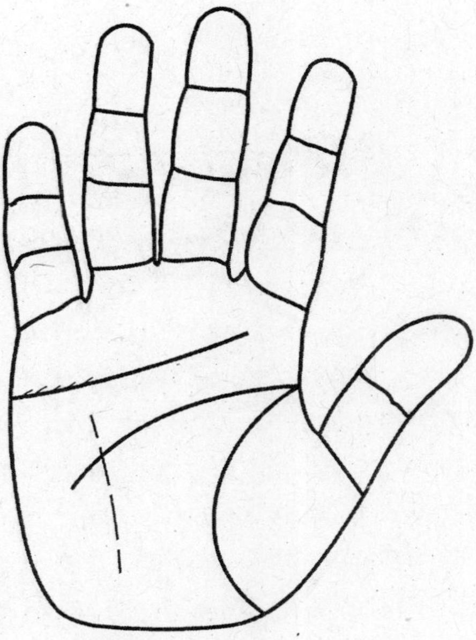

चित्र नं. 2

2. अपने अभ्यास एवं शोध कार्य से हजारों हाथों को देखने के बाद में इस निष्कर्ष पर पहुंचा हूँ कि लीवर रेखा जब मुलायम हाथों पर हो और हाथ पर शुक्र पर्वत अधिक उभरा हुआ हो व मस्तिष्क रेखा नीचे की तरफ चन्द्र पर्वत पर मुड़कर पहुंचती हो तो लीवर रेखा भी अन्तर्ज्ञान रेखा की तरह ही भविष्य के बारे में बताती है। साधारणतया देखा गया है कि जब व्यक्ति अधिक सेक्स सम्बन्धी गतिविधियों से जुड़ा है तो पेट में खराबी आ जाने के कारण रक्तचाप खराब हो जाता है और हाथ पर लीवर रेखा, अन्तर्ज्ञान रेखा की तरह हाथ पर उभर आती है और चन्द्र पर्वत व बुध पर्वत से सम्बन्ध स्थापित कर लेती है जिस कारण उसे भविष्य में दृश्य नजर आते हैं। देखिए चित्र-2

मणिबन्ध रेखाएं
(The Bracelets or Rascettes)

ये रेखाएं हाथ की हथेली के आधार पर कलाई के ऊपर पाई जाती हैं। ये गिनती में दो, तीन या फिर चार हो सकती हैं। ये हथेली के बिल्कुल पास एक दूसरी रेखा के समानान्तर शुक्र पर्वत के नीचे से प्रारम्भ होकर चन्द्र पर्वत के नीचे तक कलाई पर स्पष्ट दिखाई देती हैं। इनका सम्बन्ध व्यक्ति के हृष्ट-पुष्ट एवं सुगठित शरीर-संरचना से है। इसका सम्बन्ध व्यक्ति के आन्तरिक अंगों से भी जुड़ा है और यह व्यक्ति के बच्चा जनने की शक्ति पर भी प्रकाश डालती है। इन रेखाओं की स्थिति ठीक न होने के कारण व्यक्ति के आन्तरिक भागों में कमजोरी होती है जिस कारण वह संतान पैदा नहीं कर पाते।

आइए जानकारी प्राप्त करें

1. मणिबन्ध रेखाएं हाथ की कलाई के ऊपर लगभग हथेली के पास उसके ऊपर की तरफ धनुष बाण की तरह बनी हुई दिखती हों तो ये रेखाएं व्यक्ति के आन्तरिक भागों में कमजोरी बताती है। जहाँ तक औरतों का प्रश्न है, तो उनके अन्दर बच्चा जनने वाले अंगों में कमजोरी या खराबी बताती है, जिस कारण उनको उनके सन्तान या तो होती ही नहीं या फिर बड़ी मुश्किलों से होती है। ऐसा तब होता है जब हथेली के पास की मणिबन्ध रेखा हथेली के ऊपर अर्धवृत या धनुष-बाण की तरफ बनी हुई दिखाई दे। चित्र-1 देखिए

यदि यह मणिबन्ध रेखाएं गहरी बनी हुई हों और साफ नजर आती हों : तो व्यक्ति देखने में हृष्ट-पुष्ट एवं सुगठित शरीर वाला होता है परन्तु उसके भीतरी अंगों में कमजोरी होती है।

2. (a) मणिबन्ध रेखाओं से एक रेखा ऊपर उठकर, हथेली पार करते हुए जब गुरु पर्वत पर पहुंच जाती है : तो यह रेखा लम्बी यात्रा अधिकतर समुद्री यात्रा बताती है। यह यात्रा सौभाग्यपूर्ण होती है। देखें चित्र-2a

(b) यदि यह रेखा हथेली पर से जाते हुए अपना रास्ता बदलकर शनि पर्वत की ओर जाती दिखाई दे अर्थात् वह पहुंचने से पहले ही रुक जाए : तो यह रेखा

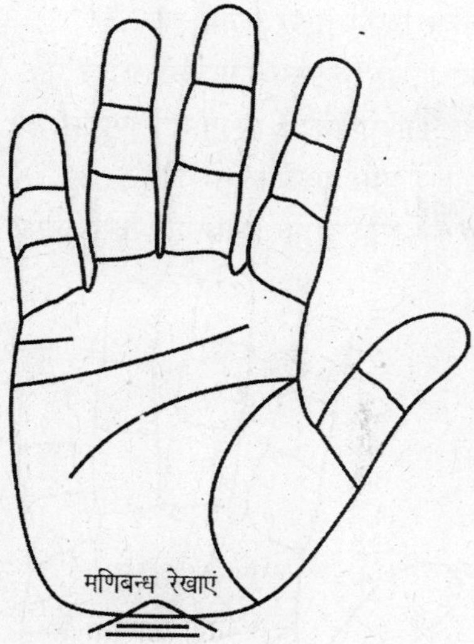

चित्र नं. 1

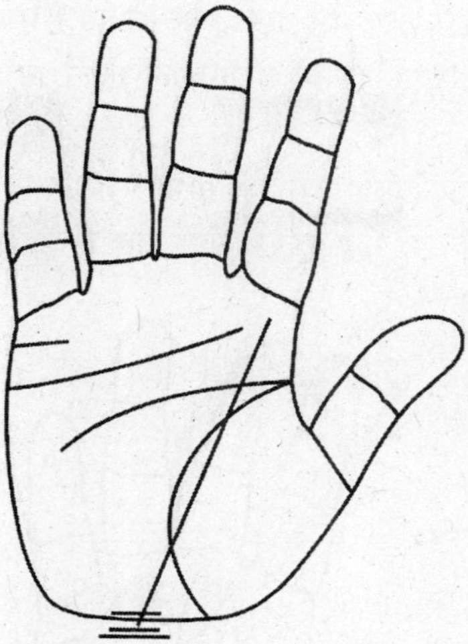

चित्र नं. 2 (a)

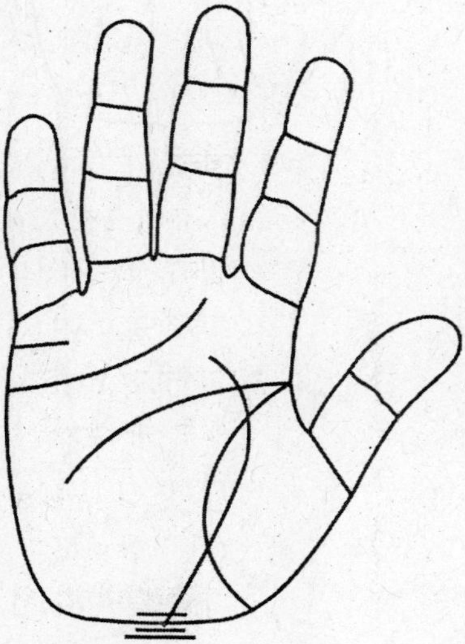

चित्र नं. 2 (b)

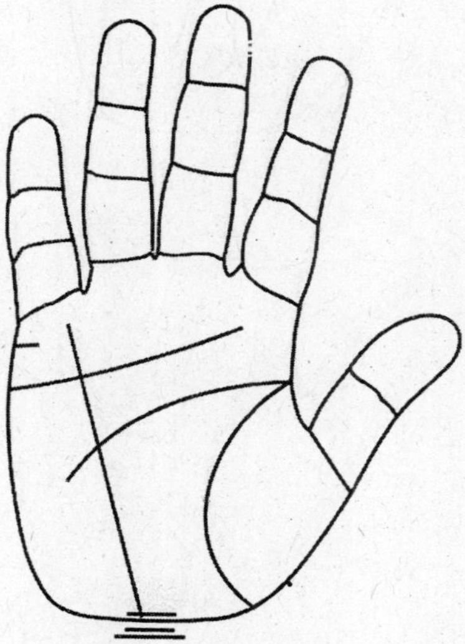

चित्र नं. 3

बताती है कि यात्रा करने वाला कभी वापिस लौटकर नहीं आएगा। चित्र-2b

3. यदि मणिबन्ध रेखाओं से एक रेखा ऊपर की तरफ उठकर हथेली को पार करती हुई बुध पर्वत तक पहुंच जाए : तो यह अकस्मात धन प्राप्ति के संकेत देती है।

शुक्र मेखला
(Girdle of Venus)

मेखला का मतलब है कमर पर बांधने वाली पेटी (Belt) यहाँ पर हम मेखला को हाथ पर अर्द्धवृत्ताकार के रूप में तर्जनी और मध्यमा उंगलियों के बीच से प्रारम्भ होकर अनामिका और कनिष्ठिका उंगलियों के बीच समाप्त होता देखते हैं, देखिए चित्र-1, यदि यह अर्द्धवृत्त मेखला बीच में से कहीं पर टूटी हो तो इसकी तीव्रता कम हो जाती है। यह हृदय रेखा के ऊपर हृदय रेखा के पास में होने के कारण हृदय को प्रभावित करती है इसलिए इसे हृदय की प्रभावित रेखा भी कहते हैं। यह शुक्र मेखला है, शुक्र का मतलब है प्यार, किसी की ओर खिंचाव, सेक्स आदि, जिसकी इच्छा दिल से उठती है, इसलिए यह मेखला दिल को और उकसाने का कार्य करती है अर्थात् उत्तेजित करती है। इस प्रकार की शुक्र मेखला वाले व्यक्ति पूर्णतया दिल के प्रभाव में होते हैं इसलिए

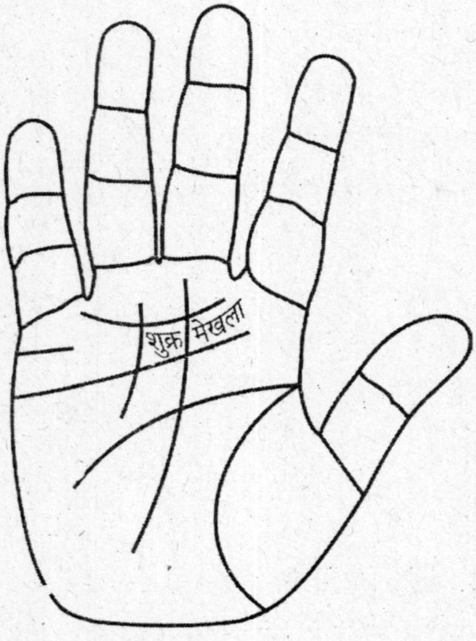

चित्र नं. 1

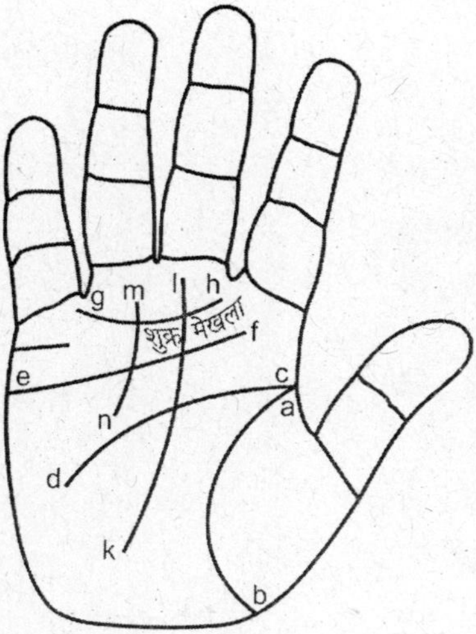

चित्र नं. 1 (a)

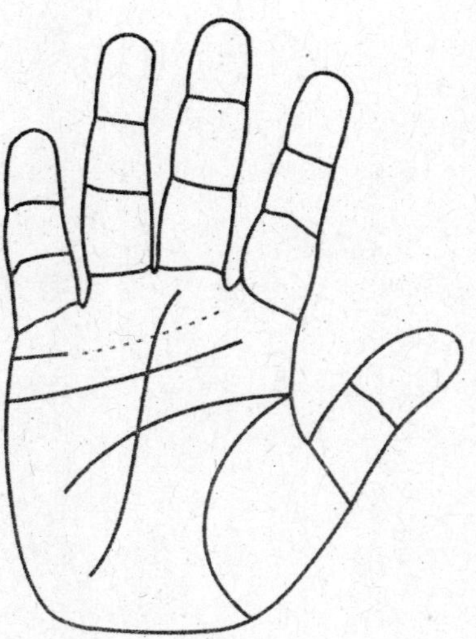

चित्र नं. 2

कम प्रैक्टिकल होते हैं, संवेदनशील होने के कारण इनकी मनोदशा आसानी से बदल जाती है। यह जल्दी ही दूसरों की बातों में आकर अपने लिए समस्याएं उत्पन्न कर लेते हैं। सारा जीवन यह अपने नए-नए विचार एवं योजनाएं बनाते रहते हैं यह कभी भी एक नौकरी या व्यापार में टिक कर नहीं रह सकते। चित्र-1 में देखें शुक्र मेखला, भाग्य रेखा व प्रसिद्धि रेखा को काट रही है इसलिए यह हमेशा उनकी किस्मत और प्रसिद्धि में रुकावटें पैदा करती रहती हैं।

आइए इसको कुछ विस्तार से चित्र-2 में समझें: चित्र में, आयु रेखा (a-b), मस्तिष्क रेखा (c-d), भाग्य रेखा (k-l), हृदय रेखा (e-f) दिखाई गई है।

आयु रेखा (a-b), मंगल और शुक्र पर्वत को अपने घेरे में लेती हुई a बिन्दु से b बिन्दु तक जा रही है जो बताती है कि व्यक्ति चाहता है कि सारा जीवन वह स्वस्थ रहे और मौज-मस्ती करता रहे। दिल की रेखा (e-f) यह शुक्र व मंगल पर्वत से आने वाले संकेतों को प्राप्त कर व्यक्ति को उत्तेजित करती है। मस्तिष्क रेखा (c-d) यह दिल की रेखा व शुक्र पर्वत के बीच में चैक पोस्ट का कार्य करती है। यदि यह रेखा यहाँ पर न होती तो व्यक्ति शुक्र के प्रभाव में आकर बिना सोचे समझे ऐशो-आराम करता व बर्बाद हो जाता और उसका जीवन बस जानवरों की तरह हो जाता। खाना-पीना, सेक्स करना, सो जाना और मर जाना। भगवान को धन्यवाद देना चाहिए कि उसने मस्तिष्क रेखा को हृदय

रेखा और शुक्र पर्वत के बीच में स्थापित कर दिया, ताकि व्यक्ति अपनी बुद्धि से सही-गलत को जान सके।

शुक्र मेखला (g-h) यह हृदय रेखा की सहयोगिनी है आग में घी डालने का कार्य करती है, हृदय में कोई इच्छा आए तो यह उसे और बढ़ा देती है भाग्य रेखा को काट कर भाग्य तो चौपट कर ही देती है साथ में सूर्य रेखा को काट कर रही-सही कसर भी पूरी कर देती है।

यदि शुक्र मेखला अधिक लम्बी होकर विवाह रेखा को छू ले और दूसरी तरह गुरु पर्वत तक पहुंच जाए देखिए चित्र-3, तो यह वैवाहिक जीवन में दुःख भर देती है क्योंकि जीवन साथी की आदतें बहुत ही विचित्र प्रकार की होती हैं जिससे उसके साथ जीवन व्यतीत करना सम्भव नहीं हो पाता।

क्रॉस-मिस्टिक

(La Croix Mystique)

यह चिह्न हाथ पर क्रॉस (×) की तरह मस्तिष्क व हृदय रेखा के बीच किनारे पर पाया जाता है। यह निशान व्यक्ति में मिस्टिक, ज्योतिष और अंधविश्वास की प्रवृत्ति बताता है। यह हाथ में मस्तिष्क रेखा के बिन्दु-c पर, हृदय रेखा के बिन्दु-b पर और मस्तिष्क रेखा से निकल कर जब एक शाखा भाग्य रेखा को बिन्दु-a पर काटती हुई हृदय रेखा पर पहुंचती है तो क्रॉस मिस्टिक बनाती है। देखिए चित्र-1, जब हृदय रेखा के साथ बिन्दु-b पर यह चिह्न होता है : तो व्यक्ति अंधविश्वासी होता है।

जब मस्तिष्क रेखा के किनारे c बिन्दु पर होता है : तो यह और भी अधिक शक्तिशाली होता है। हाथ में यदि मस्तिष्क रेखा छोटी हो तो अधिक अंधविश्वासी, बड़ी हो तो कम अंधविश्वासी होता है। लेकिन मस्तिष्क रेखा पर बना यह चिह्न व्यक्ति की ज्योतिष के प्रति गम्भीर रुचि व्यक्त करता है।

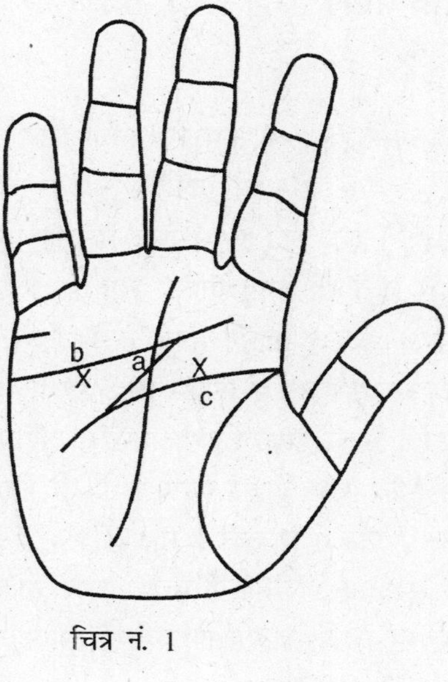

चित्र नं. 1

सोलोमन छल्ला

(The Ring of Solomon)

सोलोमन का छल्ला, यह छल्ला राजा सोलोमन के नाम से जाना जाता है क्योंकि राजा सोलोमन अपने 'आकल्ट साइंस' के ज्ञान से बहुत प्रसिद्ध थे। यह छल्ला अर्द्धवृत्त के रूप में गुरु पर्वत पर पाया जाता है, जो गुरु व शनि की उंगली के बीच से प्रारम्भ होकर आयु रेखा के प्रारम्भिक स्थान तक जाता है। इसे गुरु का छल्ला भी कहते हैं। चित्र में देखिए।

जिस व्यक्ति के हाथ में यह छल्ला पाया जाता है उसकी ज्योतिष एवं आकल्ट साइंस के प्रति बहुत रुचि होती है।

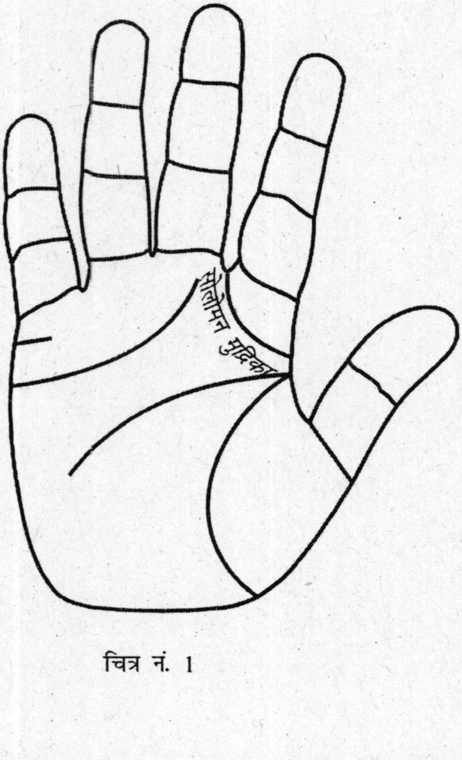

चित्र नं. 1

शनि मुद्रिका
(Ring of Saturn)

यह मुद्रिका हाथ पर शनि की उंगली के नीचे शनि पर्वत पर बनी होती है। कभी तो यह पूरे पर्वत को और कभी पर्वत को आंशिक रूप से ढके होती है। शनि का पर्वत व्यक्ति के जीवन में स्थिरता लाता है। शनि की मुद्रिका का शनि के पर्वत पर होना दुर्भाग्यपूर्ण चिह्न है। यह व्यक्ति की स्थिरता बिगाड़ देता है व्यक्ति कोई कार्य पूरा नहीं करता, कार्य को बीच में ही छोड़ देता है और अन्य कार्य प्रारम्भ कर देता है जिससे जीवन-भर कार्य बदलते रहने से वह अपने जीवन में सफल नहीं होता और उसे हानि का सामना करना पड़ता है। इसके अतिरिक्त यह मुद्रिका शनि पर्वत पर भाग्य रेखा को भी काट रही है जो भाग्य में अवरोध उत्पन्न कर रही है। देखिए चित्र-1

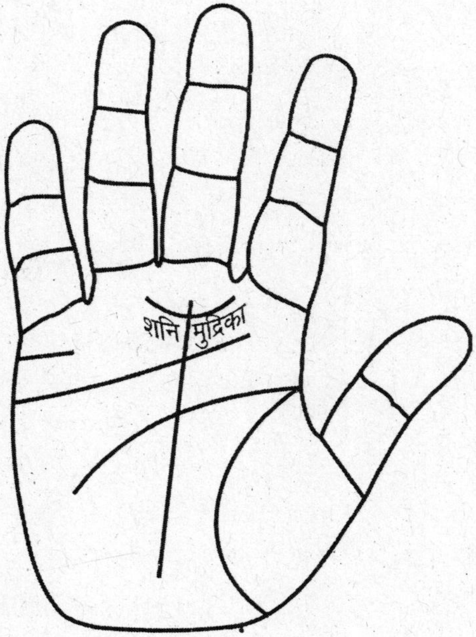

चित्र नं. 1

भविष्यवाणियाँ एवं परिणाम

इंदिरा गांधी से संबंधित भविष्यवाणियाँ एवं परिणाम

इंदिरा गांधी के जीवन को दर्शाने वाली घटनाओं के प्रमाण इकट्ठा कर उनके भविष्य में होने वाली घटनाओं को ग्राफिक्स द्वारा दिखाया गया है। यह भविष्यवाणियाँ घटित होने से पूर्व अखबार के मुख्य पृष्ठ पर प्रकाशित हुई थीं। प्रमाण के रूप में उन्हें भी पुस्तक में छापा गया है।

प्रथम भविष्यवाणी

17 सितम्बर 1979

जिस समय यह भविष्यवाणी की गई थी उस समय जनता पार्टी का शासनकाल था और मध्यावधि चुनाव की भी कोई आशा नहीं थी। यह मेरे जीवन की प्रथम भविष्यवाणी थी जिसको अखबार में छपवाने में भी कुछ मशक्कत करनी पड़ी थी। भविष्यवाणी करते ही जनता पार्टी टूट गई और मध्यावधि चुनाव की घोषणा अक्टूबर, 1979 में हो गई।

मेरी भविष्यवाणी में छपा था कि इंदिरा गांधी अगली सरकार जनवरी, 1980 में बनाएगी!

चुनाव अक्टूबर में होना व चारों तरफ से अखबारों और पत्रिकाओं द्वारा इंदिरा गांधी के न जीतने की खबरें छपने पर मुझे अखबार के सम्पादक ने बुलाया औरं कहा कि सभी समाचार पत्र व पत्रिकाओं ने इंदिरा की जीत को नकार दिया है। आपके हिसाब से यदि इंदिरा गांधी जीत भी गईं तो क्या पार्लियामेंट तीन माह तक बंद रहेगा क्योंकि आपने उनके जनवरी 1980 में सरकार बनाने की भविष्यवाणी की है। इस पर उन्होंने मुझे पुनः विचार करने को कहा। मेरे द्वारा किसी प्रकार का भी संशोधन न किए जाने पर अखबार ने नई भविष्यवाणी छापी की "जगजीवन राम नए प्रधानमंत्री होंगे।" कुछ ही दिनों बाद मोरवी नदी में बहुत बड़ी बाढ़ आने से हजारों लोगों की मौत हो गई, जिस कारण चुनाव स्थगित करना पड़ा और अक्टूबर के स्थान पर 27 दिसम्बर को चुनाव हुए। इंदिरा गांधी चुनाव जीत गई और 5 जनवरी, 1980 में कांग्रेस ने नई सरकार बनाई।

Indira's Great Victory—

HINT's Numero-Palmist Tops Astrologers In Accuracy

Smt. Indira Gandhi

—NEW HOPES—

While astrologers, most of them "renowned", have over the past few months been predicting on the results of elections, they discounted the success of the Congress-I and Mrs. Gandhi, HINT's Numero-Palmist Shri V.K. Sharma, who writes a regular monthly column 'Numbers Foretell', perhaps was the only person to predict that "MRS. INDIRA GANDHI WILL FORM THE NEW GOVERNMENT IN JANUARY 1980".

Writing under caption 'Numerologically Predicting' in HINT dated September 17, 1979 Page 2, Shri V.K. Sharma provided comparative Number Charts of Mrs. Gandhi's position in 1971 and 1980 and said that the positions are practically the same.

When, after reading varied opinions of different astrologers in different newspapers and magazines which discounted Mrs. Gandhi to power, your Editor asked Shri V.K. Sharma to reconsider and perhaps change his opinion prediction, he was firm and said, "The position is very clear in my calculations and Mrs. Gandhi will emerge victorious, sweep elections and form the government this

अंकों की भविष्यवाणी, 17 सितम्बर, 1979 'हिण्ट' अखबार

क्या श्रीमती इंदिरा गांधी सरकार बनाएंगी। आइए अंकों के द्वारा इसका विश्लेषण करें!

वर्ष 1971 व 1980 के अंकों में लगभग समानता है। इसमें एक अंक बदला हुआ है। आखिर के 1 अंक के स्थान पर शून्य है। यदि यह चुनाव 9 माह और देरी से होता तो अंकों में 1971 वाली स्थिति आ जाती और वह चुनाव पूर्ण बहुमत से जीत जातीं। परंतु 9 माह अति शुभ समय से पूर्व चुनाव होने के कारण उसको बहुमत मिलेगा और कुछ स्वतंत्र उम्मीदवारों की मदद से वर्ष 1980 में सरकार बनाएंगी।

श्रीमती इंदिरा गांधी की अंकों पर आधारित भविष्यवाणी

जन्म की दिनांक - 19 नवम्बर

'की' का अंक - 19 - 1+9 = 10 = 1+0 = 1

जन्म का वर्ष - 1917 - 1+9+1+7 = 18 - 1+8 = 9

वर्ष 1971 में अंकों की स्थितिः-

1971 का योग = 18 - 1+8 = 9

वर्ष का अंतिम अंक = 1

उसका 'की' अंक = 1

उसकी आयु वर्ष 1971 में = 54 - 5+4=9

वर्ष 1980 में अंकों की स्थितिः-

1980 का योग = 18 - 1+8=9

वर्ष 1980 में आयु = 63 - 6+3=9

'की' का अंक = 1

वर्ष का अंतिम अंक = 0

1971	1980
9-9	9-9
1-1	1-0

वर्ष 1971 व 1980 के अंकों के चार्ट में लगभग समानता है। 1979-80 के आखिर में 1 अंक के स्थान पर शून्य है। इसलिए इस थोड़े से अंतर के कारण व लक्ष्य के करीब पहुंच जाएंगी और थोड़ी-सी बाहरी मदद से मिलकर वर्ष 1980 में नई सरकार बनाएंगी।

परिणाम :- चुनाव तीन माह आगे बढ़ गए, अक्टूबर के स्थान पर

month of January." (HINT dated January 7th, 1980—Editorial.)

When HINT's Numero-Palmist Shri V.K. Sharma took his own manuscript about the triumphant victory of Smt. Indira Gandhi to the Editor of Dharamyug, the latter flatly refused to accept it with a

V.K. SHARMA
HINT's Numero-Palmist

pinch of salt, while Dharamyug's own astrologer, Pandit Acharya Raj declared in the Dharamyug dated September 22,1979, that "Mrs. Gandhi can never come to power and that her party Congress-I will achieve 4th or 5th position in January 1980 elections!" Top astrologers in *Sunday* dated September 9,1979 have made fantastic statements, denying Prime Ministership to Indira Gandhi in no charitable terms but ranking her all along the line.

Hardly anybody except Prof. P.T. Sundaram talked of Sanjay Gandhi and his return to power. He said, "Charan Singh would continue to be Prime Minister at least till March 1980."

(Contd. On Page 6)

OUR NEXT ISSUE

Next issue of HINT will be the Republic Day Number on January 26, 1980. There will, therefore, be NO ISSUE of HINT on Monday Jan. 21.

दिसम्बर के अन्त में हो गए जिसका लाभ इंदिरा गांधी को मिला और वह पूर्ण बहुमत से चुनाव जीत गईं।

इंदिरा की बहुत बड़ी जीतः- 14 जनवरी, 1980 'हिण्ट' अखबार

हिण्ट के न्यूमरो पामिस्ट सटीक भविष्यवाणी से ज्योतिषियों में सर्वश्रेष्ठ रहे।

पिछले कुछ महीनों से नामी-गिरामी ज्योतिषियों ने इंदिरा गांधी व कांग्रेस आई की हार के विषय में लिखा है, वहीं पर हिण्ट अखबार के अंक व हस्तरेखा विशेषज्ञ पंडित वी.के. शर्मा जो अखबार में मासिक कॉलम "नम्बर फोरटेल्स" लिखते हैं, शायद यह एकमात्र व्यक्ति थे जिन्होंने भविष्यवाणी की थी **"इंदिरा गांधी जनवरी, 1980 में अपनी सरकार बनाएंगी।"**

हिण्ट अखबार में 17 सितम्बर, 1979, पेज 2 पर छपे कॉलम में पंडित वी. के. शर्मा ने वर्ष 1971 व 1980 का तुलनात्मक चार्ट दिया और बताया कि इन दोनों की स्थिति लगभग एक-सी है।

जब बहुत से अखबारों और पत्रिकाओं ने इंदिरा गांधी की जीत को नकार दिया, तब हिण्ट अखबार के सम्पादक ने पंडित वी.के. शर्मा से उनकी भविष्यवाणी पर पुनः विचार करने व शायद मत को बदलने को कहा। वह अपनी भविष्यवाणी पर दृढ़ रहे और उन्होंने कहा **"मेरी गणना में स्थिति पूर्णतया स्पष्ट है, इंदिरा गांधी, पूर्ण बहुमत से चुनाव जीतेंगी और जनवरी 1980 में सरकार बनाएंगी"**, (हिण्ट - दिनांक 7 जनवरी, 1980)।

जब हिण्ट का न्यूमरो पामिस्ट, पंडित वी.के. शर्मा अपनी भविष्यवाणी इंदिरा गांधी की विजय का लेख लेकर 'धर्मयुग' पत्रिका के सम्पादक से मिले तो उनका पत्र व्यंग्य के साथ नामंजूर कर दिया गया। जबकि उनके अपने ज्योतिषी, "पंडित आचार्य राज ने धर्मयुग में 22 सितम्बर, 1979 में यह भविष्यवाणी की थी "इंदिरा गांधी कभी भी पावर में नहीं आ सकतीं और कांग्रेस आई का स्थान चौथे या पांचवें नम्बर पर आएगा।" दिग्गज ज्योतिषियों ने सण्डे पत्रिका सितम्बर 9, वर्ष 1979, इंदिरा गांधी की जीत को नकारते हुए भविष्यवाणी कर डाली।

शायद उनमें से एक प्रो. पी.टी. सुन्दरम, जो संजय गांधी की जीत व शक्ति के विषय में कहते थे। उन्होंने कहा कि "चौ. चरण सिंह मार्च 1980 तक प्रधानमंत्री पद पर बने रहेंगे।" श्रीमान एन. रमन, इंजीनियर व ज्योतिष के ज्ञाता ने अपना मत जताया कि इंदिरा गांधी कभी भी अब सत्ता में नहीं आएंगी।

Post REGD. No. GBD-5
Hint Weekly, January 14, 1980 **6**

HINT'S Numer0-Palmist

(From Page 1)

Mr. N Raman, an engineer who's also a serious student of astrology, does not believe that Indira Gandhi will ever become the prime Minister again.

Kaliyur Srinvasachariar who has studied the horoscope of Mrs. Gandhi, believes that she won't come back to power even though she has a powerful horoscope, and wrote 'A broken pearl cnnot be set right and sour milk connot be made right in the same, it is impossible for Mrs. Gandhi to recapture the popularity she enjoyed in ' 71. Some people have certain strength in their horoscope which helps them to gain the lost glory but Mrs. Gandhi ought to be content that she has won back a portion of the popularity she lost in '77 and shouldn't make any more effort to capture power."

Kadalankudi N. Saraswathy promises victory as MP for Indira from the South, "But a stable government only after August 1980.

According to Hyderabad's 'practical astrologer K.M.A. Ayengar, Mrs. Gandhi's horoscope has the basic strength and may look impressive but she won't be captured into power despite her increasing popularity."

Indira has indeed been captured into power. All the 'renowaed, astrologers, who predicted as above in the columns of SUNDAY of Sept. 9, 1979 have been proved hoax.

Three cheers to HINT's Numero-palmist, Shri V.K. Sharma. He stands head and shoulders over the so called well known and professional men. He was among the rare ones who predicted Mrs. Gandhi coming back to-power. She is all powerful and HINT'S Prediction is correct.

कोलयर श्री निवासन ने श्रीमती इंदिरा गांधी की कुण्डली के अध्ययन उपरांत कहा कि इनकी मजबूत कुण्डली है जिस पर लिखा "एक टूटा मोती जोड़ा नहीं जा सकता और फटा हुआ दूध कभी सिला नहीं जा सकता" वर्ष 1971 वाली ख्याति अब इन्हें पुनः मिलना असंभव है। कुछ लोगों की कुण्डली में किसी हद तक मजबूती होती है जिसकी मदद से वह खोई ख्याति पुनः प्राप्त कर लेते हैं, श्रीमती गांधी ने वर्ष 1977 में अपनी खोई ख्याति का एक भाग पुनः वापिस प्राप्त कर लिया है, अब उसको सत्ता पाने के अधिक प्रयास नहीं करने चाहिए।

कदलानकुडी एन. सरस्वती ने अगस्त, 1980 के उपरांत साउथ से गांधी की संसद सदस्य के पद पर जीत के विषय में बताया।

हैदराबाद के प्रैक्टिकल ज्योतिषाचार्य के.एम.ए. आयंगर ने बताया कि गांधी की कुण्डली में मजबूती है लेकिन वह अपनी लोकप्रियता के बढ़ते हुए भी पुनः सत्ता में नहीं लौट सकती।

इंदिरा गांधी पुनः सत्ता में लौट आई है। वह सभी दिग्गज ज्योतिषाचार्य जिन्होंने सितम्बर 9, संडे मैग्जीन 1979 में अपनी भविष्यवाणियाँ की थीं, सभी झूठे साबित हुए।

हिण्ट के न्यूमरो पामिस्ट पंडित वी.के. शर्मा को बहुत-बहुत ब धाइ, उन्होंने सभी प्रोफेशनल ज्योतिषाचार्यों में सर्वश्रेष्ठ स्थान प्राप्त किया है, वह शायद एकमात्र ज्योतिषी थे जिन्होंने श्रीमती इन्दिरा गांधी की पुनः सत्ता में लौटने की भविष्यवाणी की थी। वह इस समय पुनः सत्ता में लौट आई हैं, हिण्ट अखबार की भविष्यवाणी सही निकली।

वर्ष 1985 श्रीमती गांधी के लिए खतरनाकः-

2 मार्च, सन् 1981 में अखबार के मुख्य पृष्ठ पर छपी थी

वर्ष 1985, प्रधानमंत्री श्रीमती इंदिरा गांधी के लिए खतरनाक है विशेष कर के 21 मई से 27 जून के बीच का समय, जो अंक 5 के प्रभाव क्षेत्र में आता है, यह वही अंक है जिसमें पंडित नेहरू की मृत्यु हुई, संजय गांधी की मृत्यु हुई और जिसमें उसने आपातकालीन घोषणा की थी। अंक 5, नेहरू परिवार में शुभ व अशुभ घटनाओं का बहुत महत्त्वपूर्ण सूचक है। वर्ष 1985 में, श्रीमती गांधी 68 वर्ष से गुजर रही होंगी, 68 - 6+8=14 - 1+4=5, वर्ष 1985 का अंक - 1+9+8+5=23 - 2+3=5, वर्ष 1985 में राजीव गांधी 41, वर्ष से गुजर रहे होंगे - 41 - 4+1=5, इसलिए यह सलाह दी जाती है कि वह राजीव गांधी को वर्ष 1985 में राजनीति में लोगों के बीच न लाएं, यह उसके लिए शुभ नहीं होगा।

Year 1985 Critical For Mrs. Gandhi

The Year 1985 is critical for Prime Minister, Shrimati Indira Gandhi, particulary the period 21st May to 27th Juen, which comes under the influence of number five. This is the period in which Pt. Nehru died, Sanjay Gandhi died and she Imposed the Emergency.

Number five has been playing an important role in the Nehru family. in positive and negative direction. In 1985. Mrs. Gandhi will be passing through her 68th year : 6+8 = 14 ie. 1+4=5. Last number of the year 1985 1+9+8+5=23 i.e. 2+3=5 In 1985 Rajiv Gandhi will be passing through his 41st yea r : 4+1=5 Thus it is suggested that she should not take any steps to impose Rajiv on people in politics in1985, as that is likely to prove dangerous to her interests.

Also notice Pt. Nehru, Born on 14th Nov --1+4+=5; Sanjay Gandhi Born on 23rd December, 2+3=5, Sanjay Gandhi died on 23rd June 2+3=5; Chaudhary Charan Singh who put her behind bars on 23rd December, 2+3=5; Mr. Jagjivan Ram who deceived her at the last moment was born on 23rd April 2+3=5. In 1975, last number of the year is 5, while she was passing through her 58 year 5+8=13 i.e. 1+3=4, when she imposed the Emergency in the month of june which came under the Number five, and there were five parties which came under one flag and brought about her fall.

She again became Prime Minister of India from January14, (1980) : 1+4=5. Number 5 is the dominant factor everywhere.

I Have drawn up a special graph on the life cycle of Smt. Indira Gandhi, In which events favouring her are in the positive field i.e. in the upward Swings of the Curve while disfavouring events are in the negative field i.e. in the downward swings. The calculations are based on the systems of Numbers which is purely mathematical Cal-culations.

The year 1985 falls in the negative field (downward swing) of her life cycle. This is critical for Smt. Gandhi and she must take every possible precaution, particulary during the period 21st. May to 27th June, as already discussed and described by me earlier in this article.

-V.K.SHARMA
(HINT'S Numerologist)

यह भी देखा गया कि पंडित नेहरू का जन्म 14 नवम्बर को हुआ – 1+4=5 संजय गांधी का जन्म 23 दिसम्बर को हुआ – 2+3=5, संजय गांधी की मौत 23 जून को हुई, 2+3=5, चौधरी चरण सिंह जिसने उसे जेल भिजवाया था, का जन्म 23 दिसम्बर – 2+3=5, श्री जगजीवन राम जिसने ठीक मुसीबत के समय में उसका साथ छोड़ा था, का जन्म 23 अप्रैल – 2+3=5, वर्ष 1975

में अंतिम अंक 5 था जबकि वह उस समय 58.7 वर्ष से गुजर रही थीं जिसका पूरा अंक 59 - 5+9=14 - 1+4=5 है। उसने जून के महीने में आपातकालीन की घोषणा की जो समय 5 अंक के क्षेत्र में आता है, और उस समय 5 पार्टियों ने मिलकर उसको हराया था।

वर्ष, 1980 में वह 14 जनवरी को पुन: प्रधानमंत्री बनीं - 1+4=5 इस प्रकार हमने देखा कि 5 अंक हर दिशा महत्त्वपूर्ण साबित हो रहा है।

मैंने श्रीमती इंदिरा गांधी की जिन्दगी का एक विशेष साइकलिक कर्व खींचा है जो कि उनकी शुभ घटनाओं को धनात्मक क्षेत्र व अशुभ घटनाओं को ऋणात्मक क्षेत्र में प्रदर्शित करता है।

यहां गणना पूर्णतया अंकों के गणित पर निकाली गई है। वर्ष 1985 ऋणात्मक क्षेत्र में आता है। यह श्रीमती गांधी के लिए बेहद खतरनाक है, इस समय में उसको हर तरह से पूरी सावधानी बरतनी चाहिए। संभवत: 21 मई से 27 जून के भीतर।

परिणाम:-

31 अक्टूबर, वर्ष 1984 को श्रीमती गांधी की हत्या उसके सुरक्षाकर्मी ने ही कर दी। उस समय उसकी आयु 67 वर्ष 11 माह, 20 दिन थी। जो अंक विद्या के अनुसार 68 वर्ष है - 6+8=14 - 1+4=5, और वर्ष 1985 - 1+9+8+5=23 = 5 को आने में शेष दो माह बचे थे।

इस भविष्यवाणी में यह भी कहा गया था कि राजीव गांधी को राजनीति में लाना उचित नहीं, लेकिन श्रीमती गांधी की मृत्यु के बाद राजीव गांधी को प्रधानमंत्री बनाया गया, उनकी भी मौत एक सम्मेलन में बम विस्फोट के दौरान हो गई।

नोट :- 14वीं लोकसभा के चुनावों में जिसका अंक - 1+4=5 है जिसमें राहुल गांधी, जो नेहरू परिवार का 5वां वारिस है। 1. स्वर्गीय मोती लाल नेहरू, 2. स्वर्गीय पं. जवाहर लाल नेहरू, 3. स्वर्गीय श्रीमती इंदिरा गांधी, 4. स्वर्गीय श्री राजीव गांधी, 5. राहुल गांधी।

राहुल गांधी ने 5 अप्रैल, 2004 को अपना नामांकन करके 5 के अंक की आवृत्ति को पुन: हवा दे दी। 5 का अंक इस परिवार के लिए आगे आने वाले समय में क्या करने वाला है, यह समय आने पर भविष्यवाणी होगी।

सद्दाम की भविष्यवाणी

वर्ष 1981 में दिल्ली में हुए विश्व ज्योतिष सम्मेलन में ज्योतिषियों की भविष्यवाणियों को इन्होंने चुनौती दी थी और इनकी लगभग सभी भविष्यवाणियाँ प्रसिद्ध अखबारों में छपी थीं, जो समय आने पर लगभग सभी सही सिद्ध हुईं। इनकी भविष्यवाणियों की सबसे बड़ी विशेषता है कि वह पूर्ण रूप से अंकों पर आधारित हैं जो स्वयं में ही एक साइंस हैं और परिणाम सिद्ध करने में सक्षम हैं।

वर्ष 2001 अक्टूबर में उन्होंने उत्तर भारत के प्रसिद्ध अखबार में अंकों के आधार पर विश्व कुण्डली दर्शाते हुए यह भविष्यवाणी की थी कि "अमेरिका पर शनि की साढ़ेसाती चल रही है जो 6 जनवरी, 2000 से प्रारम्भ हुई है। अमेरिका के लिए नुकसानदायक है।" इसी अवधि में अमेरिका के ट्रेड सेंटर पर हमला हुआ आदि।

पंडित शर्मा ने यह भी लिखा था कि शुरू में तो अमेरिका के साथ सभी देश होंगे परंतु बाद में अमेरिका को अधिकतर देशों की मदद नहीं मिलेगी जो कि खाड़ी युद्ध से पूर्व में ही सिद्ध हो गई थी। अधिकतर देश अमेरिका की इस कार्यवाही के पक्ष में नहीं थे।

"खाड़ी युद्ध के दौरान संपादक के पास लोगों के हजारों पत्र प्राप्त हुए कि इस युद्ध के बारे में पंडित जी से कहे कि वह भविष्यवाणी करें।"

पंडित जी ने अंकों के आधार पर भविष्यवाणी कुछ इस प्रकार की, जो अखबार में पुनः छापी गई। उन्होंने लिखा कि अमेरिका के राष्ट्रपति जॉर्ज डब्ल्यू बुश की जन्म की दिनांक है, 6.7.1946, इंग्लैंड के प्रधानमंत्री टोनी ब्लेयर की 6.5.1953 और सद्दाम हुसैन की 28.4.1937, बुश एवं ब्लेयर का 'की' अंक है 6 एवं सद्दाम का है-1, जिनमें आपस में विषयोग है, दूसरा सद्दाम हुसैन की आयु है (2003-1937 = 66) (खाड़ी युद्ध के दौरान चल रही थी), 66 वर्ष में एक 6 है बुश और दूसरा 6 है ब्लेयर, यही इसकी मौत का कारण बनेंगे लेकिन यदि सद्दाम 28 अप्रैल पार कर गए तो आयु हो जाएगी 67, तब खतरा टल जाएगा। 28 अप्रैल के बाद युद्ध समाप्त हो गया, सद्दाम हुसैन बच निकले लेकिन वर्ष 2006 में पुनः 6 के अंक ने अपना असर दिखाया और सद्दाम की मौत का कारण बन गया।

4 | Friday, May 31, 2002
HT Ghaziabad Live

HAPPE

A foreteller of facts within fiction

Atul Mathur

SCIENTISTS MAY reject it, but those practising it claim it to be a science. The fact is astrology, numerology and palmistry have a large number of believers. For many, the stars and lines offer professional sustenance, and earn them name. Pandit V K Sharma is one of them.

Famous for his accurate predictions, Pandit Sharma is a numero-astro-palmist. A resident of Ramkrishna Colony, he has developed his own science called Graphotology, which is a numerological analysis of one's life. Pandit Sharma has put in a number of years to develop his new "science" and claims tremendous success record. "Though I was not invited, I did my study and predicted that there would be no world war in 1984. Similarly, I also predicted Maneka Gandhi's little political rise and the decline of Nehru family soon. The time proved me right," says Pandit Sharma. He also read the imminent danger to Indira Gandhi's life. "She was faced with possible death during late 1984 or early 1985", he said. Events vindicated his prediction.

His took up numerology and astrology during 1969-70 when he was hardly 19. In the past 30 years, Pandit Sharma claims he has done tremendous study and experiments. Based on the knowledge he has acquired, he feels a time may come when medicines may not be required to treat a patient.

"Ours is a solar-based system. When we fall ill, we take solar energy in the form of medicines, fruits and vegetables. These are just mediums. In future we can take this solar energy directly. For example, earlier telephones, as a medium, used cables. Now we have cordless, mobile and satellite phones. That means the medium of wires has been done away with," he argues.

Pandit Sharma has written a book, Magic Numbers. Three more books, Tuning of the Hand, Tuning of the Lines, and Dermatoglyphics, are ready and may hit the stands very soon.

Pandit Sharma claims most of his predictions have come true.

विश्व कुंडली

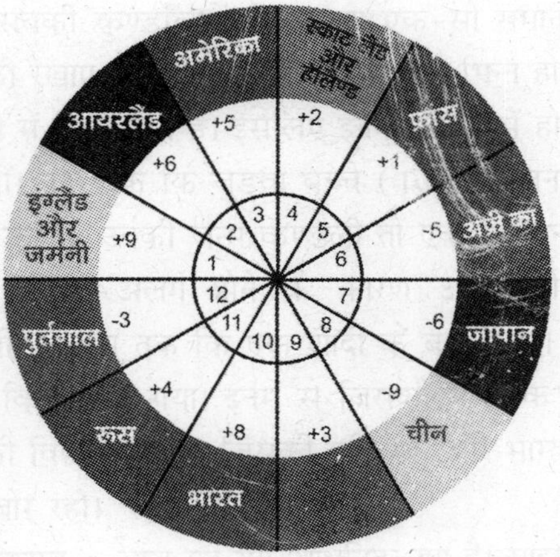

अमेरिका की भविष्यवाणी

भारतीय ज्योतिषशास्त्रियों में भी इराक युद्ध और उसके परिणामों को लेकर कौतुहल बना हुआ है। ज्ञात हो कि अफगानिस्तान में तालिबान के खिलाफ अमेरिकी सैनिक कार्रवाई के दौरान प्रसिद्ध ज्योतिष विज्ञानी पं. वी. के. शर्मा ने हिन्दी में भविष्यवाणी की थी जो बाद में शत-प्रतिशत सच साबित हुई।

पंडित शर्मा ने कहा था कि विश्व की सांख्यिकीय कुण्डली जोडियक पर खड़ी है जिसमें अमेरिका का स्थान+5 पर है तथा वह मिथुन (जेमिनी) राशि में स्थित है जबकि भारत का नंबर+8 पर स्थित है। भारत की राशि मकर (केप्रीकार्न) है। इस अवधि (सितम्बर 21 - अक्टूबर 21, 2001) में शनि आठवें स्थान पर स्थित है, इसलिए इस अवधि में भारत और अमेरिका के रिश्ते माधुर्य होगा लेकिन इस अवधि के बीत जाने के बाद अमेरिका भारत के हितों को नजरअंदाज करना शुरू कर देगा। इसी प्रकार अमेरिका इस अवधि में साढ़े साती वर्ष में शनि दिशा से गुजर रहा है। शनि अमेरिका की राशि मिथुन के दूसरे घर में विद्यमान है और वृष 16 अंश की दिशा से शनि की ओर बढ़ रहा है इसलिए इस कार्रवाई में अमेरिका को मनोवांछित उद्देश्य प्राप्त करने में काफी कठिनाई होगी। संभव है कि अमेरिका अपने मकसद को हासिल करने में नाकाम रहे।